Hongxing Zhu

**Das System der ländlichen Märkte
in der Volksrepublik China**

MITTEILUNGEN
DES INSTITUTS FÜR ASIENKUNDE
HAMBURG

Nummer 319

Hongxing Zhu

Das System der ländlichen Märkte in der Volksrepublik China

Hamburg 2000

Gefördert von der Volkswagen-Stiftung.

Redaktion der Mitteilungsreihe des Instituts für Asienkunde:
Dr. Brunhild Staiger

Satz und Textgestaltung: Meike Ottlik
Gesamtherstellung: Deutsches Übersee-Institut, Hamburg

ISBN 3-88910-233-6
Copyright Institut für Asienkunde
Hamburg 2000

VERBUND STIFTUNG
DEUTSCHES ÜBERSEE-INSTITUT

Das Institut für Asienkunde bildet zusammen mit dem Institut für Allgemeine Überseeforschung, dem Institut für Afrika-Kunde, dem Institut für Iberoamerika-Kunde und dem Deutschen Orient-Institut den Verbund der Stiftung Deutsches Übersee-Institut in Hamburg.
Aufgabe des Instituts für Asienkunde ist die gegenwartsbezogene Beobachtung und wissenschaftliche Untersuchung der politischen, wirtschaftlichen und gesellschaftlichen Entwicklungen in Asien.
Das Institut für Asienkunde ist bemüht, in seinen Publikationen verschiedene Meinungen zu Wort kommen zu lassen, die jedoch grundsätzlich die Auffassung des jeweiligen Autors und nicht unbedingt die des Instituts darstellen.
Alle Publikationen des Instituts für Asienkunde werden mit Schlagwörtern und Abstracts versehen und in die Literaturdatenbank des Fachinformationsverbundes Internationale Beziehungen und Länderkunde eingegeben.
Anfragen zur Asien-Literatur richten Sie bitte an die Übersee-Dokumentation (Tel.: (040) 3562 598 - Fax: (040) 3562 512).

Inhaltsverzeichnis

Verzeichnis der Abbildungen	9
Verzeichnis der Tabellen	11
Verzeichnis der Karten	15
Vorwort	17

1	**Einleitung**	**19**
1.1	Einführung: Ländliche periodische Märkte in der Dritten Welt	19
1.2	Ländliche Märkte in China	20
1.3	Ziel des Vorhabens	22
1.4	Empirische Arbeit und Datenquelle	25
1.5	Begriffsbestimmung	27
1.6	Klassifikation	28

2	**Entwicklung und Stellung der ländlichen Märkte in China**	**30**
2.1	Allgemeine Entwicklung	30
2.1.1	Ländliche Märkte in China vor 1840	31
2.1.2	Ländliche Märkte in China 1840-1949	35
2.1.3	Ländliche Märkte in China 1949-1978	37
2.1.3.1	Entwicklung 1949-1957	39
2.1.3.2	Entwicklung 1958-1960	40
2.1.3.3	Entwicklung 1961-1965	40
2.1.3.4	Entwicklung 1966-1978	40
2.1.4	Ländliche Märkte in China seit 1978	43
2.1.5	Ursachen der jüngeren Entwicklung der ländlichen Märkte	47
2.2	Gegenwärtige Rolle der ländlichen Märkte im Versorgungssystem	49
2.2.1	Struktur und Institution des ländlichen Versorgungssystems	49
2.2.2	Stellung der ländlichen Märkte im Versorgungssystem	52
2.2.3	Verwaltung der ländlichen Märkte	54

3	**Regionale ländliche Marktsysteme: Darstellung und Fallstudien**	**58**
3.1	Die periodischen Märkte in Guizhou	58
3.1.1	Einführung	58
3.1.2	Die chinesische Zahlenkombination und die darauf beruhende Zeitrechnung	60
3.1.3	Markttage nach verschiedenen Zeitsystemen in Guizhou	64
3.1.4	Größe und Verteilung der periodischen Märkte in Guizhou	71
3.1.5	Das periodische Marktsystem im Kreis Zunyi	74
3.1.5.1	Zur Entstehung und Entwicklung der periodischen Märkte im Kreis Zunyi	74
3.1.5.2	Merkmale und Größe der periodischen Märkte	79
3.1.5.3	Das hierarchische Marktsystem im Kreis Zunyi	81
3.1.5.4	Raum-zeitliche Organisation der periodischen Märkte	83
3.1.6	Der Beispielmarkt von Xinzhou	87
3.1.6.1	Merkmale des Marktes von Xinzhou	87
3.1.6.2	Innere räumliche Struktur und Funktionen des Marktes von Xinzhou	88
3.1.6.3	Das Angebotsspektrum im Jahresverlauf	91
3.1.6.4	Funktionale Unterschiede zwischen periodischem Markt und stationärem Handel in Xinzhou	95
3.1.6.5	Räumliches Verhalten der Marktbeteiligten	98
3.2	Periodische Märkte in der Provinz Sichuan	102
3.2.1	Allgemeine Kennzeichen der Provinz Sichuan	102
3.2.2	Entwicklung und Verbreitung der periodischen Märkte in Sichuan	103
3.2.3	Zeitlicher Rhythmus der periodischen Märkte in Sichuan	105
3.2.4	Räumliche Struktur und Skinners Modell	109
3.2.5	Darstellung der regionalen Marktsysteme in Guanghan und Qionglai	114
3.2.6	Das erste Beispiel: Der Markt von Xiangyang	118
3.2.6.1	Entstehung und Entwicklung des Marktes von Xiangyang	118
3.2.6.2	Merkmale und Funktionen des Marktes von Xiangyang	119
3.2.6.3	Räumliche Organisation des periodischen Handels	121
3.2.7	Das zweite Beispiel: Der Markt von Pingluo	123
3.2.7.1	Entstehung und Entwicklung des Marktes von Pingluo	123
3.2.7.2	Merkmale und Funktionen des Marktes von Pingluo	124
3.2.7.3	Räumliche Organisation des periodischen Handels in Pingluo	129
3.3	Periodische Märkte in Wuzhong/Ningxia	131
3.3.1	Entstehung und Entwicklung der periodischen Märkte	131
3.3.2	Merkmale und Funktionen einzelner Märkte in Wuzhong	133
3.3.3	Organisation des periodischen Marktsystems in Wuzhong	136
3.3.3.1	Hierarchie der periodischen Märkte im regionalen Marktsystem	137
3.3.3.2	Ein Gegenbeispiel für neue Marktentwicklung	139

3.3.3.3	Raum-zeitliche Anordnung des periodischen Marktsystems in Wuzhong	141
3.3.4	Der Beispielmarkt von Jinji	146
3.3.4.1	Die Kennzeichen des periodischen Marktes von Jinji	146
3.3.4.2	Struktur des Markthandels und der Vermarktung lokaler Produkte	147
3.3.4.3	Charakteristika der Marktteilnehmer auf dem Markt von Jinji	151
3.3.4.4	Der Kundenbereich und das Verkäufergebiet von Jinji	153
3.3.4.5	Der periodische Markt und die ländliche Entwicklung in Jinji	155
3.4	Periodische Märkte in der Provinz Hebei	157
3.4.1	Das Dorf und der periodische Markt: Entwicklung in ländlichen Gebieten	158
3.4.2	Das traditionelle Marktsystem: Ausgangssituation und Veränderung	163
3.4.3	Merkmale und Hierarchie der periodischen Märkte: Am Beispiel der Präfektur Shijiazhuang in der Provinz Hebei	165
3.4.4	Der Beispielmarkt von Zongshizhuang im Kreis Jinzhou	168
3.4.4.1	Die Entwicklung des periodischen Marktes von Zongshizhuang	169
3.4.4.2	Merkmale des periodischen Marktes von Zongshizhuang	169
3.4.4.3	Funktionen des periodischen Marktes in Zongshizhuang	173
3.4.4.4	Das räumliche Verhalten der Marktbeteiligten	176
3.4.4.5	Das Marktgebiet in Zongshizhuang	178
3.5	Die ländlichen Märkte im Kreis Wuxi/Jiangsu	183
3.5.1	Kennzeichen der ländlichen Entwicklung im Kreis Wuxi	183
3.5.2	Entwicklung des Privathandels im Kreis Wuxi	184
3.5.3	Charakterisierung und Klassifikation der ländlichen Märkte	188
3.5.4	Fallstudie: Der Markt von Dongting	190
3.5.4.1	Beschreibung des Marktes von Dongting	192
3.5.4.2	Sozioökonomische Merkmale der Händler	194
3.5.4.3	Kunden- und Händlerverhalten auf dem freien Markt	197
3.6	Die ländlichen Märkte im Kreis Acheng/Heilongjiang	199
3.6.1	Die Erschließungsgeschichte und die Entwicklung der Marktorte im Kreis Acheng	199
3.6.2	Verteilung und Merkmale der ländlichen Märkte im Kreis Acheng	201
3.6.3	Der Beispielmarkt von Yuquan	201
3.6.3.1	Beschreibung des Marktes von Yuquan	202
3.6.3.2	Funktionen des freien Marktes in Yuquan	203
3.6.3.3	Charakteristika der Marktteilnehmer	204
3.6.3.4	Der freie Markthandel und seine räumliche Organisation	205

4	**Das ländliche Marktsystem in China: Bewertung und Perspektiven**	**208**
4.1	Charakterisierung der ländlichen Märkte in China	208
4.1.1	Größe der ländlichen Märkte	208
4.1.2	Die Markttage der ländlichen Märkte	210
4.2	Räumliche Organisation der ländlichen Märkte	213
4.2.1	Die räumliche Verteilung und Entwicklungsunterschiede	213
4.2.2	Das zentralörtliche Marktsystem und seine raum-zeitliche Organisation	216
4.3	Charakteristika der Marktteilnehmer	218
4.3.1	Sozioökonomische Charakteristika der Marktteilnehmer	218
4.3.2	Raum-zeitliches Verhalten der Marktteilnehmer	222
4.4	Funktionen und Bedeutung der ländlichen Märkte	225
4.4.1	Die Rolle als Sammel- und Absatzort lokaler Produkte	226
4.4.2	Die Rolle als Verteilungsort von industriellen und handwerklichen Produkten	226
4.4.3	Die Rolle als Informations- und Kommunikationsforum	227
4.4.4	Die Rolle als Reservoir ländlicher Arbeitskräfte	228
4.5	Entwicklungstendenzen und Perspektiven	229

Summary	237
Literaturverzeichnis	241
Kartenanhang	249

Verzeichnis der Abbildungen

Abb. 1	Entwicklung der ländlichen Märkte in ausgewählten Provinzen	38
Abb. 2	Entwicklung der ländlichen Märkte in China 1979-1992	44
Abb. 3	Anteil der Warengruppe nach Umsatz 1979 und 1993	46
Abb. 4	Organisationsstruktur des ländlichen Versorgungssystems in China	50
Abb. 5	Tierkreis und die Jahreszyklen eines Jahrhunderts	63
Abb. 6	Die Entwicklung der Bevölkerung und der ländlichen Märkte in Zunyi	78
Abb. 7	Größe der periodischen Märkte im Kreis Zunyi	80
Abb. 8a	Raum-zeitliche Beziehung zwischen dem Markt von Xinzhou und den benachbarten Märkten	84
Abb. 8b	Marktringe in Xinzhou und benachbarten Gebieten	85
Abb. 9	Funktionale Modelle der Teilmärkte in Xinzhou	90
Abb. 10	Angebotsspektrum der freien Stände im Markt von Xinzhou	92
Abb. 11a	Jahresverlauf des periodischen Handels nach Monatsumsatz	93
Abb. 11b	Vergleich des Angebotsspektrums im April und Oktober 1993	94
Abb. 12	Alternative Marktplätze für umherziehende Händler in der Region von Xinzhou	97
Abb. 13	Räumliche Distanz zwischen Wohnsitz und Markt	99
Abb. 14	Entwicklung der periodischen Märkte in Guanghan	108
Abb. 15	Räumliche Struktur des periodischen Marktsystems (W. Skinner 1964)	110
Abb. 16	Räumliche Organisation des periodischen Handels in Xiangyang	122
Abb. 17	Marktrotationen der mobilen Händler in Xiangyang	122
Abb. 18	Das Angebotsspektrum des periodischen Marktes Pingluo	127
Abb. 19	Die am häufigsten frequentierten Strecken der mobilen Händler auf dem Markt von Pingluo	130
Abb. 19a	Marktringe in Wuzhong und Nachbargebieten	142
Abb. 19b	Marktringe einiger Händler von Jinyintan	143
Abb. 20	Raum-zeitliche Anordnung der periodischen Marktorte	144
Abb. 21a	Jahresverlauf des periodischen Markthandels in Jinji	148
Abb. 21b	Das Angebotsspektrum des periodischen Marktes von Jinji	149
Abb. 22a	Tagesumsatz des Markthandels von Anbietern	152

Verzeichnis der Abbildungen

Abb. 22b	Anteil der Marktbeteiligten nach Reichweite	154
Abb. 23	Übersichtskarte der periodischen Märkte in der Kreisstadt Jinzhou 1700-1935	164
Abb. 24	Tagesumsatz und -gewinn des periodischen Markthandels in Zongshizhuang	179
Abb. 25a	Wanderung zwischen benachbarten Märkten nach Marktrotationen von mobilen Händlern (Gesamt)	180
Abb. 25b	- " - (Gemüsehandler)	180
Abb. 25c	- " - (Textilhändler)	181
Abb. 26	Anteil der Marktbeteiligten nach Reichweite	182
Abb. 27	Übersichtskarte des Morgenmarktes Dongting	191
Abb. 28a	Angebotsspektrum des Morgenmarktes Dongting	193
Abb. 28b	Angebotsspektrum des Feierabendmarktes von Dongting	193
Abb. 29	Tagesumsatz auf dem Markt von Dongting	195
Abb. 30	Tagesgewinn auf dem Markt von Dongting	195
Abb. 31	Marktgebühren und -steuern auf dem Markt von Dongting	197
Abb. 32	Altersstruktur der Marktteilnehmer in Yuquan	205
Abb. 33	Warenherkunft auf dem Markt von Yuquan	207
Abb. 34	Größe der ländlichen Märkte in Hebei und Guizhou	210
Abb. 35	Ländliche Kaufkraft nach Kreisen in China 1990	216
Abb. 36	Nettoeinkommen von Händlern und Kunden auf ländlichen Märkten	220
Abb. 37	Distanz zwischen Wohnort und Marktplatz	223
Abb. 38	Intensivierung des periodischen Marktgeschehens im Kreis Guanghan/Sichuan	231
Abb. 39	Verhältnis zwischen Marktzahl, Markttagen und Bevölkerungswachstum in Zunyi 1655-1993	232
Abb. 40	Zentralisierung der periodischen Märkte um die Stadt Zunyi 1940-1993	234

Verzeichnis der Tabellen

Tabelle 1	Anzahl der befragten Händler und Kunden nach Untersuchungsorten	26
Tabelle 2	Datenverfügbarkeit über die ländlichen Märkte in China 1950-1978	42
Tabelle 3	Stellenwert des freien Markthandels im ländlichen Versorgungssystem 1978-1993	53
Tabelle 4	Vergleich der Zeitrechnungen zwischen den traditionellen chinesischen Jahren und den Jahren nach christlicher Zeitrechnung	61
Tabelle 5	Vergleich der Monatsnamen und der Reihenfolge zwischen traditionellem und modernem Kalender	61
Tabelle 6	Der Tageskreislauf nach „Erdenzweigen" und die entsprechende Uhrzeit	62
Tabelle 7	Die „Erdenzweige" und der chinesische Tierkreis	63
Tabelle 8	Ländliche Märkte in Guizhou nach verschiedenen Zeitsystemen	64
Tabelle 9	Periodische Märkte in Guizhou nach chinesischem 12-Tage-Tierkreis	66
Tabelle 10	Vergleich der Daten nach verschiedenen Zeitsystemen	68
Tabelle 11	Periodische Märkte in Guizhou nach dem 7-Tage-Wochenzyklus	69
Tabelle 12	Periodische Märkte in Guizhou nach dem 10-Tage-xun-Zyklus	71
Tabelle 13	Größe der ländlichen periodischen Märkte in Guizhou	72
Tabelle 14	Zahl und Dichte der ländlichen Märkte bzw. der Bevölkerung nach Präfekturen in der Provinz Guizhou	73
Tabelle 15	Hierarchie des Marktsystems in Zunyi	82
Tabelle 16	Durchschnittswerte von Marktgröße und Tagesumsatz sowie Zahl der Marktbeteiligten und der Markttage im Kreis Zunyi 1993	83
Tabelle 17	Anzahl der stationären Handels- und Dienstleistungsbetriebe in Xinzhou	95

Verzeichnis der Tabellen

Tabelle 18	Die Herkunft der Händler und Kunden auf dem Markt von Xinzhou	98
Tabelle 19	Verkehrs- oder Transportmittel für Kunden bzw. Händler	99
Tabelle 20	Fahrtdauer vom Wohnsitz bis zum Marktplatz	100
Tabelle 21	Häufigkeit des Besuchs auf dem Markt von Xinzhou	100
Tabelle 22	Dauer eines Marktbesuchs von Kunden und Händlern	100
Tabelle 23	Entstehung der periodischen Märkte in ausgewählten Kreisen der Provinz Sichuan nach Perioden von der Tang-Dynastie bis zur Republik-Zeit (618 - 1948)	103
Tabelle 24	Periodische Märkte und Markttage in der Provinz Sichuan 1993	106
Tabelle 25	Periodische Märkte und Markttage nach Zeitrhythmus im Kreis Guanghan/Sichuan 1944-1992	107
Tabelle 26	Indikatoren der Kreise Guanghan und Qionglai	115
Tabelle 27a	Hierarchie der periodischen Märkte in den Kreisen Guanghan und Qionglai	116
Tabelle 27b	Indikatoren der periodischen Märkte in Guanghan und Qionglai nach Gruppen	116
Tabelle 28	Nächst-Nachbar-Analyse der periodischen Märkte in Guanghan und Qionglai	117
Tabelle 29	Das Angebotsspektrum des periodischen und stationären Handels in Xiangyang	120
Tabelle 30	Untersuchung zweier Ladengeschäfte auf dem Markt von Pingluo	128
Tabelle 31	Märkte und Marktentstehung in verschiedenen Perioden nach Kreisen/Städten, Ningxia	134
Tabelle 32	Merkmale der individuellen periodischen Märkte in der Stadt Wuzhong	135
Tabelle 33	Monatsumsatz des Markthandels nach Warengruppen	137
Tabelle 34	Rangordnung der Märkte in der Region der Tiefebene Yinchuan	138
Tabelle 35	Vergleich der staatlichen Ankaufspreise und der Marktpreise für Getreide in Jinji	150
Tabelle 36	Reingewinne des periodischen Markthandels in Jinji	153

Verzeichnis der Tabellen

Tabelle 37	Dorfgröße im Kreis Dingzhou um 1848	158
Tabelle 38	Dorfgröße im Kreis Dingzhou 1928	159
Tabelle 39	Dorfgröße im Kreis Dingzhou 1981	159
Tabelle 40	Indikatoren der periodischen Märkte in der Provinz Hebei	160
Tabelle 41	Periodische Märkte und Markttage im Kreis Jinzhou 1700-1992	162
Tabelle 42	Anzahl der periodischen Märkte nach Kreisen in der Präfektur Shijiazhuang	167
Tabelle 43	Merkmale periodischer Märkte in der Präfektur Shijiazhuang nach drei Gruppen	167
Tabelle 44	Die Formen der Markttage im 10-Tage-Xun System nach dem Mondkalender und die Anzahl der periodischen Märkte unterschiedlicher Stufen in der Präfektur Shijiazhuang	168
Tabelle 45	Anzahl der Stände auf dem periodischen Markt nach Markttagen	172
Tabelle 46	Versorgungsmöglichkeit mit Grundbedarfsgütern für die ländliche Bevölkerung	174
Tabelle 47	Herkunft der Kunden und Händler auf dem Markt in Zongshizhuang	176
Tabelle 48	Verkehrs- oder Transportmittel von Kunden bzw. Händlern	177
Tabelle 49	Entwicklung des privaten Handels im Kreis Wuxi 1936-1992	186
Tabelle 50	Ländliche Märkte nach Gruppen im Kreis Wuxi	189
Tabelle 51	Indikatoren ländlicher Märkte in verschiedenen Gruppen	189
Tabelle 52	Das Angebotsspektrum des freien Marktes bzw. des stationären Handels in Yuquan	202
Tabelle 53	Größe der ländlichen Märkte in China nach Besucherzahl und Tagesumsatz	209
Tabelle 54	Ländliche Märkte und Marktrhythmen in China	211
Tabelle 55	Periodische Märkte und Markttage in ausgewählten Untersuchungsgebieten	212
Tabelle 56	Räumliche Entwicklungsunterschiede der ländlichen Märkte in den drei Großregionen	214
Tabelle 57	Die durchschnittliche Reichweite der Ergänzungsgebiete nach Untersuchungsgebieten	217

Tabelle 58	Altersstruktur der Marktbesucher nach Marktorten	219
Tabelle 59	Herkunft der Marktteilnehmer nach Verwaltungseinheiten	219
Tabelle 60	Herkunft der Marktbesucher nach Entfernungszonen	219
Tabelle 61	Schulausbildungsgrad der Marktteilnehmer auf ländlichen Märkten	221
Tabelle 62	Das Verkehrsmittel von Kunden und Händlern nach Marktorten	224
Tabelle 63	Der Zeitaufwand zum Markt nach Fahrtdauer	224
Tabelle 64	Anzahl besuchter Märkte pro Marktbeschicker	225
Tabelle 65	Jährliche Zuwachsrate der Märkte, Markttage und der Bevölkerung	231

Verzeichnis der Karten

Karte 1	Übersichtskarte des Untersuchungsraums	251
Karte 2	Periodische Märkte in Guizhou	252
Karte 3	Periodische Märkte und Markttage im Kreis Zhijin/Guizhou	254
Karte 4	Periodische Märkte im Kreis Wengan/Guizhou	255
Karte 5	Periodische Märkte in Zunyi/Guizhou 1368-1644	256
Karte 6	Periodische Märkte in Zunyi/Guizhou 1662-1722	257
Karte 7	Periodische Märkte in Zunyi/Guizhou um 1841	258
Karte 8	Periodische Märkte in Zunyi/Guizhou um 1948	259
Karte 9	Periodische Märkte in Zunyi/Guizhou 1993	260
Karte 10	Übersichtsskizze der periodischen Marktbereiche in Xinzhou Zhen	89
Karte 11	Übersichtskarte des Marktes bzw. Marktortes von Xiangyang	119
Karte 12	Standort des Marktes von Pingluo	125
Karte 13	Übersichtskarte des Zhenortes bzw. periodischen Marktes von Pingluo	126
Karte 14	Periodische Märkte in Ningxia um 1927	261
Karte 15	Periodische Märkte in Ningxia 1984	262
Karte 16	Räumliche Organisation der periodischen Märkte in der Region von Wuzhong	140
Karte 17	Zhuanlu Zhen im Kreis Dingzhou um 1848	263
Karte 18	Die Kreisstadt von Zouping/Shandong um 1695	264
Karte 19	Periodische Märkte im Kreis Jinzhou/Hebei um 1700	265
Karte 20	Periodische Märkte im Kreis Jinzhou/Hebei um 1927	266
Karte 21	Periodische Märkte im Kreis Jinzhou/Hebei (1993)	267
Karte 22	Übersichtskarte des periodischen Marktes bzw. Zhenortes von Zongshizhuang 1993	170
Karte 23	Der Markt von Zongshizhuang und die benachbarten Märkte	268
Karte 24	Ländliche Märkte nach Gruppen im Kreis Wuxi/Jiangsu 1993	269
Karte 25	Ländliche Märkte im Kreis Acheng/Heilongjiang (1994)	270
Karte 26	Räumliche Entwicklungsunterschiede der ländlichen Märkte in China	271
Karte 27	Periodische Märkte in Guanghan/Sichuan 1994	272
Karte 28	Stadt Qionglai	273

Vorwort

Die vorliegende Arbeit ist ein Versuch, auf der Basis empirischer Erhebungen die Entwicklung, Funktion und Bedeutung der ländlichen Märkte und deren räumliche Organisation in China zu analysieren. Mein verehrter Lehrer, Herr Prof. Dr. Wolfgang Taubmann, hat diese Arbeit von Anfang an intensiv betreut und in jeder Phase uneingeschränkt unterstützt. Ihm bin ich zu tiefem Dank verpflichtet.

Eine empirische Untersuchung dieser Art wäre nicht möglich gewesen ohne die Unterstützung verschiedener Stellen; zu nennen sind vor allem die Universität Bremen und die Volkswagen-Stiftung. Das von der Universität Bremen gewährte Stipendium hat mein dreieinhalb Jahre dauerndes Doktorandenstudium in Bremen finanziell abgesichert. Der Volkswagen-Stiftung ist dafür zu danken, daß sie meine Arbeit im Rahmen eines Forschungsprojektes „Ländliche Urbanisierung in der VR China" unterstützt und damit die achtmonatigen Felderhebungen in China 1993 und 1994 ermöglicht hat.

Für die erfolgreiche Zusammenarbeit während der Feldforschung in China danke ich vor allem unserer fünfköpfigen Arbeitsgruppe, u. a. Herrn Prof. Dr. W. Taubmann, Herrn Prof. Dr. Th. Heberer, Herrn Dr. Fan Jie und Herrn Fan Gongzheng. Mein Dank gilt auch zahlreichen chinesischen Behörden und Personen für das Entgegenkommen und die Unterstützung, die wir während der Felderhebungen bzw. Materialsammlung in Beijing und in den Provinzen Jiangsu, Hebei, Sichuan, Guizhou, Ningxia und Heilongjiang erfuhren. Besonders zu Dank verbunden bin ich den insgesamt 115 Schülern und Schülerinnen der oberen Mittelschule und Studentinnen und Studenten der Hochschule sowie Kadern der lokalen Behörden in den untersuchten Orten, die mit mir zusammen die Befragungen der Marktbeschicker und Marktbesucher auf den Märkten durchgeführt haben.

Dank schulde ich auch meinen Freunden Frau Dr. Sabine Tzschaschel, Herrn Dr. Walter Kuhn und Herrn Eckhard Spliethoff für die unermüdliche Hilfe bei der schriftlichen Korrektur dieser Arbeit. Sie haben mich mit viel Geduld und Verständnis stets ermutigt, die Schwierigkeit der deutschen Sprache zu überwinden.

Zu danken habe ich Herrn Prof. Dr. Wilhelm Matzat für Anregungen und zahlreiche wertvolle Hinweise und Herrn Huang Daiwei für die Unterstützung während des Studiums.

Für die Bemühungen um mein Studium in Deutschland möchte ich neben Herrn Prof. Dr. W. Taubmann auch Herrn Prof. Dr. Wu Chuanjun, Beijing, und Herrn Prof. Dr. Günter Heinritz, München, herzlichen Dank sagen.

Herzlich danke ich schließlich meiner Frau Christina Hagemeister, die mir in vielfacher Hinsicht geholfen hat.

Ein ganz besonderer Dank aber gebührt meinen Eltern und meiner ganzen Familie, die mir dieses Studium im Ausland ermöglichten.

Bremen/Deutschland, im April 1999   ZHU Hongxing

1 Einleitung

1.1 Einführung: Ländliche periodische Märkte in der Dritten Welt

Periodische Märkte werden häufig als typisches Kennzeichen unterentwickelter Gesellschaften betrachtet, die sich im Übergang von einer autarken Selbstversorgung zur entwickelten Markttätigkeit befinden. Als Grund dafür wird angeführt, daß dort das Verkehrsnetz noch nicht ausreichend für die Ausbildung stationärer bzw. täglicher Märkte entwickelt sei. Auch seien Anzahl und Kaufkraft der Kunden zu gering, um die Existenz eines festen Marktes sichern zu können. Periodische Märkte ermöglichten eine dezentrale Versorgung der ländlichen Bevölkerung und sicherten den Händlern eine wirtschaftliche Existenz durch die Möglichkeit des täglichen Standortwechsels (Smith 1979, Bohle 1986, Müller-Hohenstein und Popp 1990, Latocha 1992). Wenn bei zunehmender Bevölkerungsdichte, Marktproduktion, Kaufkraft und Verkehrserschließung eine gewisse Schwelle überschritten wird, kann sich als Folge von wachsendem Angebot und Nachfrage die zeitliche Abfolge der Markttage immer stärker bis hin zu einem täglichen Marktgeschehen verdichten.[1]

Untersuchungen, die in verschiedenen Kulturräumen durchgeführt wurden, zeigten recht unterschiedliche Bilder des periodischen Marktsystems. Die Märkte in afrikanischen und lateinamerikanischen Ländern waren stark von den europäischen Kolonialmächten geprägt. Z. B. wies Good (1976)[2] darauf hin, daß es in Ostafrika mit wenigen Ausnahmen keine vorkolonialen Märkte gab, und er bezeichnet daher die dortigen Völker als „traditionell marktlose Gesellschaften". Die meisten heute bestehenden Märkte sind also durch die Kolonialregierungen eingeführt worden.[3]

In islamischen Ländern sind die Freitagsmärkte am bedeutendsten.

Am Freitag, dem muslimischen „Sonntag", ruht die Arbeit in den meisten islamischen Ländern. Bauern ziehen in Marktflecken oder Kleinstädte, um am Freitagsgottesdienst teilzunehmen, ihre Produkte zu verkaufen und nötige Einkäufe zu tätigen. An diesem Wochentag finden die meisten Wochenmärkte statt.[4]

Im Unterschied dazu werden die meisten Märkte in den überwiegend katholischen lateinamerikanischen Ländern häufig am Sonntag abgehalten.[5] Einige Untersuchungen im Vorderen Orient zeigten, daß sich der religiöse Einfluß nicht nur auf die

---

[1] Wirth, E., 1976, S. 177.
[2] Good, C. M., 1976, S. 368.
[3] Henkel, R., Mainz 1982, S. 27.
[4] Hill, P. and Smith, R. H. T., 1972, S. 345-355.
[5] Bromley, R. J., 1975.

Festlegung des Markttages beschränkte, sondern auch auf die Gründung der Wochenmärkte.[6]

In Indien sind die Wochenmärkte die wichtigsten Knotenpunkte des ländlichen lokalen Austausches. Als der indische Forscher Sudhir Wanmali mit dem Verfasser 1986 die periodischen Märkte in der nordchinesischen Provinz Shandong besuchte, hatte er den Eindruck, die Märkte in China und in Indien sähen ähnlich aus. Jedoch wies die Studie von Bohle (1986) über Indien darauf hin, daß dort das Wochenmarktsystem seit der kolonialen Zeit durch die Verwaltung der Engländer geprägt worden sei.

Trotz unterschiedlicher Rahmenbedingungen mit verschiedenen kulturellen und religiösen Einflüssen bestehen allerdings keine wesentliche Unterschiede hinsichtlich der periodischen Märkte. Sie sind ein geregeltes Treffen von Anbietern und Nachfragern meist einfacher Güter und Dienstleistungen an einem verabredeten Platz zu festgesetzten periodischen Terminen.[7] Ihre wichtigsten wirtschaftlichen Funktionen sind die Versorgung der ländlichen Bevölkerung und der Absatz der lokalen Produktion. Darüber hinaus dienen die periodischen Märkte als Kommunikations- bzw. Informationszentrum für die Einwohner des Einzugsgebietes. Die relative Bedeutung der wirtschaftlichen und gesellschaftlichen Funktionen hängt jedoch weitgehend von der allgemeinen sozioökonomischen und politischen Struktur des jeweiligen Landes ab und kann sich mit den wirtschaftlichen, gesellschaftlichen und technischen Entwicklungen im Laufe der Zeit erheblich ändern (Bromley 1971 und 1980; Smith 1979/80; Gormsen, 1992).

1.2 Ländliche Märkte in China

Im Unterschied zu vielen Ländern der Dritten Welt ist China durch seine lange Geschichte, seinen Bevölkerungsreichtum und seine große räumliche Ausdehnung gekennzeichnet. Seit Anfang der 1930er Jahre zeigten Wissenschaftler ein großes Interesse an der Erforschung der periodischen ländlichen Märkte in China.

Yang Ching-kun[8] führte bereits 1933 eine Pionierarbeit über die periodischen Märkte im Kreis Zouping/Shandong durch. Er versuchte, die Bedeutung und die Funktion der traditionellen Märkte in der chinesischen vorindustriellen Agrargesellschaft zu erläutern. Er analysierte die periodischen Märkte vor allem als räumliche Systeme und arbeitete für sein Untersuchungsgebiet eine klare dreistufige Hierarchie von Marktzentren heraus, die unterschiedlich große Einzugsbereiche besaßen. Dabei unterschied er für jedes Marktzentrum zwei Reichweiten: zum einen die Reichweite der Kunden (*service areas*) und zum anderen die der Anbieter (*seller's areas*). Yang

---

[6] Wiebe, D., 1976; W. Fischer 1984.
[7] Vgl. Wirth, E., 1976, S. 176.
[8] Yang Ching-kun (1944): *A North China Local Market Economy. A Summary of a Study of Periodic Markets in Chowping Hsien, Shantung.* Institute of Pacific Relations, New York.

Einleitung 21

stellte fest, daß *seller's areas* größer als *service areas* waren. Zugleich betrachtete er die periodischen Märkte auch als soziale und kulturelle Systeme und stellte die These auf, daß die Grundraumeinheit der chinesischen vorindustriellen Agrargesellschaft nicht das Dorf, sondern das Einzugsgebiet der Standardmärkte sei. Diese These steht im Gegensatz zur klassischen Betrachtung anderer Forscher seiner Zeit, darunter z. B. des bekannten Agrarsoziologen Fei Xiaotong.[9]

Nach dem Vorbild Yangs hat Skinner[10] am Vorabend der Gründung der VR China eine Untersuchung über die ländlichen Märkte in China durchgeführt. Er untersuchte einige Gebiete im Umland der Stadt Chengdu/Sichuan und stellte in Anlehnung an die zentralörtliche Theorie Christallers die räumliche Struktur des hierarchischen Marktsystems kartographisch dar. Seine Arbeit hat zweifelsohne eine Auslöserfunktion für die geographische Erforschung periodischer Märkte gehabt. Außerdem hat Skinner die These von Yang Ching-kun über die „Zellenstruktur" der chinesischen Gesellschaft und Wirtschaft bestätigt und mit der Veröffentlichung seiner Arbeit 1965 eine lebhafte Debatte unter Sinologen und Ökonomen ausgelöst.[11]

30 Jahre später hat Skinner wieder versucht, die gegenwärtige Situation der ländlichen Märkte in China zu analysieren.[12] Allerdings erlangte seine spätere Arbeit keine große Bedeutung, da er keine grundsolide empirische Arbeit wie in seiner vorherigen Untersuchung in China geleistet hat. Angesichts seiner begrenzten Informationen war Skinner auch nicht in der Lage, allgemeine Aussagen für ganz China zu machen, obwohl er sich immer darum bemüht hat.

Japanische Forscher, durch die Nachbarschaft zu China begünstigt, konnten durch den Zugang zu zahlreichen chinesischen Kreischroniken historische Untersuchungen zu periodischen Märkten in China durchführen. Darunter findet sich z. B. Ishihara, der die traditionellen Märkte in den Provinzen Hebei, Jiangsu und Zhejiang untersuchte.[13] Er versuchte, Wandel und Verbreitung der traditionellen chinesischen Märkte zur Zeit der Ming-Qing-Dynastie und der Republik darzustellen. Allerdings müssen seine Ergebnisse mit Vorsicht interpretiert werden (siehe Kapitel 3.4).

In der jüngeren Zeit hat Matzat (1988)[14] die klassische Arbeit von Yang Chingkun, die in der Fachliteratur nicht veröffentlicht wurde, zum ersten Mal im deutschsprachigen Raum vorgestellt. Matzat (1993) bemühte sich, die Ergebnisse von Yang

---

[9] Fei Xiaotong (1939): *The Peasant Life in China. A Field Study of Country Life in the Yangtze Vally*. New York.
[10] Skinner, W. (1964/65): „Marketing and Social Structure in Rural China." In: *Journal of Asian Studies*, Vol. 24.
[11] Matzat, W., 1988, S. 148.
[12] Skinner. G. W. (1985): „Rural Marketing in China: Repression and Revival." In: *The China Quarterly* 103, 393-413.
[13] Ishihara H. (1976): „Periodic Markets in Hopei Province, China during the Ming, Ch´ing and Min-kuo Periods." In: *Mainzer Geographische Studien*, Heft 10, 7-10, Ishihara H. (1983): „Markets in East-Central China during the Ming, Ch´ing and Min-kuo Periods." In: *Mainzer Geographische Studien*, Heft 24, 34-43.
[14] Siehe Fußnote 13.

im Kreis Zouping/Shandong mit aktuellen Erhebungen zu vergleichen.[15] Einige junge Kollegen aus dem Geographischen Institut der Academia Sinica, darunter z. B. Hefeng (1988)[16] und Liu Shenghe (1991)[17], waren ebenfalls mit dem Thema der periodischen Märkte befaßt; allerdings waren ihre Untersuchungsgebiete sehr begrenzt. Es fehlen in China bis heute aktuelle empirische Untersuchungen über die ländlichen Märkte und Marktsysteme.

1.3 Ziel des Vorhabens

Angesichts der mangelhaften Forschung über ländliche Märkte in den letzten vierzig Jahren, insbesondere seit der Wiederzulassung des freien Markthandels 1978 in China, wird die vorliegende Arbeit versuchen, die Entwicklung und die gegenwärtige Situation der ländlichen Märkte und Marktsysteme auf verschiedenen Ebenen darzustellen. Die vorliegende Arbeit basiert auf Erhebungen, die im Rahmen eines Forschungsprojektes „Ländliche Urbanisierung in der VR China" in den Jahren 1993 und 1994 durchgeführt wurden. Zum ersten Mal bestand die Möglichkeit, ausgedehnte empirische Befunde zur Entwicklung, Funktion und Bedeutung der ländlichen Märkte in China zusammenzustellen und zu analysieren.

Die vorliegende Arbeit wird folgende sieben Aspekte untersuchen:

1. Entstehung und Entwicklung der ländlichen Märkte
Die Entwicklung der ländlichen Märkte ist geprägt durch die gesellschaftlichen, wirtschaftlichen und lokalen Umstände. Die heutige Form des ländlichen Marktsystems ist das Gesamtresultat des Zusammenwirkens unterschiedlicher Kräfte. Die Entwicklung der ländlichen Märkte kann nur im Zusammenhang mit dem wirtschaftlichen, gesellschaftlichen und historischen Wandel erklärt werden.

Eine solche Betrachtungsweise erfordert einerseits eine umfassende Analyse der beeinflussenden Faktoren, um die Gründe der Marktentstehung und -entwicklung zu erklären. Dabei werden auf der regionalen Ebene neben den sozioökonomischen Faktoren auch die Bedingungen des Reliefs, die administrativen Einflüsse sowie politische Entscheidungen herangezogen. Auf der Lokalebene wird der Standortfaktor besonders berücksichtigt. Andererseits erfordert diese Untersuchungsart eine historische Perspektive, die von der Ausgangssituation ausgeht und gegebenenfalls einen langen Entwicklungsprozeß bis hin zum aktu-

---

[15] Matzat, W. (1993): „Das heutige System periodischer Märkte im Kreise Zouping (Shandong/China)." In: *Erdkunde*, Band 47, 219-228.

[16] He Feng (1987): „Geographische Studie der ländlichen periodischen Märkte - Beispiel Sichuan." In: *Regionale Forschung und Entwicklung* (chinesisch), S. 23, Vol. 6.

[17] Liu Shenghe (1991): „Periodische Märkte und ländliche Entwicklung in Liaocheng/ Shandong." In: Guo Huancheng (eds.), *Rural Geography in Huang-Huan-Hai Plain* (chinesisch), S. 185.

Einleitung 23

ellen Entwicklungsstand umfaßt. Da die traditionellen chinesischen Märkte weit in die Vergangenheit zurückreichende historische „Wurzeln" haben, wird in der vorliegenden Untersuchung sowohl auf der nationalen als auch auf der regionalen Ebene immer wieder versucht, die ländlichen Märkte und das traditionelle Marktsystem in verschiedenen Perioden von der Ming- und Qing-Dynastie über die Republik-Zeit bis zur Gegenwart darzustellen, um ihre Entwicklungsprozesse und -tendenz erklären zu können.

2. Die Zusammenstellung der Markttage und die Zyklen der Marktwoche
Die ländlichen Märkte werden in China häufig periodisch abgehalten. Das Zeitintervall zwischen den Markttagen fällt in den untersuchten Regionen sehr unterschiedlich aus. In Hebei, Henan und Shandong finden die meisten periodischen Märkte alle fünf Tage statt; in Guizhou werden die Märkte häufig alle sechs oder sieben Tage abgehalten; in Sichuan und Hunan werden dagegen alle drei Tage Märkte veranstaltet; in Zhejiang und Jiangsu gibt es in der Mehrzahl der Marktorte keine eindeutige Periodizität, meist werden täglich Märkte abgehalten.

Die Häufigkeit der Marktveranstaltungen bzw. die Zahl der Markttage spiegeln nicht nur in den verschiedenen Regionen unterschiedliche Intensitäten des ländlichen Markthandels wider, sondern auch das unterschiedliche Entwicklungsniveau der Regionen.

In der vorliegenden Arbeit werden die periodischen Märkte und ihre Markttage unterschiedlicher Regionen Chinas im großen Umfang untersucht. Allein in der Provinz Guizhou z. B. wurden nahezu alle 2.281 periodischen Märkte untersucht. Um die Regelhaftigkeit der Abfolge der Markttage und die traditionellen Marktwochen des chinesischen Tierkreises erklären zu können, bedurfte es komplexer Umrechnungsverfahren.

3. Die räumliche Struktur der ländlichen Marktsysteme
Die ländlichen Märkte werden als ländliche zentrale Orte betrachtet. Sie sind in einem zentralörtlichen System angeordnet. Das zentralörtliche System wird von vierfach gestuften Marktzentren gebildet, als da sind Zentralmärkte (Hauptzentren), Mittelmarktzentren, Standardmärkte (oder -zentren) und Kleinmärkte (oder -zentren).

Die Analyse der räumlichen Stuktur des zentralörtlichen Marktsystems wird ein Schwerpunkt in der vorliegenden Untersuchung sein. An konkreten Beispielen werden Landkreise als Raumeinheit des regionalen Marktsystems untersucht. Bei der Bestimmung des hierarchischen Marktsystems und bei der Analyse der räumlichen Verteilung werden verschiedene statistische Verfahren angewandt.

4. Die raum-zeitlichen Organisationen der periodischen Märkte
Charakteristika der periodischen Märkte sind ihre räumlichen und zeitlichen Eigenschaften. Es ist deswegen erforderlich, die Verhältnisse des räumlichen und des zeitlichen Abstandes zu berücksichtigen. Die räumliche und zeitliche Integration ist die grundlegende Form der Vernetzung benachbarter periodischer Märkte. Das bedeutet z. B., daß die Markttage der verschiedenen Märkte nach zeitlichen

und räumlichen Abständen komplementär festgelegt werden, wodurch Konkurrenz zwischen den periodischen Märkten vermieden wird.

Die raum-zeitliche Organisation periodischer Märkte wird aufgrund der Beobachtung und Befragung in verschiedenen ländlichen Gebieten Chinas schwerpunktmäßig untersucht, dabei wird auch die sogenannte „Synchronisations"- oder „Integrations"-Hypothese in einigen Gebieten getestet und analysiert.

5. Sozioökonomische Merkmalausprägungen und räumliches Verhalten der Marktbeteiligten
Die ländlichen Märkte bestehen aus dem Handel zwischen Anbietern und Käufern. Letztgenannte sind überwiegend Bauern und kommen meistens aus denselben Orten oder der näheren Umgebung. Die Untersuchung der Marktbeteiligten bildet den zweiten Schwerpunkt der vorliegenden Arbeit. Die Analyse konzentriert sich auf Fallstudien, die in sieben Beispielmärkten durchgeführt wurden. Dabei werden sowohl Händler als auch Kunden auf ihre sozioökonomische Merkmalausprägungen hin ausführlich untersucht bzw. ihr räumliches Verhalten sowie ihre Herkunftsgebiete analysiert.

6. Die Funktionen der ländlichen Märkte und ihre Rolle im ländlichen Handelssystem
Die ländlichen Märkte besitzen eine zweifache Wirtschaftsfunktion: Zum einen dienen sie dem Absatz der lokalen Produkte und zum anderen der Versorgung der ländlichen Bevölkerung. Sie fungieren jedoch nicht nur als Sammelpunkte der landwirtschaftlichen und nebengewerblichen Produkte, sondern dienen auch als Verteilungspunkte der städtischen Konsumgüter. Die ländlichen Märkte unterscheiden sich jedoch hinsichtlich des Stellenwertes ihrer Wirtschaftsfunktionen innerhalb des gesamten Versorgungssystems.

Die vorliegende Untersuchung konzentriert sich zwar auf die ländlichen periodischen Märkte, jedoch wird der stationäre Handel am Marktort einbezogen. Aufgrund einer Vergleichsanalyse des Privathandels und des Kollektivhandels bzw. des staatlichen Handels wird zu erklären versucht, welche Rolle die ländlichen freien Märkte gegenüber den staatlichen bzw. kollektiven Handelseinrichtungen und Dienstleistungsunternehmen bei der Versorgung der ländlichen Bevölkerung und bei dem Absatz der landwirtschaftlichen Produkte gespielt haben und wie sehr sich seit der ländlichen Wirtschaftsreform ihre Stellung und Funktion geändert hat.

7. Der Einfluß der ländlichen Märkte auf die ländliche Entwicklung
Die ländlichen Märkte spielen, von ihren wirtschaftlichen Funktionen abgesehen, im gesellschaftlichen Leben der Bevölkerung des Einzugsbereiches eine wichtige Rolle. Dabei bieten die ländlichen Märkte z. B. für alle Marktbeschicker Beschäftigungs- bzw. Verdienstmöglichkeiten. In diesem Zusammenhang werden bei der vorliegenden Untersuchung die Beschäftigungseffekte der ländlichen Märkte und deren Beziehungen zur ländlichen Entwicklung berücksichtigt.

1.4 Empirische Arbeit und Datenquelle

Die empirische Untersuchung zu diesem Fragenkreis wurde auf folgenden drei Ebenen durchgeführt:

1. Auf der Makrobene konzentrierten sich die Erhebungen vor allem auf die entsprechenden Institutionen der Provinzhauptstädte der sechs ausgewählten Untersuchungsprovinzen (siehe Karte 1 im Anhang), um die Gesamtentwicklung in der jeweiligen Provinz zu erfassen und entsprechende Daten zu sammeln. Hauptpartner war das Verwaltungsamt für Industrie und Handel (VAfIH) der Provinz.

2. Auf der Mesoebene konzentrierte sich die Untersuchung auf die sieben Landkreise. Die entsprechenden Erhebungen wurden in den Regierungssitzen der Kreise durchgeführt. Das Schwergewicht der Arbeit lag auf der Datensammlung aus den verschiedenen Kreisbehörden. Da die Jahresberichte bzw. Statistiken der Kreise in China aufgrund ihrer Geheimhaltung nicht veröffentlicht werden dürfen und selten ausführliche Daten über Landkreise in den Statistikjahrbüchern der Provinzen zu finden sind, war die Untersuchung auf der Kreisebene besonders wichtig. Die wichtigsten Daten über die ländlichen Märkte stammen von den zuständigen Behörden des VAfIH des jeweiligen Kreises.

3. Der Schwerpunkt der empirischen Untersuchung lag auf Fallstudien der Mikroebene. Sieben Beispielmärkte wurden ausgewählt und untersucht. In den Markttorten wurden neben Gesprächen mit Institutionen und Experten, offenen Interviews und empirischen Beobachtungen auch standardisierte Interviews mit Händlern und Kunden durchgeführt. Insgesamt wurden auf den Beispielmärkten 1.290 Händler und 1.345 Kunden direkt befragt. Die Anzahl der befragten Händler und Kunden nach Märkten ist in Tabelle 1 dargestellt.

Kunden und Händler wurden gleichzeitig auf den Märkten ausgesucht und mit zwei getrennten Fragebögen befragt. Das Schwergewicht der Befragungen lag auf der Befragung der Händler. Da die jeweilige Grundgesamtheit nicht bekannt war, wurde versucht, pro Markt mindestens 100 Händler und Kunden zu erfassen. Dabei sollte jeweils etwa ein gleicher Anteil von Anbietern aus den Branchen Gemüse, Kleidung, Alltagswaren usw. befragt werden. Die Befragung der Kunden fand schwerpunktmäßig zu den Uhrzeiten statt, an denen aufgrund vorher durchgeführter Grobzählungen die höchste Kundenfrequenz zu erwarten war. Um die Befragungen an den Markttagen organisatorisch zu bewältigen, gewannen wir gegen Bezahlung an jedem Ort 15-20 Schüler der oberen Mittelschule und Studenten der Hochschule sowie Kader der lokalen Behörden, die vorher intensiv geschult worden waren. Die ungleiche Zahl der befragten Händler und Kunden der einzelnen Marktorte hing von dem unterschiedlichen Tempo des Interviewverlaufes ab.

Tabelle 1: **Anzahl der befragten Händler und Kunden nach Untersuchungsorten**

Marktorte	Zongshizhuang	Dongting	Yuquan	Xiang-yang	Pingluo	Xinzhou	Jinji	Jiugongli*	Wuzhong*
Zahl der befragten Händler	158	124	156	119	158	225	181	86	83
Zahl der befragten Kunden	154	146	174	106	209	251	122	82	101
Gesamt	312	270	330	225	367	476	303	168	184

Anmerkung: *zusätzliche untersuchte Märkte.

Folgende Daten- und Materialquellen wurden in den untersuchten Provinzen genutzt:

1. Offizielle Angaben und Berichte
   Die Verwaltungsämter für Industrie und Handel sammeln auf allen Ebenen zahlreiche Daten über Marktgröße, Marktumsätze, Gebühren und Preise usw. Allerdings sind solche Daten nicht für jeden erhältlich. Ausländische Wissenschaftler haben in China wegen der Geheimhaltung kaum Möglichkeit, detaillierte Daten auf der regionalen und lokalen Ebene zu erhalten; für chinesische Wissenschaftler ist es ebenfalls schwierig - allerdings können aufgrund der Finanzknappheit detaillierte Daten von den Verwaltungsbehörden gekauft werden. Über Umwege erhielten wir in einigen Provinzen, wie z. B. Guizhou und Ningxia, auch genaue Daten über Märkte in Provinzen, die bislang noch in keinem Bericht aufgetaucht sind.

   Die offiziellen Angaben müssen sorgfältig geprüft werden. Ländliche Märkte werden von den Behörden anders definiert als von uns. Oft stimmt die Anzahl der Märkte einer Region nicht. Zum Beispiel wurden 1993 für den Kreis Jinzhou offiziell insgesamt 70 Märkte gezählt, von denen nach unseren Erhebungen nur 33 als periodische Märkte angesehen werden konnten.

2. Befragungen
   Direkte Befragungen bildeten die Hauptquelle der empirischen Daten. Damit wurden zum ersten Mal in China standardisierte Interviews mit Kunden und Händlern auf den ländlichen Märkten durchgeführt. In der vorliegenden Studie konnte ein Datensatz von insgesamt 2.600 Fragebögen erhoben werden (Fragebogen im Anhang).

   Der Fragenkatalog für Marktbeschicker umfaßte Angaben über Geschlecht, Haushaltszugehörigkeit (*hukou*), Heimat- und Wohnort, Ausbildung, Tätigkeit, Tagesumsatz und -gewinn (höchster, niedrigster und durchschnittlicher Gewinn), Marktgebühren, Transportkosten, Transportmittel, Fahrzeit, Warenherkunft, Ankaufs- und Angebotspreise, Lage, Besuchshäufigkeit, Aufenthaltsdauer, Anzahl der Märkte, auf denen Waren angeboten werden, Nachbarmärkte usw. Der erste Fragebogen bestand aus 37 Fragen.

Ähnliche Fragen wurden auch an Marktbesucher gestellt. Die Kundenbefragung war jedoch relativ einfach. Der zweite Fragebogen umfaßte 18 Fragen.

3. Literatur und Aufzeichnungen

Die Fachliteratur über ländliche Märkte in China ist sehr begrenzt. Wie bereits ausgeführt wurde, konzentrierten sich die bestehenden Studien nur auf einige Kreise. Diese Untersuchungen wurden hauptsächlich vor der Gründung der VR China durchgeführt. Untersuchungen aus der jüngsten Zeit liegen so gut wie nicht vor.

Andererseits sind die lokalen Aufzeichnungen über die ländlichen Märkte in China wiederum sehr umfangreich und ausführlich. Entsprechend der chinesischen Tradition wurden in jeder Dynastie geschichtliche Niederschriften bzw. Ortschroniken verfaßt. In fast jeder alten Kreischronik wurde durchweg die komplette Liste der periodischen Märkte (Ortsname, Lage und Markttage) aufgezeichnet. Diese Liste für einen Kreis in verschiedenen Perioden der chinesischen Geschichte muß mit Vorsicht interpretiert werden. Außerdem kann nicht jeder Leser die alten chinesischen Aufzeichnungen verstehen. Die Auswertung zahlreicher Ortschroniken bildete einen wichtigen Datensatz für die vorliegende Arbeit. Alle historischen Daten wurden bei der Analyse sehr sorgfältig geprüft. Unklarheiten konnten durch Konsultation mit kundigen Lokalbewohnern beseitigt werden.

1.5 Begriffsbestimmung

Ländliche Märkte

Ländliche Märkte haben viele Bedeutungen. Zunächst versteht man unter diesem Begriff die Märkte, die im ländlichen Gebiet liegen. Das sog. ländliche Gebiet ist gegenüber der Stadt ein relatives Konzept. Ländliche Gebiete umfassen die Verwaltungseinheit der Kreise und die Städte auf der Kreisebene, einschließlich der Kreisstädte.

Darüber hinaus werden „ländliche Märkte" als Standorte betrachtet. Jeder Markt hat einen Ort, der „Marktort" heißt. Der Marktort besteht zumeist aus dem Gemeindeort oder *Zhen*ort (Landstadt). Es gibt allerdings auch Märkte, die in Dörfern abgehalten werden. Deshalb kann der Marktort auch das Dorf sein. Auch können sich an einem Marktort mehrere Märkte befinden. In diesem Fall werden in der vorliegenden Untersuchung solche Märkte zu einem zusammengefaßt.

Die dritte Bedeutung ist folgende: Auf ländlichen Märkten überwiegt der Privathandel. Im Unterschied zu der Planwirtschaft werden ländliche Märkte somit häufig als „freie Märkte" bezeichnet.

„Ländliche Märkte" und „periodische Märkte" werden in den meisten Fällen als Synonym benutzt, da die Mehrheit der Märkte in ländlichen Gebieten periodisch abgehalten wird. Allerdings müssen die ländlichen periodischen Märkte von den permanenten Geschäften unterschieden werden, obwohl beide Märkte funktionell miteinander verbunden sind. Spezifische Formen der ländlichen periodischen Märkte, darunter z. B. Jahrmärkte, die früher häufig in China als Tempelfest bezeichnet wurden, bleiben in dieser Arbeit außer Betracht.

Marktbeschicker und Marktbesucher
Auf ländlichen Märkten sind zwei Gruppen zu unterscheiden: Marktbeschicker und Marktbesucher. Marktbeschicker, die auch als „Händler", „Anbieter" und „Verkäufer" bezeichnet werden, unterscheiden sich deutlich nach ihrem Beruf. Es gibt „hauptberufliche Händler" und „nebenberufliche Händler". Es wird außerdem nach Warenherkunft unterschieden zwischen „selbstvermarktenden Produzenten" und „Zwischenhändlern", aus räumlicher Sicht zwischen „ansässigen Händlern" und „mobilen Händlern" und nach den wirtschaftlichen Funktionen zwischen „Großhändlern" und „Kleinhändlern".

Die Marktbesucher werden als „Kunden" oder „Käufer" bezeichnet. Auf den ländlichen Märkten ist die Abgrenzung zwischen Marktbesuchern und Marktbeschickern manchmal unklar. Oft sind Marktbeschicker zugleich auch Marktbesucher. Diese Situation ist allerdings charakteristisch für ländliche Märkte, da sie hauptsächlich von Bauern besucht werden.

1.6 Klassifikation

Es dominieren zwei Auffassungen einer Klassifikation ländlicher Märkte bzw. Marktorte in China: Eine wurde von Fei Xiaotong vertreten. Fei (1983) untersuchte die Entwicklung der *market towns* im Kreis Wujiang/Jiangsu und unterschied nach Entstehungsursachen fünf Typen: 1) *market towns*, die aus den politischen bzw. Verwaltungszentren heraus entstanden sind; 2) *market towns*, die sich als Sammlungs- und Verteilungspunkte der landwirtschaftlichen bzw. industriellen Produkte entwickelten; 3) *market towns*, die an Verkehrsknotenpunkten liegen; 4) *market towns*, die als industrielle Zentren entstanden sind; und 5) *market towns*, die Fremdenverkehrsorte sind.[18] Diese fünf Typen sind allerdings eine sehr grobe Klassifikation der *market towns* und keineswegs ein System der ländlichen Märkte, obwohl Feis Klassifikation in der chinesischen Literatur zur Erklärung des Systems der Marktorte oft übernommen wurde. Die andere Auffassung wurde von Yang und Skinner vertreten. Bereits Anfang der 40er Jahre unterteilte Yang die periodischen Märkte klar in drei Stufen: *basic markets, intermediate markets* und *central markets.* Die kleinsten periodischen Märkte bezeichnete er als *basic markets.* Die nächste Stufe nennt er *intermediate markets,* darüber folgt dann der *central market,* unter

---

[18] Fei Xiaotong, 1983, S. 12-16.

Einleitung 29

anderem repräsentiert durch die Kreisstadt Zouping/Shandong. Skinner (1964) ist mit dieser Stufung nicht ganz einverstanden, da sie nicht auf ganz China übertragbar sei. Er weist darauf hin, daß Yangs *basic market* nicht überall vorkommt. Als Grundzellen der chinesischen Gesellschaft und des Marktsystems betrachtet er Yangs *intermediate markets*, deren Einzugsbereiche annähernd flächendeckend seien. Er schlug dafür den gut gewählten Ausdruck *standard market* vor, und diesen Terminus hat er in seiner Untersuchung in Sichuan verwendet.[19]

Yang 1944	Skinner 1964	Matzat 1988
Basic market	Minor market	Kleinmarkt oder -zentrum (K-Markt)
Intermediate market	Standard market	Standardmarkt oder -zentrum (S-Markt)
Central market	Intermediate market	Mittelmarkt oder -zentrum (M-Markt)
	Central market	Zentralmarkt oder Hauptzentren (Z-Markt)

Quelle: Vgl. Wilhelm Matzat, S. 150, Erdkunde, Band 42, 1988.

Allerdings wurden angesichts der spontanen Erscheinung, der begrenzten Funktion und der peripheren Lage die sog. *minor markets* in Skinners kartographischer Darstellung des periodischen Marktsystems nicht berücksichtigt. Zudem war seine Betrachtung regional begrenzt.

In der verliegenden Arbeit wird grundsätzlich eine vierstufige Hierarchie der ländlichen Märkte bzw. Marktorte eingeführt, die nach Matzat (1988) als Zentralmärkte, Mittelmärkte, Standardmärkte und Kleinmärkte bezeichnet werden.

---

[19] Matzat,W., 1988, S. 130.

2 Entwicklung und Stellung der ländlichen Märkte in China

2.1 Allgemeine Entwicklung

Märkte - auf chinesisch 市 (*shi*) - haben in China eine lange Geschichte. Das Schriftzeichen erschien zuerst in Orakelknocheninschriften der Shang-Dynastie (ca. 1324-1066 v. Chr.).[20] *Shi* bezeichnete ursprünglich den Warenaustausch am Brunnen vor mehr als viertausend Jahren. In dem Geschichtswerk *Shiji*[21] findet sich folgende Erklärung: „Die Vorfahren hatten Markt am Brunnen (*jing*). Wenn sie morgens zum Brunnen gehen, um Wasser zu holen, bringen sie die Sachen mit und tauschen dort die Waren mit anderen aus. Das wird ‚Shi-jing‘ genannt." In den nachfolgenden chinesischen Geschichtsdarstellungen wurde diese erste Erklärung immer wieder übernommen.[22] *Shi-jing* wurde als die früheste und einfachste Form des Marktes bezeichnet und ist später auch im allgemeinen auf den periodischen Markt am Siedlungsort übertragen worden.

Weitere Erklärungen zum Markt (*shi*) findet man in vielen alten chinesischen Schriften, woraus exemplarisch folgende zitiert seien:

Shuowen Jiezi[23]: „*Shi* ist der Ort, an dem Kauf und Verkauf betrieben werden. Er ist mit Mauern umgeben und der Sitz der Behörde."

Yizhuan Xici[24]: „Am Mittag ist der Markt. Die Besucher treffen sich auf dem Markt. Waren strömen von allen Richtungen zum Markt. Nach Handelsabschluß geht man wieder dorthin, wo man herkommt."

Zhouli Deguan[25]: „In fünfzig *Li* (25 km) Entfernung gibt es einen Markt zu sehen." „Der große Markt findet am Mittag statt. Er wird hauptsächlich von gewöhnlichen Leuten besucht; Frühmarkt wird früh am Tag abgehalten. Auf dem Frühmarkt sind überwiegend Kaufleute. Der Abendmarkt ist am Abend zu betreiben; auf dem Abendmarkt sind meistens mobile Händler und Händlerinnen."

In den alten chinesischen Schriften gibt es häufig solche deutlichen Erklärungen und gute Beschreibungen der Handlungsabläufe auf einem Markt. Sie spiegeln nicht nur den historischen Markthandel wider, sondern auch die heute noch bestehenden ländlichen Marktformen.

Die ländlichen Märkte in China haben also eine fast dreitausendjährige Geschichte. Diese Geschichte in allen Einzelheiten nachzuzeichnen, ist nicht Aufgabe des vorliegenden Kapitels.

---

[20] *Yi-you-fu-ding-yi* (1324-1066 v. Chr.).
[21] Sima Qian, *Shiji* (ca. 100 v. Chr.), Vol. 30.
[22] *Houhanshu - Liupang chuan* (1133 - 1279).
[23] *Shuowen Jiezi* (100 n.u.Z.).
[24] *Yichuan Xici* (ca. 221 v. Chr.).
[25] *Zhouli Deguan* (475 - 221 v. Chr.).

Es soll genügen, die Entwicklung ländlicher Märkte in China in der folgenden Studie in vier Zeitperioden zusammenzufassen, die Periode vor 1840, 1840-1949, 1949-1978 und nach 1978.

2.1.1 Ländliche Märkte in China vor 1840

In der langen Geschichte bis zum Jahr 1840, in dem die Engländer die Öffnung des Landes erzwangen, war China nach außen weitgehend abgeschlossen. Die traditionelle Agrargesellschaft war durch eine autarke Subsistenzwirtschaft gekennzeichnet. Selbstverständlich konnte ein Bauer - entweder als selbstproduzierender Farmer oder als Pächter – nicht vollständig autark sein. Grund dafür war, daß ein Bauer allein keine Möglichkeit hatte, sich mit der Herstellung aller Produkte und Verarbeitungsformen zu beschäftigen, um den gesamten täglichen Bedarf decken zu können. Seine eigene Arbeit konnte nur einen Teil der Autarkiewirtschaft befriedigen.

Die traditionelle Arbeitsteilung chinesischer Bauernfamilien ist folgende: „Der Mann pflügt und die Frau webt". Dadurch ist das Problem der Grundnahrungsmittel und der Bekleidung in der Familie gelöst. Aber weder er noch sie können selbst die Werkzeuge oder Haushaltswaren, z. B. Pflug, Egge, Schaufel, Messer, Schere, Porzellan erzeugen. Also muß man solche Waren kaufen. Es gibt drei Möglichkeiten: a) man kauft sie auf den nahegelegenen periodischen Märkten oder beim Tempelfest; b) man kauft sie in den Geschäften in der Landstadt oder regionalen Stadt; c) man bestellt sie beim entsprechenden Handwerker. Die erste Form ist am üblichsten. Dies wird von vielen lokalen Aufzeichnungen (*xian zhi*) bestätigt, darunter z. B.:

Dingzhou zhi[26] (in der Daoguang-Ära 1821-1850): „Die Südchinesen nennen den Markt *shi* und die Nordchinesen *ji*. Es gibt ca.10 periodische Märkte in den städtischen bzw. ländlichen Gebieten von Dingzhou. Der Markt findet an unterschiedlichen Tagen statt. Am Markttag ist der Marktort voll und laut von Menschen. Sichel, Spaten, Körbchen, Töpfe, Schüsseln, Matten, Kleiderstoffe, Haustiere, Geflügel und Gemüse sowie Getreide werden auf dem Markt gehandelt."

Hejia xian zhi[27] (in der Qianlong-Ära 1760): „Der Markt findet mittags statt. Fünf tägliche Märkte befinden sich in der Kreisstadt. Dabei werden nur Reis, Weizen und landwirtschaftliche Werkzeuge auf dem Markt angeboten und nachgefragt. Jedes Jahr finden in der Kreisstadt noch zweimal Tempelfeste an *Yaowangmiao* statt. Händler und Händlerinnen kommen aus den Nah- und Ferngebieten zum Besuche des Tempelfests. Dadurch werden große Mengen von Waren gehandelt. Auf vier Gemeinden des Kreises verteilen sich insgesamt sieben Großmärkte bzw. 27 Kleinmärkte."

---

[26] *Dingzhou zhi* (in Daoguang-Ära) , Vol. 7, Geographie: Markt, S. 58-59, 1821-1850.
[27] *Hejia xian zhi* (in Qianlong-Ära), Vol. 1, Markt, S. 36-37, 1760.

Zouping xian zhi[28] (in der Kangxi-Ära 1695): „Es gibt einen Markt an jedem Stadttor von Zouping im Osten, Westen, Süden und Norden. Allerdings liegt der südliche Marktplatz ein bißchen weiter von dem Südtor entfernt. Die Markttage werden untereinander vereinbart. Und der Markthandel wird hauptsächlich zwischen städtischen Käufern und bäuerlichen Anbietern betrieben."

Man kann feststellen, daß der ländliche Markt der wichtigste Handelsort für die Bauern ist, um den alltäglichen Bedarf des bäuerlichen Haushalts zu befriedigen. Selbstverständlich war der Warenaustausch in der traditionellen Gesellschaft Chinas sehr begrenzt. Der Warenaustausch im ländlichen Raum bestand nur aus Ergänzungen zum Grundbedarf der bäuerlichen Haushalte und wuchs hauptsächlich durch das Bemühen um die Verbesserung der Existenz, nicht zum Erzielen von Gewinnen im heutigen Sinne.

Früher fanden die ländlichen Märkte im allgemeinen periodisch statt. Die Menschen trafen sich regelmäßig meist mit einfachen Gütern und Dienstleistungen an einem verabredeten Platz in einem Dorf oder *Zhen*ort zu festliegenden Terminen. Die Grundform der periodischen Märkte hat sich in China seit Tausenden von Jahren nicht wesentlich geändert. Aufgrund der zahlreichen historischen Aufzeichnungen kann man die Geschichte der ländlichen periodischen Markt zurückverfolgen.

Die ursprüngliche Form der ländlichen periodischen Märkte war der sogenannte *caoshi* (Grasmarkt). Es gab *caoshi* schon vor ungefähr 1.500 Jahren. In dem Geschichtswerk *Nanqishu* wurden solche Märkte in den Vororten der Stadt Jiande (heute Nanjing) aufgezeichnet.[29] Warum diese Marktform so hieß, hat zwei mögliche Erklärungen: Erstens, auf dem Markt wurden überwiegend Gräser (für Futter und Brennmaterial) und Agrarprodukte angeboten, so hat man ihn einfach „Grasmarkt" genannt; zweitens, der Markt befand sich in den ländlichen Siedlungen, in denen die meisten bäuerlichen Häuser Strohhütten waren. Er wurde deswegen als „Strohmarkt" bezeichnet. Das Schriftzeichen für Stroh, Gras, Heu oder Kräutern lautet chinesisch 草 *(cao)*, faßt also in einem Wort ähnliche Bedeutungen zusammen.

Bis zur Tang-Dynastie (618-907) und Song-Dynastie (960-1279) waren *caoshi* an vielen Landstraßen und in vielen Landstädten entstanden. Dazu gibt es schöne Beschreibungen in zahlreichen klassischen Gedichten.[30] Wangjian (767-830) schrieb: „*Caoshi* zieht schwimmende Waren an, an der Hafenbrücke verzollen die Händler ihre Waren." Sushi (1037-1101): „Frühlingsfluß umarmt den *caoshi*"; Lujou (1125-1210): „Auf dem *caoshi* wird Schnaps angeboten"; etc. Man kann sich gut vorstellen, daß der Grasmarkt während der Tang- und der Song-Dynastie schon eine gewohnte Erscheinung war.

In der Song-Zeit und danach hat sich die Form des ländlichen Marktes weiter entwickelt. In zahlreichen Kreischroniken finden sich bereits Aufzeichnungen über

---

[28] *Zouping xian zhi* (in Kangxi-Ära), Vol. 2. Verwaltung: Stadt, Straße und Markt, S. 2, 1695.
[29] *Nanqishu, Vol. 50* (420 - 489).
[30] Yu Pingbo, 1979, S. 91, 110, 179.

xushi, eine andere Benennung des ländlichen periodischen Marktes in der südchinesischen Provinz Guangdong. In dem Geschichtswerk über die Song-Dynastie, *Songhuiyaojigao*, findet man folgende Erklärung: „In den dörflichen Siedlungen in Guangdong befinden sich die Märkte, die nach festgelegen Terminen abgehalten werden. Man nennt sie *xushi*; der sogenannte *xushi* findet alle drei oder alle zwei Tage statt."[31] Das chinesische Schriftzeichen 虚 (*xu*) bedeutet „leer". *Xushi* heißt „Leerer Markt". Das bedeutet vielleicht, daß der Marktort meist ruhig ist („leer") und der Markt nur am Markttag stattfindet. Das bedeutet aber vielleicht auch, daß gegenüber den festen Läden und Geschäftsstraßen in der Stadt der Markt im ländlichen Raum keine öffentlichen Einrichtungen unter freiem Himmel hat. Nach einer Schätzung von Wang Xiangqin[32] gab es in Guangdong am Ende der Song-Zeit bereits mehr als 800 *xushi*. Bis zur Qianlong-Ära (1736-1795) gab es allein in Guangzhou-Fu[33] 414 *xushi*.

Der Name *xushi* für einen periodischen Markt wird bis heute in Südchina gebraucht, während *caoshi* nicht mehr in der alltäglichen Sprache zu hören ist. Über die unterschiedlichen Benennungen des ländlichen Marktes in verschiedenen Gebieten Chinas berichtete Xie Zhaozhe (1575) in seinem Notizbuch *Wuzazu:* „Man nennt den Markt in Südchina *xu*, in Sichuan *chang* und in Shandong *ji*."[34] Im allgemeinen wird er als *jishi* bezeichnet. *Ji* bedeutet nicht nur „sammeln" und „zusammentreffen", sondern auch „Massen", „verschiedenartig" und „periodisch".

Betrachtet man eine heutige Landkarte vom Norden der Provinz Anhui, so liest man zahlreiche Ortsnamen, die das Schriftzeichen 集 (*ji*) aufweisen. Es besteht kein Zweifel, daß sie ursprünglich periodische Märkte (*jishi*) bezeichneten und schon in der Ming- und Qing-Dynastie entstanden sind.

In der Ming- und Qing-Zeit entstand noch eine weitere Marktform: *Zhenshi (Shizhen).* 镇 (*zhen*) bezeichnete in der Tang-Dynastie ursprünglich eine militärische Festung. In der Song-Dynastie wurde er *shizhen* genannt.[35] *Zhen* und *Shi* sind miteinander verbunden und haben sich gegenseitig bedingt. Auf dem Markt (*shi*) im *zhen* befinden sich feste Läden, Geschäftsstraßen und öffentliche Einrichtungen. *Zhen* ist eine Kleinstadt, die zwischen dem Marktort (*ji*) und der Stadt (*shi*) anzusiedeln ist. Sie wird heute als „Landstadt" bezeichnet. In der Ming- und Qing-Zeit gab es bereits zahlreiche *shizhen* im ländlichen Raum Chinas, besonders im sozial und wirtschaftlich hoch entwickelten Südchina, nämlich in den Provinzen Zhejiang, Jiangsu und Guangdong. Den lokalen Aufzeichnungen vom achten *Fu* (Bezirk) und einer *Zhou* (Stadt) der Provinzen Zhejiang und Jiangsu zufolge gab es 329 *shizhen* in der späteren Ming-Dynastie (1641-1644). Bis in die Qianlong- und Jiaqing-Ära (1796-1820) stieg ihre Zahl auf 517. Darunter haben sich manche *shizhen* zu spezia-

---

[31] *Songhuiyaojigao:* „Lebensmittel und Waren", S. 17 - 18, Beijing 1936.
[32] Wang, Xiangqin: *Spezialmärkte in China* S. 8, Verlag der Volkszeitung, Beijing 1994.
[33] *Fu* war ein Verwaltungsbezirk von der Tang- bis zur Qing-Dynastie.
[34] Xie Zhaozhe: *Wuzazu* (ca. 1575).
[35] *Zhongguo shangye baike quanshu (Handelsenzyklopädien von China)*, 1993, S. 499.

lisierten Märkten entwickelt. Nach einer Einschätzung[36] gab es in Südchina in der Ming- und Qing-Zeit 25 *shizhen* speziell für Seidenstoffe, 52 *shizhen* für Baumwolle und 13 *shizhen* für Reis. In der Qing-Dynastie haben sich in China vier *shizhen* zu landesweit bekannten *zhen* entwickelt, nämlich: Fushan *zhen* in der Provinz Guangdong, Jingde *zhen* in der Provinz Jiangxi, Zhuxian *zhen* in der Provinz Henan und Hankou *zhen* in der Provinz Hubei. Nach William C. Milne[37] war Fushan *zhen* z. B. in der Mitte des neunzehnten Jahrhunderts

> perhaps the most remarkable for the exhibition of universal energy in business of every form. It may be named *the Birmingham of China*. It lies twelve miles W. by S. of Canton city; is a large town without walls; reputed to contain 1,000,000 inhabitants. Both the canal and river through the town were crammed with boats; each side of the river was thickly populated and built up with dwellings, shops, godowns, factories and hongs.

Und Jingde zhen, ein anderes Beispiel, „is one of the four famous interior markets of the empire". Jingde zhen war:

> ... famed for being the chief manufactury of porcelain .... It is described by those who have visited the place as an immense village, or unwalled town rather, stretching three miles along a beautiful river, and flanked by a semicircle of fine mountains, from which much of the earth required for the ware is brought .... If rumor is to be relied on, there are at least five hundred kilns constantly at work .... The population of the place, though given out to be quite one million, may be nearer the truth if set down at half a million, which is borne out by the common saying, „At Kingtih (Jingde) they daily cosume 10,000 piculs of rice and 1,000 pigs".

Außerdem entstanden in der Qing-Dynastie noch vier allbekannte Reismärkte (Wuhu, Jiujiang, Wuxi und Changsha), die nach der Invasion der Japaner in den 30er und 40er Jahren dieses Jahrhunderts verfallen sind.

Die Entstehung des permanenten Marktes *zhenshi* geht vermutlich auf die weitere Entwicklung des periodischen Marktes *jishi* oder *xushi* zurück. Zhen gehört meistens zur höheren Stufe des hierarchischen ländlichen Marktsystems. Der Unterschied zwischen dem *zhenshi* und *jishi* spiegelt den Unterschied der Entwicklung von Wirtschaft und Gesellschaft wider. Großräumig gesehen, waren die *zhenshi* bis zur Qing-Dynastie in Südchina ziemlich dicht verteilt, in Nordchina hingegen sehr vereinzelt. Nach den Aufzeichnungen in 88 Kreisen in den Provinzen Zhejiang und Jiangsu ergaben sich 517 *zhenshi* in der Qianlong- und in der Jiaqing-Ära (1796-1820), durchschnittlich knapp 6 *zhenshi* je Kreis. Hingegen gab es 26 *zhenshi* in 28 Kreisen von Hebei und Shandong, d. h. nur ca. ein *zhenshi* pro Kreis. Der ländliche Raum in Hebei und Shandong war zu dieser Zeit noch voll besetzt von den periodischen

---

[36] Siehe *Handelsenzyklopädien von China*, S. 499, 509.
[37] Milne, William C. : *Life in China*. London, 1857.

Märkten (*jishi*). Um ein Beispiel zu nennen: Im Kreis Jinzhou der Provinz Hebei, den wir untersucht haben, gab es nach der lokalen Aufzeichnung im *Jinxian Zhi* (1700) einen *zhen* (Kreissitz mit fünf periodischen Märkten) und 18 periodische Märkte (*jishi*) in 53 Dörfern. Diese ungleichmäßige Entwicklung der ländlichen Märkte entsprach den sozialen und ökonomischen Disparitäten zwischen Süd- und Nordchina.

2.1.2 Ländliche Märkte in China 1840-1949

Im Jahr 1840 brach der Opiumkrieg zwischen China und England aus. Nach der Niederlage mußte die Qing-Regierung das „Nanjinger Abkommen" am 29. August 1842 in Nanjing unterzeichnen. China wurde gezwungen, einerseits Hongkong abzutreten, andererseits die Handelsstädte Guangzhou, Fuzhou, Xiamen, Ningpo und Shanghai für die ausländischen Mächte zu öffnen.

Nach dem Opiumkrieg ging China von einer unabhängigen feudalen zu einer halbkolonialen und halbfeudalen Gesellschaft über. Mao Zedong (1927)[38] behauptete:

> Die Invasion des ausländischen Kapitalismus hat eine starke Wirkung auf die Auflösung chinesischer Gesellschafts- und Wirtschaftsstrukturen gehabt. Sie untergräbt die Grundlage der chinesischen autarken Existenzwirtschaft und zerstört einerseits städtisches bzw. ländliches Handwerk, aber andererseits fördert sie die Warenwirtschaft in der Stadt und auf dem Land.

Viele Wissenschaftler haben diese These zur Debatte gestellt. Nach der Theorie des „economic dualism" haben sich in China nach dem Opiumkrieg zwei getrennte und unterschiedliche Wirtschaftssysteme herausgebildet, nämlich das des „modern sector" und das der „traditional economy". Der „modern sector" konzentrierte sich in den Städten und die „traditional economy" beherrschte den ländlichen Raum.[39] Die beiden Systeme funktionierten weitgehend unabhängig voneinander.

Allerdings haben die chinesische Wirtschaft und das Marktsystem unter dem Einfluß der westlichen Wirtschaft im Laufe der Zeit große Veränderungen erlebt. Zu nennen sind die Zunahme der Warenzirkulation auf dem Binnenmarkt, die Entwicklung des Außenhandels und die Entstehung der Sektoren für den Aufkauf der Agrar- und Nebenprodukte und den Absatz der ausländischen Waren usw. Die traditionelle autarke Subsistenzwirtschaft entwickelte sich in Richtung der Warenwirtschaft der Neuzeit. Die chinesische Volkswirtschaft stand allerdings hauptsächlich unter der Kontrolle der westlichen Großmächte mit gewissem kolonialen Charakter. Die Entwicklung war jedoch sehr ungleichmäßig, d. h. der Handelsboom beschränkte sich auf die Städte an den Küsten, Flüssen und Eisenbahnlinien, während die Rückständigkeit in den Binnengebieten bestehen blieb. Das von westlichen Großmächten

---

[38] Mao Zedong, 1927.
[39] Hou Chi-ming, 1963, S. 277-297.

kontrollierte kommerzielle Netz und das rückständige Marktsystem der ländlichen Gebiete blieben bestehen, ebenso wie die Abhängigkeit vom Weltmarkt und die Handelsbarrieren zwischen verschiedenen Gebieten.

Die Veränderung der ländlichen Märkte in dieser Entwicklungsphase von 1840 bis 1948 wird in folgenden Aspekten zusammengefaßt:

1. Wegen der Öffnung der Handelsstädte an der Küste und des Aufbaus des Eisenbahnnetzes sind zahlreiche neue Märkte um die Küstenstädte, am Yangtze und an den Eisenbahnlinien entstanden, das ländliche Marktgeschehen intensivierte sich. An den südostchinesischen Küsten, insbesondere im Yangtze-Delta, das sehr dicht besiedelt war, erreichten die ländlichen Märkte eine neue Phase. Dort dominierten allmählich tägliche Märkte (*zhenshi*).

2. In Nordchina, Südwestchina und den übrigen Gebiete herrschten weiterhin die periodischen Märkte vor. Allerdings nahm die Gesamtzahl der periodischen Märkte im Zuge des Bevölkerungswachstums in den meisten Gebieten mehr oder weniger zu. In den entlegenen Gebieten blieb das traditionelle Warenaustauschsystem ohne größere Veränderungen bestehen.

3. Das Angebotsspektrum änderte sich vielseitig. Früher wurden überwiegend Agrarprodukte und einheimische Handwerksprodukte auf den ländlichen Märkten angeboten. Die Marktbeschicker bestanden hauptsächlich aus Selbstproduzenten. Nach dem Opiumkrieg erhöhte sich der Anteil der einheimischen bzw. der ausländischen Industrieprodukte durch die Industrialisierung und das Wachstum des Außenhandels rapide. Neue Geschäfte und feste Stände wurden immer häufiger an den Marktorten errichtet. In der Kreischronik von Wuhu (1919)[40] wurde aufgezeichnet: „Es gibt 26 Läden bzw. Pfandhäuser. Das Warensortiment von über 3.000 verschiedenen Waren stammt aus unterschiedlicher Herkunft, meistens aus Shanghai, Nanjing, Suzhou und Kanton. Beliebteste Waren sind Streichhölzer, Zigaretten (aus China, Japan), Petroleum (aus England, Amerika), Glas (aus Deutschland, Amerika, Japan), Kerzen (aus China, Amerika, England) und Regenschirme (aus Japan)." Ähnliche Beschreibungen kann man auch in anderen Kreischroniken aus Guangdong finden: „Alles, was Bauern alltäglich benutzt haben, waren früher ausschließlich Agrar- und Handwerksprodukte. Wegen der Entwicklung des Straßennetzes und Verfügbarkeit des Busverkehrs überschwemmen die fremden Waren den ländlichen Markt. Bauern kaufen heute zum großen Teil Waren ausländischer Herkunft ein."

4. Der Umfang des Handels auf den Binnenmärkten und des Außenhandels wurde stark erhöht. Vor dem Opiumkrieg wurden die ländlichen Märkte meist durch überschüssige Agrarprodukte und kleine Haushaltswaren bestimmt. Es gab nur wenige Handwerksprodukte, darunter z. B. Seidenstoff und den handgewebten Baumwollstoff, der bereits im Fernhandel vermarktet wurde. Aber die Menge und

---

[40] *Wuhu xianzhi* (1919), Vol. 2, „Produkte und Waren".

Allgemeine Entwicklung 37

das Ausmaß des Fernhandels waren sehr begrenzt. Nach dem Opiumkrieg strömten große Mengen von Agrar- und Nebenprodukten über den ländlichen Markt in die Städte und über die Seehäfen ins Ausland. Die Rohseide, ein traditionelles chinesisches Produkt, war wichtigstes Exportgut. Vor 1840 wurde nie mehr als 10.000 *Dan*[41] Rohseide exportiert. Aber nach 1840 stieg der Export rasch an. 1845 betrug er 15.000 *Dan;* 1875 erreichte er 79.000 *Dan* und 1895 sogar 110.000 *Dan*.[42] Tee, ein anderes Beispiel, wurde in der zweiten Hälfte des 19. Jahrhunderts durch den Aufkauf vor Ort von ausländischen Geschäftsleuten verstärkt ins Ausland ausgeführt.[43] Ein weiteres Beispiel für ein Agrarprodukt ist die Erdnuß, die von 16 Produktionsbasen in den Provinzen Hebei, Henan und Shandong erzeugt wurde. Die Produktion wurde zu 24% lokal und zu 24% in Nachbargebieten konsumiert. Der größte Teil (52%) der Erdnußproduktion wurde jedoch in andere Gebiete ausgeführt.[44] Bei der Ablieferung und Sammlung der obengenannten Produkte standen die ländlichen Märkte weiterhin im Mittelpunkt.

Zusammenfassung: Die ländlichen Märkte erlebten durch die zunehmende Kommerzialisierung agrarischer Produktion in den Gebiete am Yangtze, an den Eisenbahnlinien und um die Städte in dem Zeitraum von 1840 bis 1948 einen Aufschwung. Der ländliche Markt spielte weiterhin die zentrale Rolle bei der Ablieferung ländlicher Produkte und der Verteilung städtischer bzw. ausländischer Güter. Die Invasion ausländischer Wirtschaftsaktivitäten hatte in China zwar die wirtschaftliche Basis des traditionellen Handwerks zerschlagen, aber sie zerstörte nicht die Grundlagen der Subsistenzwirtschaft im ausgedehnten ländlichen Gebiet. Infolge des zunehmenden Außenhandels wurde die Produktion von Seide, Tee etc. stark gefördert. Die Preise solcher Güter hingen nunmehr nicht nur von dem lokalen Markt bzw. von dem Binnenmarkt, sondern auch vom Weltmarkt ab. Die ausländischen Industriegüter flossen ins Land und überschwemmten die ländlichen Märkte. Die chinesische Volkswirtschaft wurde von den westlichen Großmächten kontrolliert.

2.1.3 Ländliche Märkte in China 1949-1978

Nach der Gründung der VR China nahmen die ländlichen Märkte eher einen ungewöhnlichen Weg der Entwicklung. Nie zuvor war ihre Zahl so starken Schwankungen unterlegen wie in der zweiten Hälfte dieses Jahrhunderts. Abb. 1 zeigt die Anzahl ländlicher Märkte in ausgewählten Provinzen, von denen verfügbare Daten vorlagen. In einem wellenförmigen Entwicklungsprozeß - im Zusammenhang mit den großen Veränderungen der chinesischen Innenpolitik und Schwankungen der

---

[41] 1 *Dan* = 50 kg.
[42] Zhu Xinyi, 1984, S. 124-125.
[43] Hao Yenping, 1986, S. 154-182.
[44] Wang Xiangqin, 1994, S. 15.

Abb. 1:

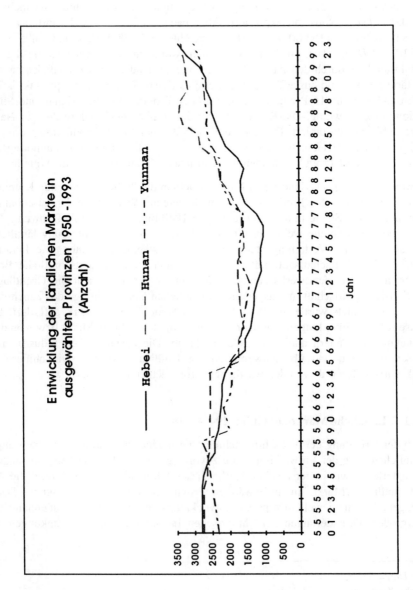

Entwicklung der ländlichen Märkte in ausgewählten Provinzen 1950 -1993 (Anzahl)

Quelle: Jahresberichte vom Landesverwaltungsamt für Industrie und Handel in China 1950-1993.

Wirtschaft - lassen sich fünf Perioden unterscheiden, nämlich die Entwicklung 1949-1957, 1958-1960, 1961-1965, 1966-1978 und nach 1978.

2.1.3.1 Entwicklung 1949-1957

Anfang der 50er Jahre wurde der ländliche Markthandel zunächst von der neuen Regierung offiziell gefördert, damit die Volkswirtschaft nach dem langjährigen Krieg so schnell wie möglich wiederhergestellt würde. Während des 1. Fünfjahresplans (1953-1957) blieb die Zahl der ländlichen Märkte zunächst relativ konstant und ging dann zurück. Während der Bewegung der sozialistischen Umgestaltung wurden die privaten Kleinhändler und auch die Geschäftsleute an den Marktorten zu sozialistischen „neuen Menschen" umerzogen. Sie wurden durch die lokale Verwaltung der Versorgungs- und Absatzgenossenschaften (VAG) ersetzt. Kleine Privatläden wurden durch die Vergenossenschaftlichung schrittweise in Verkaufsstellen der VAG umgewandelt. 1953 beschloß der Staatsrat,[45] den einheitlichen Ankauf und Verkauf von Getreide landesweit durchzuführen. Danach wurden Baumwolle[46] und Speiseöl[47] mit in die Kategorie der Produkte aufgenommen, die unter staatlicher Regie aufgekauft und abgesetzt werden. Der Handel von solchen Produkten auf dem sogenannten „freien Markt" (in Unterschied zum staatlichen „Planungsmarkt") wurde verboten. Die Bauern mußten bestimmte Produktionsquoten erfüllen, die an den Staat abzuführen waren. Sie konnten das überschüssige Getreide für sich behalten, durften es jedoch auf keinen Fall auf dem „schwarzen Markt" anbieten. Zugleich wurden Lebensmittelbezugscheine ab 1953/54 eingeführt. Die Versorgung der ländlichen Bevölkerung und der Absatz der Agrarprodukte wurden daher hauptsächlich durch die VAG organisiert, die nicht nur landwirtschaftliche Produkte aufkauften, sondern auch die Bauern mit Produktionsmitteln und industriellen Gütern des täglichen Bedarfs belieferten. Der ländliche Markt verlor allmählich seine Existenzgrundlage.

---

[45] Der Staatsrat (23. Nov.1953): „Befehl der Durchführung des einheitlichen Aufkaufs bzw. Absatzes von Getreide". In: *Chinesisches Handelsgesetz in unserer Zeit*, S. 58-63, China Handelsverlag, Beijing 1990.
[46] Der Staatsrat (14. Sept.1954): „Befehl der Durchführung des einheitlichen Aufkaufs bzw. Absatzes von Baumwolle". In: *Chinesisches Handelsgesetz in unserer Zeit*, S. 53, China Handelsverlag, Beijing 1990.
[47] Der Staatsrat (11. Mai 1953): „Befehl der Durchführung des einheitlichen Aufkaufs bzw. Absatzes von Speiseöl" In: *Chinesisches Handelsgesetz in unserer Zeit*, S. 60, China Handelsverlag, Beijing 1990.

2.1.3.2 Entwicklung 1958-1960

1958 begann der „Große Sprung nach vorn". Im Zuge der Bildung von Volkskommunen auf dem Land wurden Privatparzellen abgeschafft, Nebentätigkeiten von Mitgliedern der Volkskommunen verboten und schließlich die ländlichen Märkte weitgehend geschlossen und der Privathandel fast völlig eingestellt. Die Versorgung der Bevölkerung verschlechterte sich und stieß offenbar auf unlösbare Probleme. Kurz danach wurde der freie ländliche Handel von der KPCh und der Regierung wieder zugelassen.[48] Gleichwohl gab es einen starken Rückgang der ländlichen Märkte in dieser Zeit. In der Provinz Yunnan z. B, ging die Zahl der ländlichen Märkte von 2.656 im Jahr 1957 auf 2.019 im Jahr 1959 zurück. Deutlich zeigt die Kurve in Abb. 1 zu diesem Zeitpunkt einen steilen Abfall.

2.1.3.3 Entwicklung 1961-1965

Nach den politischen Wirren und der Wirtschaftskatastrophe im Gefolge des „Großen Sprungs nach vorn" begann die „Periode der Regulierung der Volkswirtschaft". Wegen der großen Schwierigkeiten in der Versorgung der Bevölkerung wurden die freien Märkte auf dem Land als „notwendige Ergänzung der Planwirtschaft"[49] wiederhergestellt. Allerdings wurden die Waren, die auf dem freien Markt angeboten werden durften, streng beschränkt und ständig kontrolliert. Offiziell wurden die Waren in drei Warengruppen[50] klassifiziert und allgemeine Regelungen zum freien ländlichen Markthandel festgelegt. Der ländliche Markt entwickelte sich mit starken Beschränkungen. Die Zahl der ländlichen Märkte nahm in den Provinzen Sichuan, Shandong, Guangdong und Guangxi erheblich zu, während in Hebei und Yunnan die Zahl leicht abnahm. In den Provinzen Hunan, Zhejing, Heilongjiang und Qinghai änderte sich die Zahl kaum. In den übrigen Gebieten gab es keine amtlichen statistischen Angaben.

2.1.3.4 Entwicklung 1966-1978

Der ländliche Markt war bevorzugtes Angriffsziel während der Kulturrevolution (1966-1976). Schon am Anfang der Kulturrevolution wurden „der ländliche freie Markthandel", „die Privatparzelle", „die Eigenverantwortung für Gewinn und Ver-

---

[48] KPCh & Staatsrat (23. Sept. 1959): „Anordnungen der Organisation des ländlichen Markthandels". In: *Chinesisches Handelsgesetz in unserer Zeit*, S. 130-133, China Handelsverlag, Beijing 1990.
[49] Siehe Fußnote 48.
[50] Drei Warengruppen: die 1. Warengruppe bezieht sich auf die Waren, die zum einheitlichen Aufkauf bzw. Absatz des Staates gehören, z. B. Getreide, Baumwolle, Speiseöl usw.; die 2. Warengruppe sind die Waren, die von dem Staat einheitlich aufgekauft werden, z. B. Tee, Schweine, Fische usw.; die übrigen Waren gehören zu der 3. Warengruppe.

Allgemeine Entwicklung 41

lust" und „das Produktionsverantwortungssystem von Haushalten" von Mao und der KPCh (1967)[51] als kapitalistische *sanzi-yibao*[52] gebrandmarkt. Die Zulassung bzw. Existenz von s*anzi-yibao* würden die Gefahr eines Zerfalls der „sozialistischen kollektiven Wirtschaft" und einer „kapitalistischen Restauration" in China bewirken. Deshalb seien sie so gründlich wie möglich zu beseitigen. Am 18. Januar 1968 wurde in einer Mitteilung des Zentralkomitees der KPCh bzw. der Zentralregierung vorgeschrieben, daß „keine Volkskommunen, Produktionsbrigaden und Produktionsgruppen sowie Bauern Handel betreiben dürften". Und am 5. Februar 1970 bekräftigte das Zentralkomitee der KPCh erneut, daß „weder Institutionen noch Individuen außer den staatlichen bzw. kollektiven Betrieben irgendeine Art von Handelsaktivität betreiben dürften".[53] Die Versorgung der ländlichen Bevölkerung und der Absatz der Agrarprodukte waren ausschließlich der VAG und den Staatsbetrieben vorbehalten.

Der ländliche Markt befand sich während der Kulturrevolution in einem allgemeinen Niedergang. Die Zahl der ländlichen Märkte ging seit 1966 kontinuierlich zurück und erreichte am Ende der Kulturrevolution einen absoluten Tiefststand. In der Provinz Hebei z. B. wurde knapp die Hälfte der ländlichen Märkte im Laufe der Zeit weggestrichen (siehe Abb. 1).

Es gibt leider keine vollständigen Statistiken über die ländlichen Märkte in China im Zeitraum von 1966 bis 1976. Die offiziellen Angaben der jeweils zuständigen Verwaltungsämter (VAfIH) der Provinzen sind unvollständig. Die Zahl der ländlichen Märkte in China umfaßt hier nur den Teil der Provinzen, aus denen verfügbare Daten vorlagen. Die ländlichen Märkte der übrigen Provinzen wurden nicht erfaßt. Die Daten sind also unvollständig (siehe Tabelle 2).

Der Verfasser konnte nach sorgfältiger Prüfung feststellen, für welche Provinzen Daten verfügbar waren, die in die Tabelle 2 eingingen, und für wie viele Provinzen jeweils keine Daten vorlagen. Die Werte der zweiten Spalte von Tabelle 2 wurden oft ohne erforderliche Anmerkungen von einheimischen bzw. ausländischen Forschern, die sich mit dem chinesischen Marktsystem beschäftigten, darunter z. B. Peizhi (1988), Wang Xiangqing (1993) und W. Skinner (1985), übernommen. Obwohl fast jede starke Zunahme oder Abnahme der ländlichen Märkte in China nach den Angaben dieser Forscher im Zeitraum von 1950 bis 1978 mit den jeweiligen Wendepunkten der chinesischen Politik zusammengefallen sein soll, war offenbar die Datenbasis und damit die Interpretation falsch. Eindeutig scheint nur zu sein, daß die Zahl der Märkte in China zwischen 1965 und der Mitte der 70er Jahre weiter schrumpfte.

---

[51] „Kampf zweier Linien in dem ländlichen Raum Chinas". In: *Volkszeitung* am 23.11. 1967.
[52] Die Abkürzung „drei Privat - ein Vertrag" meint den freien Markthandel, die Privatparzelle, die Eigenverantwortung und das Familienverantwortlichkeitssystem.
[53] Siehe: *Chinesisches Handelsgesetz in unserer Zeit*, S. 223-229.

Tabelle 2: Datenverfügbarkeit über die ländlichen Märkte in China 1950-1978

Jahr	Zahl der Märkte	Anzahl der Provinzen mit Angaben	Anzahl der Provinzen ohne Angaben
1950	14.412	10	19
1951	14.519	10	19
1952	19.310	11	18
1953	19.354	11	18
1954	19.460	11	18
1955	19.393	11	18
1956	19.320	11	18
1957	19.128	12	17
1958	15.267	11	18
1959	14.373	12	17
1960	14.498	12	17
1961	17.418	13	16
1962	19.482	14	15
1963	19.065	14	15
1964	26.568	16	13
1965	36.245	27	2
1966	12.978	11	18
1967	15.436	11	18
1968	14.464	11	18
1969	14.505	11	18
1970	14.466	11	18
1971	14.530	11	18
1972	14.553	11	18
1973	15.075	12	17
1974	11.182	10	19
1975	31.304	27	2
1976	29.227	25	4
1977	29.882	27	2
1978	33.302	28	1

Quelle: Landesverwaltungsamt für Industrie und Handel (VAfIH).

Allgemeine Entwicklung 43

2.1.4 Ländliche Märkte in China seit 1978

Das 3. Plenum des XI. ZK, das im Dezember 1978 tagte, stellte einen Wendepunkt in der Geschichte der VR China dar. U. a. wurde zur Rehabilitierung der freien Märkte in dem Tagungsbulletin besonders erwähnt, daß "freier Markthandel zu der notwendigen Ergänzung der sozialistischen Wirtschaft gehört" und daß ihn „niemand als Kapitalismus kritisieren und verbieten darf".[54] Im April 1979 beschloß der Staatsrat, die ländlichen Märkte wieder öffnen zu lassen. Im Februar 1983 traten Verwaltungsmaßnahmen für den städtischen bzw. ländlichen freien Markthandel (VMSLFM)[55] in Kraft, wonach Bauern sich seither haupt- und nebenberuflich mit dem Handel auf dem ländlichen Markt beschäftigen dürfen.

Die Einführung des Systems der Produktionsverantwortlichkeit der Haushalte war der entscheidende Schritt der Wirtschaftsreform in China zu Anfang der 80er Jahre. Die Bauern bekamen Entscheidungsrechte über den Anbau. Der früher von den Behörden verordnete Aufkauf der Agrarprodukte wurde zum Teil abgeschafft und die Preise der Agrarprodukte wurden schrittweise freigegeben. Die ländlichen Märkte haben seit 1978 einen deutlichen Aufschwung genommen, wie Abb. 2 zeigt.

Gab es in China 1978 33.303 ländliche Märkte, so verdoppelte sich diese Zahl bis 1993. Die jährliche Zuwachsrate betrug fast 4%. Im gleichen Zeitraum erhöhte sich das Umsatzvolumen der ländlichen Märkte um mehr als das Zehnfache von 17 Mrd. Yuan auf 195 Mrd. Sein Anteil am Gesamtvolumen des sog. gesellschaftlichen Handelsumschlags[56] steigerte sich entsprechend von 8,20% auf 14,58%.

Der ländliche Markt hat in dieser Zeit erheblich an Bedeutung gewonnen: Seine strukturellen bzw. seine funktionellen Änderungen in den vergangenen fünfzehn Jahren werden in folgenden vier Aspekten zusammengefaßt:

1. Der ländliche Markt wandelt sich von der früher überwiegend einfachen Form zur heutigen komplizierten Neugruppierung. Der Anteil der Spezialmärkte bzw. der Großhandelsmärkte hat sich in erheblichem Maß erhöht. 1993 gab es 11.385 Spezialmärkte im ländlichen Raum Chinas, die 17,1% aller ländlichen Märkte ausmachten. Davon fungierten 2.818 Märkte speziell für Industrieprodukte und 6.199 für Agrar- und Nebenprodukte. Die Entwicklung der ländlichen Spezialmärkte bzw. der Großhandelsmärkte im ländlichen Raum bedeutet nicht nur eine Erweiterung des ländlichen Markthandels, sondern auch die Erhöhung seines Stellenwertes im gesamten Handelssystem.

---

[54] *Aufzeichnungen der historischen Ereignisse des Handels in der Volksrepublik China 1958-1978*, S. 812-869, China Handelsverlag 1990.
[55] *Chengxiang jishi maoyi guanli banfa.*
[56] Das „Gesamtvolumen des gesellschaftlichen Handelsumschlags" bezieht sich auf Einzelhandelsumsätze in den Bereichen Handel, Gaststättengewerbe, Industrie/Handwerk sowie Einzelhandelsverkäufe von Bauern an Stadtbewohner.

Abb. 2:

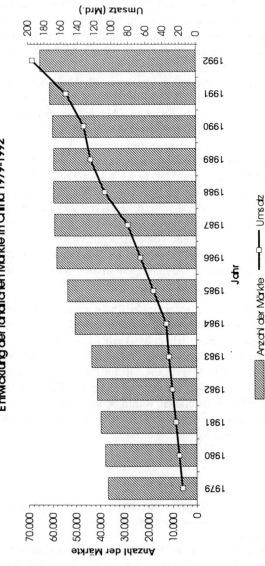

Jahr	1979	1980	1981	1982	1983	1984	1985	1986	1987	1988	1989	1990	1991	1992
Anzahl in 1.000	36,8	37,9	39,7	41,2	43,5	50,4	53,3	57,9	58,8	59,2	59,0	59,5	60,8	64,7
Umsatz in Mrd. Yuan	17,1	21,2	25,3	28,7	32,8	38,2	51,2	66,2	81,1	107,6	125,0	133,0	154,3	194,7

Quelle: Zhongguo shichang tongji nianjian (Market Statistical Yearbook of China 1994).

Allgemeine Entwicklung 45

2. Das Warenangebot hat sich stark verändert. Früher wurden überwiegend Agrar- und Nebenprodukte sowie Handwerksprodukte auf dem Markt angeboten. Heute sind die ländlichen Märkte wichtige Verkaufsorte für Industrieprodukte, die zum Teil fremder Herkunft, zum Teil in den lokalen ländlichen Betrieben hergestellt worden sind. Abbildung 3 zeigt den Strukturwandel des Warenangebotes: 1993 betrug der Jahresumsatz der Industriewaren 65,2 Mrd. Yuan, die ca. 23,4% des gesamten Umsatzes des ländlichen Markthandelsausmachten, während sie 1979 mit 170 Mill. Yuan Umsatz nur 1% auf sich vereinigten. Der Anteil des Getreides nahm von 14% 1979 auf 5,6% 1993 ab; Speiseöl, obwohl sein Jahresumsatz von 470 Mill. auf 8,4 Mrd. Yuan stieg, blieb im Anteil fast gleich (3%); landwirtschaftliche Produktionsmittel gingen von 2,6 auf 1,2% zurück; der Fleischanteil steigerte sich auf 23,9% (1979: 19%); Wasserprodukte nahmen von 4% auf 7,2% zu; Gemüse hielt seinen Prozentsatz; Obst steigerte sich von 3,5% auf 6,6%; Tiere, einschl. Haustieren, gingen von 28% auf 6% stark zurück; Haushaltswaren des Alltagsbedarfs nahmen von 2,6% auf 0,8% ab; und schließlich stieg der Anteil der Altwaren von 1,2% auf 2,8%. In der Tendenz nahm also der Anteil von Tieren und von Getreide auf dem ländlichen Markt in den vergangenen Jahren stark ab, während der Anteil der Industriewaren deutlich angestiegen ist.

3. Zahlreiche überregionale Märkte sind entstanden. Darunter sind z. B. der Großmarkt von Wuzhong in der Provinz Ningxia, der Kleinwarenmarkt von Yiwu in der Provinz Zhejiang, der Seidenstoffmarkt von Wujiang in der Provinz Jiangsu, der Knopfmarkt von Jiaotou in der Stadt Wenzhou überregional bzw. landesweit von Bedeutung. Statistiken[57] zufolge gab es 1993 611 Großmärkte mit einem Jahresumsatz von über 100 Mrd. Yuan. Obwohl solche Märkte meist in den Städten und Kreisstädten gelegen sind, werden dadurch die Handelsbeziehungen zwischen der Stadt und dem Land und zwischen Provinzen oder Regionen stark gefördert.

4. Die Infrastruktur der Märkte wird zum Teil erheblich verbessert. In den letzten fünfzehn Jahren wurden mehr als 10 Mrd. Yuan in die ländlichen Märkte investiert. Die akkumulierte Zahl der mit bestimmten Einrichtungen (feste Stände, Hallen, Gebäude usw.) versehenen Märkte betrug 48.457 (1981-1993). Davon wurden 44% der Märkte mit Schutzdach und 17% mit Ständen in geschlossenen Gebäuden ausgerüstet.

Nach unseren Beobachtungen in sieben Kreisen von sechs Provinzen wurden die Investitionen meist auf ausgewählte Märkte in den Landstädten konzentriert. Die Auswahl war in vielen Fällen mehr oder weniger zufällig bzw. mit persönlichen Interessen verbunden. Die meisten periodischen ländlichen Märkte werden heute noch unter freiem Himmel auf offenen Plätzen oder am Straßenrand abgehalten. Fünf von sieben Märkten, die wir 1993/94 untersuchten, haben eine kaum sichtbare Verbesserung der Marktinfrastruktur erhalten, d.h. sie verharrten auf ihrem früheren Zustand.

---

[57] Jahresbericht vom Landesverwaltungsamt für Industrie und Handel in China 1993.

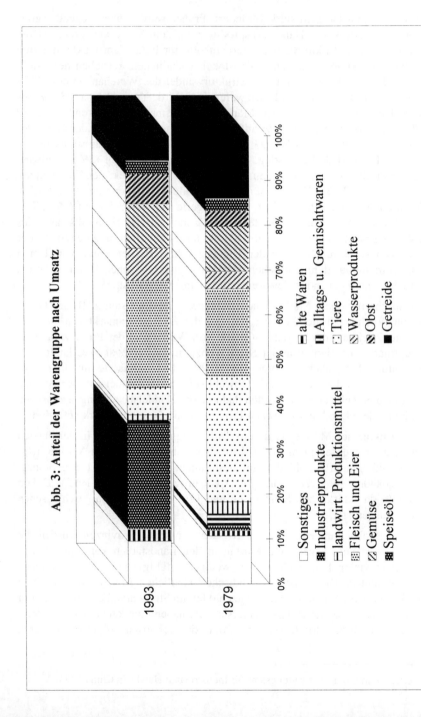

Abb. 3: Anteil der Warengruppe nach Umsatz

Quelle: Jahresberichte des Landesverwaltungsamtes für Industrie und Handel 1979 und 1992.

2.1.5 Ursachen der jüngeren Entwicklung der ländlichen Märkte

Wie oben bereits ausgeführt, wird das Schicksal der ländlichen Märkte in China durch die Politik bestimmt. Die jüngere Entwicklung der ländlichen Märkte steht vor allem mit der politischen Veränderung bzw. den wirtschaftlichen Reformen im Zusammenhang. Die entscheidenden Schritte der Reformpolitik in bezug auf die ländlichen Märkte in der jüngsten Zeit wird im folgenden dargestellt:

- wird der Privathandel wieder zugelassen und die ländlichen Märkte werden wiederhergestellt;
- werden die Beschränkungen für den überregionalen Fernhandel aufgehoben;
- wird das staatliche Ankaufs- und Verkaufssystem abgeschafft;
- werden die Ankaufspreise von Agrarprodukten erhöht und später die Preise von landwirtschaftlichen bzw. kleinen industriellen Produkten freigegeben.

Die Reformpolitik hat damit günstige Rahmenbedingungen für die Entwicklung der ländlichen Märkte geschaffen.

In diesem Zusammenhang sind mehrere wirtschaftliche und gesellschaftliche Gründe zu nennen, die offenkundig für die jüngere Entwicklung der ländlichen Märkte in China verantwortlich sind. Dazu zählen: die rasante Entwicklung der Individualwirtschaft, die zunehmende Kommerzialisierung der Agrarproduktion, die ländliche Industrialisierung und Urbanisierung, die Freisetzung der landwirtschaftlichen Arbeitskräfte und die Beschaffung von außeragrarischen Arbeitsplätzen, die Erhöhung des bäuerlichen Nettoeinkommens und damit die Steigerung der ländlichen Kaufkraft, die Veränderung des Konsumverhaltens, die Verbesserung der Verkehrsinfrastruktur und somit die Erhöhung der Erreichbarkeit usw.

Die sogenannte „Individualwirtschaft" (IW) ist gegenüber der Kollektiv- und Staatswirtschaft eine Form der eigenverantwortlichen Tätigkeit des einzelnen und seiner Familienangehörigen. Im ländlichen Gebiet bezieht sie sich hauptsächlich auf die Tätigkeit in nichtlandwirtschaftlichen Bereichen. Handwerker, Kleinhändler, kleine Geschäftsinhaber, Reparaturhandwerker und Markthändler machen den Hauptteil in dieser Kategorie aus. Nach offiziellen Angaben[58] betrug 1978 die gesamte Haushaltszahl der IW im ländlichen Gebiet Chinas nur noch 140.000; 1993 war sie auf 17,7 Millionen gestiegen. Die jährliche Zuwachsrate erreichte damit 38%. Die rasche Entwicklung der Individualwirtschaftenden hat zum Aufschwung des Privathandels im ländlichen Gebiet geführt, weil mehr als die Hälfte der Individualwirtschaftenden im Handel tätig war, der hauptsächlich an Marktorten bzw. in ländlichen Märkten abgewickelt wurde.

Betrachtet man die Entwicklung der ländlichen Märkte nach der Wiederzulassung im Jahr 1978, so läßt sich feststellen, daß die größte Veränderung in der Qualität bzw. im Umfang des ländlichen Markthandels stattfand. Gründe dafür sind die Erhöhung der Kommerzialisierung der Agrarproduktion und die rapide Entwicklung der

---

[58] Jahresbericht vom Landesverwaltungsamt für Industrie und Handel 1978/1993.

ländlichen Betriebe. Vor 1978 konnten in China durchschnittlich nur 30-40% der Agrarprodukte über den ländlichen Markthandel vermarktet werden. 1992 erreichte die Vermarktungsrate über 60%. Getreide ist z. B. das wichtigste Agrarprodukt in China. Nach einer Untersuchung der Bauernhaushalte in der Provinz Shandong[59] wurden im Jahr 1983 ca. 79 kg Getreide pro Einwohner verkauft, davon 62 kg durch staatlichen Ankauf und 18 kg auf ländlichen Märkten. 1988 ist die durchschnittliche Verkaufsmenge von Getreide auf insgesamt 106 kg/Kopf angestiegen. Davon wurden weiterhin 50 kg vom Staat aufgekauft und 56 kg auf freien ländlichen Märkten abgesetzt. Abgesehen von wenigen Agrarprodukten wie Ölpflanzen, Baumwolle, Kokons, Tabak usw., die heute noch zwangsläufig vom Staat eingekauft werden, ist inzwischen die Vermarktung von vielen anderen Agrarprodukten, darunter z. B. Gemüse, Obst, Fleisch, Fisch usw., fast gänzlich auf die ländlichen Märkte angewiesen.

Die rapide Entwicklung der ländlichen Betriebe hat in China einerseits das Angebotsspektrum auf ländlichen Märkten wesentlich geändert. Das Angebot an industriellen Produkten, die hauptsächlich aus ländlichen Betrieben stammen, hat im Laufe der Zeit enorm zugenommen. 1978 lag der Marktumsatz von industriellen Produkten bei nur knapp 81 Mill. Yuan und machte damit ca. 0,6% der gesamten Umsätze der ländlichen Märkte aus; 1993 erreichte er über 159 Mrd. Yuan, d. h. 23,4% des Gesamtumsatzes. Andererseits sind aufgrund der Entwicklung der ländlichen Betriebe zahlreiche Spezial- und Großhandelsmärkte im ländlichen Raum gegründet worden. Damit änderte sich die Struktur der ländlichen Märkte. Vor 1978 gab es im ländlichen Gebiet noch kaum Spezialmärkte für kleine, industriell gefertigte Artikel. 1993 befanden sich im ländlichen Raum Chinas insgesamt 11.385 Spezial- bzw. Großhandelsmärkte, davon waren 2.818 Märkte für kleine industrielle Produkte zuständig. Es kann daher die These aufgestellt werden, daß die Zunahme der gesamten Zahl der ländlichen Märkte während der jüngsten Zeit (nach 1985) hauptsächlich durch die Entwicklung der Spezial- bzw. Großhandelsmärkte bedingt ist.

Selbstverständlich hängt die Entwicklung des ländlichen Markthandels nicht nur von dem Angebot, sondern auch von der Nachfrage ab. Weil das Nettoeinkommen stieg, hat die Nachfrage der ländlichen Bevölkerung ständig zugenommen. 1978 lag das Nettoeinkommen nur bei 133,6 Yuan pro Kopf; 1992 erreichte es 784 Yuan. Während dieses Zeitraums ist also die Kaufkraft im ländlichen China jährlich um 15% gestiegen. Nach einer Untersuchung der ländlichen Haushalte wurden 1992 für den Lebensunterhalt durchschnittlich ca. 659 Yuan ausgegeben, davon 56,8% für Lebensmittel, 7,9% für Kleidung, 10,3% für Wohnung, 4,4% für Brennstoffe und die verbleibenden 20,6% für Alltagswaren, Arzneimittel, Drogerieartikel, Dienstleistungen etc.[60] Der Großteil des Lebensbedarfs der Bauernhaushalte ist durch den freien Handel auf ländlichen Märkten befriedigt worden.

---

[59] Hu Jilian, Wirtschaftsverhalten der Bauern, S. 248, Beijing 1992.
[60] Jahresbericht der Untersuchung der ländlichen Haushalte 1993, Statistik-Landesamt, Beijing.

2.2 Gegenwärtige Rolle der ländlichen Märkte im Versorgungssystem

2.2.1 Struktur und Institution des ländlichen Versorgungssystems

In China leben mehr als 75% der Bevölkerung im ländlichen Raum. Sie werden mittels eines komplizierten Handelsnetzes versorgt, das durch rd. 5,8 Millionen Einzelhandelsbetriebe und 1,8 Millionen Dienstleistungsunternehmen sowie 66.000 ländliche Märkte gebildet wird. Die Handelsbetriebe sind zu 3,5% in staatlichem, zu 12,0% in kollektivem und zu 84,4% in privatem Besitz. Auf ländlichen Märkten befinden sich zwar auch Betriebe in staatlichem bzw. kollektivem Eigentum, die absolute Mehrheit jedoch sind private Händler.

Das folgende Schema zeigt die Organisationsstruktur des ländlichen Versorgungssystems in China. Sie wird stark durch die Planwirtschaft geprägt. Im Zuge der Wirtschaftsreform hat sie sich erheblich verändert, bleibt jedoch heute in ihrer Grundform weiter bestehen.

Früher wurde der Binnenmarkt in China für eine lange Zeit in Stadt und Land aufgeteilt: In der Stadt wurde die Bevölkerung vom staatlichen Handel versorgt, während auf dem Land die Versorgung hauptsächlich vom kollektiven Handel, der sog. Versorgungs- und Absatzgenossenschaft (VAG), betrieben wurde. Beide Handelstypen bildeten ihre eigenen Versorgungsnetze, die sich zwar gegenseitig bedienten, sich jedoch selten überschnitten. Seit der Reform haben sich der staatliche bzw. kollektive Handel in zunehmendem Maß auch in der Stadt bzw. auf dem Land ausgebreitet. Allerdings herrscht der Kollektivhandel der VAG weiterhin in ausgedehnten ländlichen Gebieten, obwohl auf der Zhen- oder Gemeindeebene auch staatliche Handelsagenturen bzw. Ankaufsstellen zu finden sind.

Vor 1978 war die VAG, die erst im Jahr 1950 gegründet wurde, die wichtigste Handelsorganisation auf dem Land. Offiziell wurde sie als „freiwillige Handelsorganisation von Bauern" bezeichnet. Ihre wichtigsten Funktionen waren folgende: 1) Absatz der landwirtschaftlichen und nebengewerblichen Produkte; 2) Ankauf der für den Staat wichtigen Agrarprodukte; 3) Versorgung der ländlichen Bevölkerung mit Gütern; 4) Transport und Lagerung usw.

Für eine lange Zeit hat die Regierung das Ziel verfolgt, daß die VAG die Funktion der traditionellen ländlichen Märkte ganzheitlich ersetzen sollte, um damit die wirtschaftlichen Aktivitäten der Bauern bzw. Produzenten kontrollieren zu können. Deshalb wurde das komplett neu aufgebaute Handelsnetz in ländlichen Gebieten so angelegt, daß es nach der Grundform des traditionellen Marktsystems die ländliche Bevölkerung in sämtlichen Dörfern versorgen konnte. Bei der Standortauswahl sollte die Grundeinheit der VAG in Standardmarktzentren stationiert werden. Es sollte auf dem Lande pro 300 Haushalte, in relativ entwickelten Gebieten pro 100 Haushalte, einen kleinen Laden geben. Der durchschnittliche Radius der *service areas* eines Geschäftes sollte bei 1,5-3 km liegen.

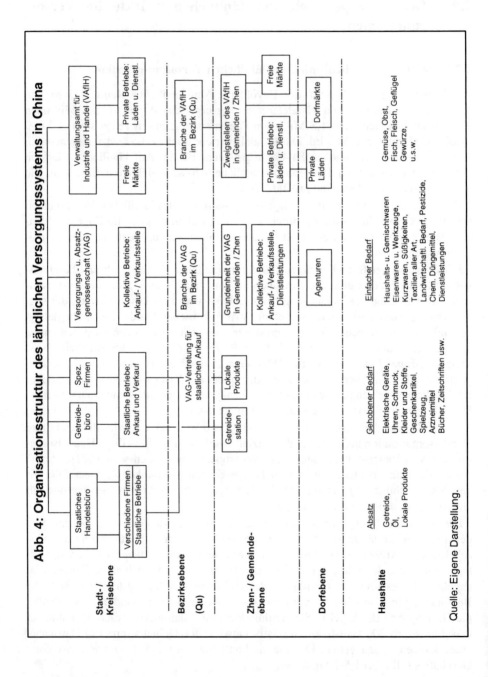

Abb. 4: Organisationsstruktur des ländlichen Versorgungssystems in China

Das Ziel wurde allerdings während der Kulturrevolution verfolgt, wobei die VAG im ländlichen Versorgungssystem als der einzige „Kanal" fungierte. Der Absatz der Agrarprodukte und die Versorgung mit Gütern des täglichen Bedarfs waren lediglich durch die VAG organisiert. Nachteile des bis 1978 in der ländlichen Distributionssphäre vorherrschenden Kollektivhandels der VAG lassen sich in vier Punkten zusammenfassen:

- Erhöhte Schwierigkeiten für die Bevölkerung durch das Verbot des traditionellen periodischen Markthandels.
- Förderung des illegalen Handels bzw. „schwarzen Marktes" aufgrund des Mangels an alltäglichen Konsumgütern.
- Demoralisierung der Bauern durch die Nicht-Partizipation am Handel.
- Große Zeitverschwendung durch den langen Verbleib der Waren im Umlaufprozeß.

Die Nachteile des zu Genossenschaften umfunktionierten Handelssystems ergaben sich u.a. aus der Tatsache, daß zwischen Produzenten und Konsumenten keine direkten Verbindungslinien mehr bestanden. Die jeweilige Produktionspalette orientierte sich nicht an den jeweiligen lokalen oder regionalen Bedürfnissen der Bevölkerung, sondern wurde vom Staat festgelegt.[61]

Nach 1978 wurden vor allem die freien Märkte wieder geöffnet. Diese sollten dazu dienen, Bauernhaushalte zur *sideline production* über den häuslichen Subsistenzlevel hinaus zu motivieren und Absatzmöglichkeiten für die Erzeugnisse zu schaffen. Daraufhin haben die ländlichen Märkte ihre Rolle, die für Jahre von der VAG ersetzt wurde, allmählich wieder zurückgewonnen. Heute existiert zwar noch das Handelsnetz der VAG, aber ihre Funktion ist wesentlich geschrumpft. Neben dem Netzwerk der VAG wird von privaten Betrieben und ländlichen Märkten ein paralleles Distributionsnetz geschaffen (vgl. Abb. 4). Im Zuge der Wirtschaftsliberalisierung stößt der staatliche bzw. kollektive Handel zunehmend auf Probleme. Die VAG befindet sich z.Zt. in der tiefsten Krise ihrer Geschichte. Ihr Marktanteil an dem gesamten Binnenhandel ging von 68% (1978) auf 28% (1988) kontinuierlich zurück.[62] Um die Krise zu überwinden, hat die chinesische Regierung im Laufe der Zeit zahlreiche Verwaltungsmaßnahmen ergriffen, darunter z. B. Verpachtung von Betrieben und Einführung eines Verantwortlichkeitssystems. In ganz zentralen Punkten hält der Staat noch immer am Verkauf landwirtschaftlicher Produktionsmittel fest, wie z. B. bei chemischen Düngemitteln, Pestiziden, Dieselöl und Kunststoffolien. D. h., daß die VAG den Verkauf von Hilfsstoffen für die Landwirtschaft monopolisiert hat.

Der Grund, weshalb der Staat trotz aller Schwierigkeiten die Handelsorganisation VAG unterstützt und beibehält, ist offensichtlich: Die VAG ist ein völlig „staatliches

---

[61] Vgl. Jamann, W. und Menkhoff, T.: „Freie Märkte in der VR China", S. 7ff. Vgl. auch Taubmann, W. und Widmer, U.: „Supply and Marketing", S. 332.
[62] Anteil am gesamten Handelsumsatz im ländlichen Raum, Statistikjahrbuch der VAG in China 1949-1988; S. 420.

Unternehmen" gewesen. Von diesem Unternehmen leben eine große Anzahl alter und junger Funktionäre, deren Arbeitsplätze bzw. Lebensunterhalt ansonsten der Staat nicht bieten bzw. leisten könnte.

Im Gegensatz zur VAG haben sich die ländlichen Märkte rasch entwickelt. Die Versorgung der ländlichen Bevölkerung wird dadurch wesentlich verbessert. Die Vorteile der ländlichen Märkte sind insbesondere in folgenden Aspekten zu sehen:

- Ein vielfältiges Angebotsspektrum mit flexiblen Preisen;
- Kürzester Weg der Ware vom Produzenten zum Verbraucher und frisches Angebot;
- Freizeit- und Vergnügungsmöglichkeiten für Besucher;
- Verdienst- und Beschäftigungsmöglichkeiten für die ländliche Bevölkerung.

Der wesentliche Unterschied besteht darin, daß das Angebot auf ländlichen Märkten von der Nachfrage reguliert wird, während es in der VAG hauptsächlich vom Staat planmäßig bestimmt wird.

2.2.2 Stellung der ländlichen Märkte im Versorgungssystem

Zur gegenwärtigen Stellung des freien Markthandels im chinesischen Versorgungssystem findet man in offiziellen Berichten oft folgende Erklärungen:

> 1989 liegt der Marktanteil des freien Markthandels an dem Gesamtvolumen des gesellschaftlichen Einzelhandelsumschlags bei 24,26%. Es kann also festgestellt werden, daß sich die freien Märkte zu einem der wichtigen Bestandteile der Handelgesellschaft in China entwickelt haben.[63]

> Die freien Märkte haben in der Volkswirtschaft eine zunehmende Bedeutung gewonnen. 1990 beträgt der gesamte Marktumsatz 216,8 Mrd. Yuan und macht damit 26,1% des Gesamtvolumens des gesellschaftlichen Einzelhandelsumschlages aus.[64]

Die offiziellen Erklärungen weisen zwar eindeutig auf den wichtigen Stellenwert der freien Märkte hin, man muß jedoch das Verhältnis des gesamten Marktumsatzes der freien Märkte (FMU) zum sog. „Gesamtvolumen des gesellschaftlichen Einzelhandelsumschlags" *(the total volume of national retail sales)* (EHU) vorsichtig interpretieren, weil es kaum eine direkte Zusammengehörigkeit gibt. Nach dem Statistischen Büro bezieht sich das EHU auf die Einzelhandelsumsätze in den Bereichen Handel, Gaststätten, Industrie, Landwirtschaft, Verkehr- und Bauwesen, Dienstleistungen und Einzelhandelsverkäufe von Bauern an Stadtbewohner.[65] Die freien Märkte sind aller-

---

[63] Wang Xiangqin 1994, S. 20.
[64] Liu Minxiu 1990: Rede auf der Arbeitstagung für freie Märkte in China. Landesverwaltungsamt für Industrie und Handel, Beijing.
[65] *Handelsenzyklopädie von China 1993*, S. 461.

dings nicht vollständig enthalten, obwohl die Einzelhandelsverkäufe von Bauern an Stadtbewohner hauptsächlich aus den freien Märkten stammen. Der Anteil des Einzelhandelsumsatzes von Bauern an Stadtbewohner liegt aber nur bei ca. einem Viertel des Gesamtumsatzes der ländlichen Märkte. Im ländlichen Raum weist der freie Markthandel eine größere Bedeutung auf. Bereits im Jahr 1993 betrug der FMU im Verhältnis zum EHU über 50%. Im Vergleich zum Anfang der 80er Jahre hat sich die Stellung der ländlichen Märkte im Versorgungssystem wesentlich erhöht (vgl. Tab. 3).

Tabelle 3: Stellenwert des freien Markthandels im ländlichen Versorgungssystem 1978-1993

	1978	1980	1982	1984	1986	1988	1990	1993
(A) Gesamtvolumen des gesellschaftlichen Einzelhandelsumschlags (EHU) in Mrd.	155,9	214,0	257,0	337,6	495,0	744,0	830,0	1246,2
Darunter: EHU im ländlichen Raum (%)	52,0	55,6	57,6	59,2	57,7	56,7	55,0	41,3
(B) Gesamtumsatz der freien Märkte (FMU) in Mrd.	12,5	23,5	32,8	45,7	90,6	162,1	216,8	534,3
Darunter: FMU im ländlichen Raum (%)	100,0	90,2	87,5	83,6	73,1	66,4	61,3	52,0
(C) Vergleich: FMU/EHU insgesamt	8%	11%	13%	14%	18%	22%	26%	43%
FMU/EHU im ländlichen Raum	15%	18%	19%	19%	23%	26%	29%	54%

Quelle: Statistikjahrbuch China 1993.

Untersuchungen[66] zufolge ist die Versorgung der Bevölkerung mit Lebensmitteln, mit Gemüse, Obst, Fleisch, Geflügel, Eiern und Fisch hauptsächlich von den freien Märkten abhängig. Der Umsatz an Gemüse betrug 1989 auf den städtischen freien Märkten im Verhältnis zu staatlichen Ladengeschäften 139%, von Fleisch 188%, von Geflügel 232%, von Eiern 102% und von Fisch 183%. In den Landstädten bzw. Marktorten ist die Abhängigkeit der ländlichen Bevölkerung von den freien Märkten noch stärker. Eine Untersuchung im Kreis Acheng der Provinz Heilongjiang hat gezeigt, daß 96% des Gemüses, 86% des Obstes, 88% des Fleisches und Geflügels,

---

[66] Liu Minxiu 1990: Rede auf der Arbeitstagung der freien Märkte, S. 30.

94% der Eier und 75% des Fischs ausschließlich auf den ländlichen Märkten gekauft wurden.[67]

Bei der Vermarktung aller landwirtschaftlichen Produkte ist zwar der Anteil der ländlichen Märkte und staatlicher Ankaufstellen fast gleich. Es bestehen jedoch wesentliche Unterschiede in der Struktur. Staatlicher Ankauf konzentriert sich auf wenige Produkte, darunter vor allem Getreide, dessen Anteil an dem gesamten Ankaufsvolumen ca. 22% ausmacht. Auf ländlichen Märkten hingegen wird ein breiteres Warensortiment angeboten. Alle landwirtschaftlichen Überschüsse bzw. Produkte, die nicht unter den staatlichen Ankauf fallen, werden ausschließlich auf ländlichen Märkten angeboten. Das Angebot an Getreide macht nur ca. 5% der Umsätze der ländlichen Märkte aus.

Es läßt sich somit festhalten, daß die ländlichen Märkte bei der täglichen Versorgung der Bevölkerung mit Agrar- und anderen Produkten eine wesentliche Rolle spielen. Angesichts des dramatischen Wandels von der Subsistenzwirtschaft zu marktorientierter Produktion nimmt die Bedeutung der ländlichen Märkte im Versorgungssystem enorm zu.

2.2.3 Verwaltung der ländlichen Märkte

Zunächst wird kurz auf die historische Entwicklung der Marktverwaltung in China eingegangen. Die Geschichte des Handels in China ist durch eine Tradition der Unterdrückung der Händler und der Einschränkung des Handels gekennzeichnet. In der kaiserlichen Zeit wurden mehrere Handelsgesetze aufgestellt, darunter z. B. *Chafa* (Tee-Gesetz) und *Yanfa* (Salz-Gesetz) in der Tang-Dynastie (793 n. Chr.), *Shiyifa* (Markt-Gesetz) in der Song-Dynastie (960 n. Chr.) usw. Zentralpunkt solcher Gesetze war die Einschränkung des freien Handels.[68] In der jüngeren Zeit (1956-1976) wurde der freie Handel von der kommunistischen Regierung verboten, und die privaten Händler wurden ausgeschaltet.

Die ablehnende Haltung Chinas dem Handel bzw. den Händlern gegenüber, die auch die chinesische Zivilisation geprägt hat, erklärt sich aus verschiedenartigen und komplexen Gründen:

- In der alten chinesischen Philosophie des Konfuzianismus wurde der Handel bzw. der Händler verurteilt. Der Handel wurde als ein sozialer Störfaktor betrachtet. Der Händler, der vom Profit lebt und selbst nichts produziert, wurde in der chinesischen Gesellschaft als „Taugenichts" bezeichnet. Während der Qin-Dynastie und der Han-Dynastie wurden den Händlern als Maßnahmen der Erniedrigung das Tragen von Seidenkleidern und der Besitz von Pferden untersagt.

---

[67] Die Untersuchung basiert auf der Stichprobe von 50 nichtlandwirtschaftlichen Haushalten, Statistiksamt Acheng 1992.
[68] *Handelsenzyklopädie von China*, 1993, S. 30, S. 499 und S. 566.

Angesehene Beamte durften nicht mit Händlern Kontakt aufnehmen oder Märkte besuchen.
- Die traditionelle Subsistenzwirtschaft stand dem Handel bzw. der Warenwirtschaft gegenüber. Die Rolle der Märkte wurde lange Zeit im wirtschaftlichen Prozeß vernachlässigt.
- Durch die Einschränkung des Privathandels wollte jede chinesische Regierung den staatlichen Handel fördern. „Friede" und „Einheit" waren nur dann möglich, wenn die Zentralregierung die Haupteinnahmequellen kontrollieren und verteilen konnte.

Anhand dieser geschichtlichen Hintergründe läßt sich feststellen, daß die Märkte in China durch behördliche Kontrolle stark geprägt wurden. In jeder Dynastie wurden von der jeweiligen Regierung auf den verschiedenen Verwaltungsebenen spezielle Verwaltungsämter eingerichtet. Von den ländlichen Märkten, die in ausgedehnten ländlichen Gebieten verstreut lagen, konnten von den Regierungen vor 1949 jedoch nicht alle unter direkte Kontrolle gebracht werden. Die Kontrolle auf den ländlichen Märkten wurde aber dann hauptsächlich von sog. *Yahang* bzw. *Yaren* durchgeführt.[69]

Yahang war ursprünglich eine Organisation von Vermittlern und die *Yaren* waren die Vermittler. An großen Marktorten wurden *Yaren* direkt von der lokalen Regierung ernannt. Sie arbeiteten für den Staat und erhielten von der Regierung einen Sonderzuschuß. Jedoch befanden sich die privaten Vermittler zumeist an kleinen Marktorten. Sie wurden von lokalen Bewohnern gewählt und ihnen wurde vertraut.

Yahang und *Yaren* spielten früher beim ländlichen Markthandel eine zentrale Rolle. Sie sammelten die Marktgebühren und kontrollierten die Marktordnung; sie fungierten vor allem als Vermittler und Preisschätzer; und sie galten als Experten, an die sich die Marktbesucher und -beschicker vertrauensvoll mit Bitte um Rat und Information wenden konnten.

Nach der Gründung der VR China 1949 wurde das Kontrollsystem von *Yahang* und *Yaren* abgeschafft. Daraufhin wurde das sog. Verwaltungsamt für Industrie und Handel (VAfIH) auf jeder Verwaltungsebene eingerichtet, um industrielle Unternehmen und Handelsbetriebe sowie freie Märkte rechtlich kontrollieren zu können. 1983 erließ der Staatsrat die „Verwaltungsmaßnahmen für städtische bzw. ländliche freie Märkte"[70] (VMfFM). Gesetzlich wurde vorgeschrieben, daß das VAfIH die zuständige Behörde der städtischen und ländlichen freien Märkte war.[71]

Der Sitz des VAfIH liegt in der Regel in *Zhen*orten bzw. großen Marktorten. Sein Verwaltungsgebiet wird jedoch nicht einfach nach der Gemeinde- bzw. *Zhen*verwaltungsgrenze festgelegt, sondern nach einer eigenen Regionalisierung. In den

---

[69] VAfIH der Provinz Jiangsu (1993): *Geschichte der Verwaltung für Industrie und Handel*, S. 238, Nanjing.
[70] Staatsrat (1983): Verwaltungsmaßnahmen für städtische und ländliche freie Märkte, staatliches Dokument Nr. 17, Beijing.
[71] Gemäß § 3 der VMfFM.

meisten Fällen umfaßt das Verwaltungsgebiet des VAfIH auf der untersten Ebene mehrere Gemeinden bzw. Marktorte; dies gilt insbesondere für rückständige und entlegene Gebiete. Das VAfIH ist eine selbständige Behörde und hat ein eigenes Verwaltungssystem.

In bezug auf freie Märkte hat das VAfIH auf unterster Ebene folgende Funktionen:

1. Sicherstellung der Marktordnung und lokaler Vorschriften;
2. Kontrolle der Warenqualität und -angebote sowie Abwicklung eines gerechten Handels;
3. Überprüfung und Ausstellen von Betriebsscheinen an private Händler;
4. Erhebung von Marktgebühren;
5. Planung und Organisation des Infrastrukturaufbaus etc.

Am wichtigsten ist allerdings die Kontrollfunktion. Dabei wird folgendes Angebot auf ländlichen Märkten verboten:

- Waren, für die der Staat das Verkaufsmonopol hat;
- Pflanzen und Tiere, die öffentlich geschützt werden;
- Perlen, Juwelen, Gold, Silber und Buntmetalle;
- Kulturschätze;
- Ausländisches Geld;
- Devotionalien;
- Arzneimittel, die auf freien Märkten nicht zugelassen sind;
- Pornographische Literatur, Sex- und Aktphotos;
- Gefälschte Waren, toxische Produkte;
- Glücksspiel, Wahrsagen und religiöse Aktivitäten usw.[72]

Alle gesetzwidrigen Handlungen von Marktbeschickern und -besuchern auf ländlichen Märkten werden vom VAfIH bestraft. In schweren Fällen können die Täter auch verurteilt werden. Nach offiziellen Angaben wurden 1991 in China 859.000 schwere Fälle gegen Gesetz bzw. lokale Vorschriften auf ländlichen Märkten registriert.[73] Die Summe der Geldstrafen bzw. beschlagnahmten Güter auf ländlichen Märkten lag in diesem Jahr bei ca. 3,0 Mrd. Yuan.

Eine tägliche Aufgabe des VAfIH auf lokaler Ebene ist die Erhebung der sog. „Marktverwaltungsgebühren" (Marktgebühren). Die Marktgebühren werden landesweit einheitlich festgelegt. Für die agrarischen Produkte liegen sie bei 2% und für die industriellen Produkte bei 1% des Marktumsatzes. Beim Viehhandel müssen die Käufer und Verkäufer die Marktgebühren teilen und zahlen jeweils 0,5% des Verkaufsvolumens. Bauern, die eigene Agrarerzeugnisse auf lokalen Märkten anbieten, sind von Marktgebühren befreit. Die Händler, die hauptberuflich auf Märkten tätig

---

[72] Verwaltungsmaßnahmen der freien Märkte in Wuxi/Jiangsu, 1993; Durchführungsmaßnahmen der Verwaltung der städtischen und ländlichen Märkte in Chengdu/Sichuan, 1991; Vorschrift des VAfIH in Wuzhou/Ningxia 1993.
[73] Jahresbericht des VAfIH von China 1986-1993.

sind, zahlen ihre Gebühren regelmäßig selbst bei den lokal zuständigen Verwaltungsämtern. Da die ländlichen Märkte überwiegend von nebenberuflichen Händlern spontan aufgesucht werden, müssen die Marktgebühren vor Ort an Markttagen von Beamten des VAfIH erhoben werden. Wegen der Periodizität des Marktgeschehens verläuft die Routinearbeit des VAfIH in vielen ländlichen Gebieten nach Marktrhythmen, nicht nach normalen Wochentagen.

Die Marktgebühren gehören zur staatlichen Einnahme und fließen zunächst in die Staatskasse. Jedoch werden sie zum großen Teil für Förderungsmaßnahmen, d. h. den Auf- bzw. Ausbau der freien Märkte, vom Staat wieder an die Landkreise verteilt. Das VAfIH auf Kreisebene erhielt das Recht, mit öffentlichen Mitteln in die Infrastruktur der Märkte zu investieren. Im Jahr 1991 lagen die gesamten Investitionen in ländliche Märkte bei 2,1 Mrd. Yuan, davon entfiel gut ein Drittel auf staatliche Förderung, die ursprünglich von den erhobenen Marktgebühren stammte.

Die Infrastruktur der ländlichen Märkte wurde in den vergangenen fünfzehn Jahren in großem Umfang ausgebaut. Nach offiziellen Angaben sind in China bis 1992 insgesamt 45.365 ländliche Märkte mit Schutzdächern, festen Ständen oder geschlossenen Gebäuden auf- und ausgebaut worden,[74] d.h. bei ca. 70% der ländlichen Märkte in China hat sich in den vergangenen Jahren die Infrastruktur wesentlich verbessert. Dennoch schien nach unserer Beobachtung die Realität in ländlichen Gebieten ganz anders. Der Aufbau der Infrastruktur konzentrierte sich hauptsächlich auf die Märkte, die in Kreisstädten bzw. großen Landstädten liegen. Die große Mehrheit der ländlichen periodischen Märkte verharrte in einem rückständigen Zustand.

Zusammenfassung: Die ländlichen Märkte spielen bei dem Versorgungssystem eine zunehmende Rolle, nachdem das Handelsmonopol der Versorgungs- und Absatzgenossenschaft (VAG) abgeschafft worden ist. Das Netzwerk der VAG existiert zwar heute noch, hat aber keine Zukunftsaussichten. Die freien Märkte stehen hingegen in voller Blüte. Allerdings wird der Privathandel auf ländlichen Märkte weitestgehend von den Behörden der VAfIH streng kontrolliert.

---

[74] Statistikjahrbuch des VAfIH in China 1992.

3. Regionale ländliche Marktsysteme: Darstellung und Fallstudien

Die folgende Studie beschäftigt sich mit verschiedenen räumlichen Ebenen unterschiedlichen Maßstabs, nämlich der Provinz-, Kreis- und Lokalebene. Auf der Provinzebene liegt der Schwerpunkt unserer Untersuchung in der Darstellung der Merkmale ländlicher Märkte. Auf der Kreisebene stehen die räumlichen und zeitlichen Organisationen und der Wandlungsprozeß der regionalen Marktsysteme im Vordergrund. Auf der Lokalebene werden Funktion und Bedeutung des ländlichen Marktes, die sozialen und ökonomischen Merkmale der Händler bzw. Besucher und deren räumliches Verhalten untersucht. Die Darstellung erfolgt auf der Grundlage der Erhebungen, die 1993 und 1994 in sechs Provinzen und sieben ihnen unterstehenden Kreisen bzw. Städten auf Kreisebene durchgeführt wurden.

3.1 Die periodischen Märkte in der Provinz Guizhou

3.1.1 Einführung

Die Provinz Guizhou liegt in Südwestchina und grenzt an die Provinzen Sichuan im Norden, Guangxi im Süden, Hunan im Osten und Yunnan im Westen. Sie umfaßt den östlichen Teil des Yunnan-Guizhou-Hochlands. Die gesamte Fläche beträgt 176.128 km² und nimmt damit 1,8% der Landesfläche ein. Bei 34,1 Mill. Einwohner (1994) ergibt sich eine durchschnittliche Bevölkerungsdichte von 193 EW/km².

„Guizhou hat keine *drei Tage* lang schönes Wetter und keine *drei Li* flachen Bodens. Dort haben die Menschen keine *drei Pfennig* Silber."[75] So beschreibt man in der Regel diese südwestchinesische Provinz. Sie liegt auf einem durchschnittlichen Niveau von ca. 1.000 m. Der höchste Gipfel erreicht 2.900 m Höhe und die tiefste Schlucht ist gerade noch 37 m über dem Meerspiegel. Weit verbreitet (ca. 70% der Fläche) ist Kalkgestein mit Karsterscheinungen. Das sogenannte „Guizhou-Hochland" ist weitgehend abgetragen und wird von tiefen Flußtälern stark zerschnitten. Es ist keine gleichmäßige „Hochebene", sondern ein gebirgiges Hochland. 87% der Fläche sind Gebirge und 13% Hügelländer und Bergebenen. Guizhou hat ein warm-feuchtes subtropisches Klima. In den Gebirgs- und Hochlandgebieten kann man oft je nach Höhenlage vier Jahreszeiten unterscheiden.

„Die Berge sind hoch und der Kaiser ist weit"; früher wurde Guizhou vielfach als „südliches Ödland" bezeichnet.[76] Heute ist Guizhou zwar politisch nicht „entfernt" von der zentralen Regierung, jedoch liegt es wirtschaftlich „weit" unter dem nationalen Durchschnitt. Nahezu alle wichtigen wirtschaftlichen Indikatoren weisen dar-

---

[75] Silberwährung in China.
[76] He Rencong, 1989, S. 1-11.

auf hin, daß Guizhou die ärmste Provinz in China ist. Nach der Statistik[77] betrugen 1993 das BSP pro Kopf und das Nettoeinkommen pro Haushalt nur 48,9% bzw. 64,6% des Landesdurchschnittswertes. Offiziell wurde Ende 1993 in der Provinz eine Armuts-bevölkerung von ca. 10 Millionen geschätzt, die unter dem Existenzminimum leben.[78] Das sind 30% der gesamten Bevölkerung in der Provinz bzw. 12,5% der gesamten Armutsbevölkerung Chinas. Sie findet sich in den ländlichen Gebieten, meist in den von Minderheiten besiedelten Berggebieten, die rund die Hälfte der Provinzfläche ausmachen.

Die über 34 Mill. Bewohner zählende Bevölkerung ist hauptsächlich in den Flußtälern und Becken ansässig. Sie besteht zu drei Vierteln aus Han-Chinesen. Die Minderheiten mit 46 verschiedenen Nationalitäten bewohnen die Berggebiete im Süden, Südosten und Südwesten. Am stärksten vertreten sind die Miao (3,04 Mill.) und Buyi (2,35 Mill.). Die Minderheiten wurden in Guizhou über viele Jahrhunderte in völliger Isolation von der Außenwelt gehalten. Bis heute lebt noch ein Teil der Minderheitenbevölkerung in der primitiven Urgesellschaft.

Wegen des gebirgigen Charakters der Provinz ist der Anteil des Ackerlandes mit 10,5% der Gesamtfläche niedrig. Im Durchschnitt beträgt er nur 0,054 ha/Kopf. Die wichtigsten Kulturpflanzen sind Reis und Mais. Die Reisfelder befinden sich vorwiegend in den Flußtälern, während Mais in höheren Lagen angebaut wird. Die Landwirtschaft hat in der Wirtschaft eine dominierende Stellung. Industrie konzentriert sich nur in einigen Städten.

Die größte Stadt der Provinz ist Guiyang und die zweitgrößte Zunyi; beide Städte wurden in den letzten 30 Jahren stark ausgebaut. Eine dualistische Wirtschaftsstruktur ist in Guizhou offenkundig: In einigen großen Städten konzentriert sich der moderne Sektor, während in ausgedehnten ländlichen Gebieten weiterhin die traditionelle Subsistenzwirtschaft vorherrscht.

Die Vorstellungen „gebirgig", „geschlossen", „rückständig" und „arm" beherrschen das allgemeine Bild der Provinz Guizhou. In diesem Zusammenhang sind auch der ländliche periodische Markt und das Marktsystem in Guizhou zu sehen, die nach wie vor traditionell ausgerichtet sind und geringe Funktionsänderungen zeigen. Im Unterschied zu den meisten anderen ländlichen Märkten in China hat der traditionelle Markt in Guizhou seit vielen Jahrhunderten seinen primitiven Charakter behalten. Ein Beispiel dafür sind die Markttage, die bei einer großen Anzahl der periodischen Märkte in Guizhou noch nach dem alten chinesischen Tagesrechnungssystem, nämlich dem Zwölf-Tierkreis, berechnet werden. Dieses System wird im folgenden Kapitel dargestellt.

---

[77] Statistikjahrbuch von Guizhou 1994.
[78] Planungskommission der Provinz Guizhou, 1991, S. 10-12.

3.1.2 Die chinesische Zahlenkombination und die darauf beruhende Zeitrechnung

Die Symbolzeichen der chinesischen Zahlen und Zahlensysteme sind für Europäer immer noch geheimnisvoll (Granet 1985, 110; Eberhard 1987, 310).[79] Deswegen ist eine systematische Darstellung erforderlich, bevor die periodischen Märkte und Markttage in Guizhou dargestellt werden können.

Es gibt zwei traditionelle Zahlensysteme in China, nämlich: *tiangan* und *dizhi*. Nach der alten chinesischen Philosophie (*Yin und Yang*[80]) ist „*tiangan*" *Yang*, männlich, stark wie Baumstämme. Dieses wird als „Himmelsstämme" bezeichnet. Dagegen ist „*dizhi*" *Yin*, weiblich, schwach wie Baumzweige. Man nennt sie „Erdenzweige".

Das System der Himmelsstämme (Abkürzung „Stämme") besteht aus zehn Zahlen folgender Zahlenreihe: *jia, yi, bing, ding, wu, ji, geng, xin, ren, gui*.

Beim Erdenzweige (Abkürzung „Zweige")-System sind es zwölf Zahlen in nachstehender Reihenfolge: *zi, chou, yin, mao, chen, yi, wu, mo, shen, you, xu, hai*.

Jedes Zeichen der Zehner- und Zwölferreihe hat ursprünglich eine eigene Bedeutung. Die Menschen der Frühzeit benutzten „Stämme" für die Berechnung der Tage und „Zweige" für die Berechnung der Monate. Später fand man jedoch, daß es sehr umständlich wäre, wenn innerhalb eines Monats dreimal dieselben Zeichen vorkämen. Man versuchte, die beiden Zahlensysteme zu kombinieren. Im Lauf der chinesischen Dynastien wurde dann ein komplettes System für Jahres-, Tage- und Stundenberechnungen entwickelt.

a) Jahresberechnung

Das dem chinesischen Kalender zugrundeliegende Mondjahr basiert auf der Kombination der Zehner- und Zwölferreihe und schafft ein Zahlensystem, mit dessen Hilfe alle kalendarischen Daten berechenbar wurden. Ein Vergleich der Zeitrechnung zwischen den traditionellen chinesischen Jahren und den Jahren nach der christlichen Zeitrechnung wird in Tabelle 4 dargestellt.

Es gibt insgesamt 60 Zahlenkombinationen zwischen der Zehnerreihe und der Zwölferreihe, von denen jede für ein Jahr steht. Sechzig Jahre bilden einen Kreis. Danach beginnt eine zweite Runde, dritte Runde usw. Wenn man aus dem chinesischen Kalender einmal weiß, daß *jia-zi* das Jahr 1984 ist, dann kann man *yi-chou*, das Jahr 1985, *ji-hai*, das Jahr 1995, und *geng-chen*, das Jahr 2000 selbst berechnen. Man kann auch zurückgehen, z. B.ist *gui-hai* das Jahr 1983, *geng-yin* das Jahr 1950 und *xin-chou* das Jahr 1901 usw.

---

[79] Granet, Marcel: *Das chinesische Denken*. Suhrkamp Taschenbuch Wissenschaft 519, 1985. Eberhard, Wolfram: *Lexikon chinesischer Symbole*. Diederichs Gelbe Reihe, Köln 1987.
[80] I-Ching, im Chinesischen Wörterbuch, S. 1390, Beijing 1974.

Mit den gleichen Zahlenkombinationen des Sechzigerzyklus berechnen die Chinesen auch die Tage im Mondmonat. Der 11. April 1842 z.B. war *ji-hai*, der 12. und 13. April 1842 waren *geng-zi* und *xin-chou* usw.

Tabelle 4: Vergleich der Zeitrechnungen zwischen den traditionellen chinesischen Jahren und den Jahren nach christlicher Zeitrechnung

1) 甲子 1984	2) 乙丑 1985	3) 丙寅 1986	4) 丁卯 1987	5) 戊辰 1988	6) 己巳 1989	7) 庚午 1990	8) 辛未 1991	9) 壬申 1992	10) 癸酉 1993
11) 甲戌 1994	12) 乙亥 1995	13) 丙子 1996	14) 丁丑 1997	15) 戊寅 1998	16) 己卯 1999	17) 庚辰 2000	18) 辛巳 2001	19) 壬午 2002	20) 癸未 2003
21) 甲申 2004	22) 乙酉 2005	23) 丙戌 2006	24) 丁亥 2007	25) 戊子 2008	26) 己丑 2009	27) 庚寅 2010	28) 辛卯 2011	29) 壬辰 2012	30) 癸巳 2013
31) 甲午 2014	32) 乙未 2015	33) 丙申 2016	34) 丁酉 2017	35) 戊戌 2018	36) 己亥 2019	37) 庚子 2020	38) 辛丑 2021	39) 壬寅 2022	40) 癸卯 2023
41) 甲辰 2024	42) 乙巳 2025	43) 丙午 2026	44) 丁未 2027	45) 戊申 2028	46) 己酉 2029	47) 庚戌 2030	48) 辛亥 2031	49) 壬子 2032	50) 癸丑 2033
51) 甲寅 2034	52) 乙卯 2035	53) 丙辰 2036	54) 丁巳 2037	55) 戊午 2038	56) 己未 2039	57) 庚申 2040	58) 辛酉 2041	59) 壬戌 2042	60) 癸亥 2043

b) Monatsberechnung

In der alten chinesischen Geschichte gab es unterschiedliche Kalender, darunter z. B. *Xia*-Kalender, *Zhou*-Kalender und *Yin*-Kalender. Die Unterschiede zwischen den oben genannten Kalendern betrafen den Anfangsmonat eines Jahres. Nach der Han-Dynastie (140 n. u. Z.) wurde der *Xia*-Kalender einheitlich in China eingeführt, wobei der erste Monat *yin* festgelegt worden ist. Die Monate des chinesischen Jahres wurden auf der Basis der „Erdenzweige" berechnet.

Tabelle 5: Vergleich der Monatsnamen und der Reihenfolge zwischen traditionellem und modernem Kalender

01	02	03	04	05	06	07	08	09	10	11	12
yin	mao	chen	yi	wu	mo	shen	you	xu	hai	zi	chou
Jan.	Feb.	März	April	Mai	Juni	Juli	Aug.	Sep.	Okt.	Nov.	Dez.

Beim traditionellen chinesischen Jahr sind Groß- und Kleinmonate zu unterscheiden. Ein Großmonat *(dayue)* umfaßt 30 Tage, ein Kleinmonat *(xiaoyue)* 29 Tage. Im Durchschnitt beträgt jeder Monat 29,5306 Tage. Die Differenz wird durch einen sogenannten „Schaltmonat" alle drei Jahre ausgeglichen.

Jeder Monat hat drei *xun*, nämlich *shang-xun*, *zhong-xun* und *xia-xun*. „*Xun*" bedeutet 10 Tage. Allerdings umfaßt *xia-xun* beim Kleinmonat nur 9 Tage.

c) Stundenberechnung

Mit Hilfe der „Erdenzweige" konnte man früher in den chinesischen Dynastien auch den 24stündigen Tag-Nacht-Rhythmus berechnen. Jede Zahl der Zwölferreihe entspricht einer Doppelstunde, und zwölf Zahlen entsprechen einem ganzen Tag mit 24 Stunden. Eigenartigerweise wird die erste Zahl der Zwölferreihe *zi* in der Nacht von 23:00 bis 1:00 Uhr festgelegt. Den Vergleich zwischen der alten chinesischen Tradition und dem heutigen Tagesrhythmus zeigt Tabelle 6.

Tabelle 6: Der Tageskreislauf nach „Erdenzweigen" und die entsprechende Uhrzeit

Stunden	Zi	Chou	yin	mao	chen	yi
Uhr	23:00-1:00	1:00-3:00	3:00-5:00	5:00-7:00	7:00-9:00	9:00-11:00
Stunden	*wu*	*mo*	*shen*	*you*	*xu*	*hai*
Uhr	11:00-13:00	13:00-15:00	15:00-17:00	17:00-19:00	19:00-21:00	21:00-23:00

Der Unterschied der Zeitrechnung zwischen der Zehner- und der Zwölferreihe ist offenkundig: Mit den „Erdenzweigen" ist jedes Zeichen der Zwölferreihe für entsprechende Doppelstunden oder den entsprechenden Monat festgelegt. *Zi-Stunden* bedeuten den Tagesbeginn von 23:00 bis 1:00 Uhr und der *Zi-Monat* entspricht dem Monat November. Hingegen ist aber die Zehnerreihe der „Himmelsstämme" wandlungsfähig. Der Wandlungskreis ist der oben ausgeführte Sechzigerzyklus.

d) Die „Erdenzweige" und der chinesische Tierkreis
Das chinesische Jahr hat einen Kreislauf von zwölf Tieren, der den zwölf Zeichen der „Erdenzweige" entspricht. Der Beginn des Tierkreises ist Ratte, dann folgen Büffel, Tiger, Hase (Katze), Drache, Schlange, Pferd, Schaf, Affe, Hahn, Hund und Schwein. Diese zyklischen Zeichen dürfen nicht mit den Zeichen des europäischen Tierkreises verwechselt werden (Richard Wilhelm 1926, Wolfram Eberhard 1987, 282).

Der Grund, warum jedes Zeichen der „Erdenzweige" einem entsprechenden Tier des Tierkreises (siehe Tabelle 7) zugeordnet war, wurde in der astrologischen Literatur Chinas widersprüchlich erklärt. Meist nimmt man an, daß diese Reihenfolge aus dem chinesischen Horoskop stammt.[81]

Man kann nach der unten aufgezeigten Reihenfolge leicht berechnen, welches Jahr unter welchem Tierzeichen steht. Z. B. wissen wir aus Tabelle 7, daß *zi* als Ratte dargestellt wird. Damit wissen wir auch zugleich, daß die Jahre 1984 *(jia-zi)*, 1996 *(bing-zi)* und 2008 *(wu-zi)*, die alle, wie in Tabelle 4 dargestellt, mit dem Zeichen „zi" zu tun haben, zu dem Jahr „Ratte" gehören. Menschen, die in den Jahren 1900, 1972 und 1984 geboren sind, haben als Zeichen ihres Horoskopes die Ratte.

Früher hat man in China allgemein angenommen, daß Schicksal und Charakter der Menschen mit den Tierzeichen eng verbunden seien. Man maß den Tierzeichen große Bedeutung bei. Bei persönlichen Entscheidungen hing viel von ihnen ab. Verliebten sich zwei junge Menschen und ergaben ihre Tierzeichen eine schlechte Kon-

---

[81] Chinesisches Wörterbuch, S. 1262, Shanghai 1979.

stellation, z. B. Hahn und Hund, so versuchten die Eltern mit allen Mitteln, die Ehe ihrer Kinder zu verhindern.

So viel zu der Vorstellung der chinesischen Zahlensysteme und Zeitrechnung. Mit diesen Grundkenntnissen ist es leichter zu verstehen, wie die Markttage in den regionalen Marktsystemen angeordnet sind und mit welchem Zahlensystem die Markttage berechnet werden können.

Abb. 5: Tierkreis und die Jahreszyklen eines Jahrhunderts

Tabelle 7: Die „Erdenzweige" und der chinesische Tierkreis

zi	chou	yin	mao	chen	yi
Ratte	Büffel	Tiger	Hase	Drache	Schlange
wu	**mo**	**shen**	**you**	**xu**	**hai**
Pferd	Schaf	Affe	Hahn	Hund	Schwein

3.1.3 Markttage nach verschiedenen Zeitsystemen in Guizhou

In Guizhou werden 93% der ländlichen Märkte periodisch abgehalten. Die Wiederkehr der periodischen Märkte ist sehr unterschiedlich in den verschiedenen Regionen, denn sie werden nach unterschiedlichen Zeitsystemen berechnet (siehe Tab. 8).

Tabelle 8: Ländliche Märkte in Guizhou nach verschiedenen Zeitsystemen

	Zahl der Märkte	Anteil (in %)
Nach 12-Zeichen des chinesisches Tierkreises	388	17
Nach 10-Tage-Xun-Zyklus im Mondkalendermonat	806	35,3
Nach 10-Tage-Xun-Zyklus im modernen Kalendermonat	136	6
Nach 7-Tage-Wochenzyklus	741	32,5
Täglich	157	6,9
Sonstige	53	2,3
Gesamt	2.281	100

Quelle: Eigene Berechnung auf der Grundlage der Angaben von VAfHI der Provinz Guizhou 1990.

Der größte Teil (35,3%) der ländlichen Märkte wird nach den überlieferten Markttagen abgehalten, die nach wie vor gemäß dem Mondkalender berechnet werden. 32,5% der ländlichen Märkte sind Wochenmärkte, deren Markttage nach dem westlichen 7-Tage-Wochenzyklus angeordnet sind. Bei 17% der ländlichen Märkte bleibt der traditionelle Marktzeitplan nach den 12-Zeichen des chinesischen Tierkreises weiter bestehen; 6,9% der ländlichen Märkte werden täglich abgehalten. Die übrigen 2,3% sind saisonale Märkte oder periodische Märkte, über die keine Daten vorliegen.

a) Markttage nach dem chinesischen Tierkreis
In der Fachliteratur hat kaum jemand die Rotation des periodischen Markthandels nach den zwölf Tierzeichen erwähnt. Doch wies Skinner (1964/65, 13) in seiner klassischen Studie der periodischen Märkte darauf hin, daß der traditionelle „duodenary cycle" bei dem periodischen Marktzeitplan in den südchinesischen Provinzen Guangdong und Guangxi sowie in Südwestchina in der Provinz Yunnan am Vorabend der Gründung der Volksrepublik existierte. Die zwölf Tierzeichen und den Tierkreis erwähnte er jedoch nicht. Angesichts seiner begrenzten Informationen und eingeschränkten Feldarbeit konnte er auch nur einige Hinweise über den Marktzeitplan nach dem Zwölf-Zahlensystem der sogenannten „Zweige" geben. In den vergangenen Jahrzehnten gab es keine nennenswerten Berichte darüber. Bei unserer Untersuchung 1994 wurde in Guizhou dieser traditionelle Zyklus neu entdeckt.

Guizhou gilt als ein peripheres Gebiet in China, das man - wie schon erwähnt - mit dem chinesischen Sprichwort „die Berge sind hoch und der Kaiser ist weit" charakterisieren könnte. Das dörfliche Leben in den ausgedehnten ländlichen Gebieten ist von der Außenwelt weitgehend isoliert. Die alten Traditionen, besonders die Urkulturen der ethnischen Minderheiten, haben in vielen Berggebieten überlebt. So blieb auch dieser Zwölf-Zeichenzyklus wie vor Jahrhunderten bestehen.

Im ländlichen Raum von Guizhou befinden sich heute 388 periodische Märkte, deren Markttage gemäß dem chinesischen Tierkreis berechnet werden. Die wichtigsten Marktzeitpläne sind:

Ratte-Pferd
Büffel-Schaf
Tiger-Affe
Hase-Hahn
Drache-Hund
Schlange-Schwein

Diese Marktzeitpläne entsprechen sechs verschiedenen Kombinationsmöglichkeiten von Markttagen:

1-7 (erster und siebter Tag)
2-8 (zweiter und achter Tag)
3-9 (dritter und neunter Tag)
4-10 (vierter und zehnter Tag)
5-11 (fünfter und elfter Tag)
6-12 (sechster und zwölfter Tag)

Die periodischen Märkte mit diesen Zeitplänen finden alle sechs Tage statt; diese werden hier als 6-Tage-Marktzeitpläne bezeichnet. D. h. innerhalb eines Tierkreises bzw. von jeweils 12 Tagen wird zweimal Markt abgehalten. Die Zahl der periodischen Märkte mit jeweils unterschiedlichen 6-Tage-Marktzeitplänen ist annähernd gleich groß (vgl. Tab. 9).

Abweichungen gibt es bei den Marktzeitplänen „Ratte-Schlange"(1-5), „Ratte-Schaf"(1-8), „Büffel-Pferd"(2-7) und „Büffel-Affe"(2-9) etc. Hier liegt ein Tag mehr oder weniger zwischen dem ersten und folgenden Markttag. In der Tat sind die 5-Tage- bzw. 7-Tage-Zeitabstände im Zwölfer-Tierkreis alternierend, d.h. der Markt findet an unterschiedlichen Markttagen statt. Vergleicht man die Marktzeitpläne „Ratte-Schaf" und „Büffel-Pferd", so findet z. B. bei dem erstgenannten Marktzeitplan der erste Markt am „Ratte"-Tag statt; der zweite Markt wird sieben Tage später (am „Schaf"-Tag) abgehalten; der dritte Markt kommt aber in nur fünf Tagen (wieder am „Ratte"-Tag) danach. Beim Marktzeitplan „Büffel-Pferd" dagegen ist der erste Markttag „Büffel"; der zweite Markt findet fünf Tage später (am „Pferd"-Tag) statt; der dritte Markt kommt erst in sieben Tagen.

Tabelle 9: Periodische Märkte in Guizhou nach chinesischem 12-Tage-Tierkreis

Markttage	Formen der Markttage	Zahl der Märkte	Anteil (in %)
Ratte-Pferd-Hase-Hahn	1-7/4-10	3	0,8
Ratte-Pferd	1-7	60	15,5
Ratte-Schlange	1-6	3	0,8
Ratte-Schaf	1-8	2	0,5
Büffel-Schaf	2-8	61	15,8
Büffel-Affe	2-9	2	0,5
Büffel-Pferd	2-7	1	0,2
Tiger-Affe	3-9	56	14,4
Tiger-Hahn	3-10	2	0,5
Hase-Hahn	4-10	66	17,2
Drache-Hund	5-11	65	16,7
Drache-Schwein	5-12	2	0,5
Schlange-Schwein	6-12	61	15,8
Schlange-Hund	6-11	1	0,2
Pferd-Schwein	7-12	1	0,2
Hahn	10	1	0,2
Katze	4	1	0,2
Gesamt		388	100

Quelle: Eigene Berechnung auf der Grundlage der Angaben von VAfHI der Provinz Guizhou 1990.

Ganz vereinzelte Märkte in Guizhou, z. B. der Markt von Caiguan im Kreis Anshun und der Markt von Jiaxi im Kreis Ziyin, finden alle zwölf Tage statt. Der erstgenannte Markt wird am vierten Tag (Katze) eines Tierkreises abgehalten, während der letzte am zehnten Tag (Huhn) veranstaltet wird.

Außerdem gibt es noch einige Marktorte, in denen der periodische Markt an vier Tagen eines Tierkreises, nämlich an den Markttagen „Ratte-Pferd-Hase-Huhn" (1-7/4-10) stattfindet. Man beobachtet, daß bei 4-Markttagen eines Tierkreises der Zeitabstand zwischen den Markttagen nicht gleichmäßig ist. Theoretisch kann man gleichmäßige Marktzeitpläne, wie z. B. „1-4-7-10", „2-5-8-11" und „3-6-9-12" bilden, aber praktisch existieren die letzten zwei Zeitpläne in Guizhou nicht. Andererseits sind die Märkte mit vier Markttagen eines Tierkreises nicht unbedingt größer als die mit zwei Markttagen, wie man vermutet hat. Der Markt von Yiaoshang im Kreis Zhenfeng z. B. ist ein normaler Standardmarkt, obwohl seine Markttage „Ratte-Pferd-Hase-Huhn" sind. Der Tagesumsatz liegt unter 1.500 Yuan. Hingegen ist der Markt am Kreissitz, der nur „Schlange-Schwein" (6-12)-Markttage abhält, viel größer. Der Tagesumsatz erreicht im Durchschnitt 76.500 Yuan.[82]

Um die zeitliche bzw. räumliche Anordnung der periodischen Märkte mit Markttagen nach chinesischen Tierzeichen zu verdeutlichen, wird hier das Beispiel vom Kreis Zhijin, westlich von der Provinzhauptstadt Guiyang, vorgestellt.[83] (Vergl. Karte 3 im Anhang.)

Bis jetzt bleibt noch die Frage offen, wie man die in Karte 3 gezeigten Markttage mit den gewöhnlichen Kalenderdaten verknüpfen kann. Um diese Frage zu beantworten, muß man die zwölf Tierzeichen mit dem Sechzigerzyklus der „Stämme" und „Zweige" unter dem chinesischen Mondkalender in Zusammenhang bringen. Grundsätzlich wurde oben bereits ausgeführt, daß die zwölf Tierzeichen den zwölf „Zweigen" entsprechen. Die traditionelle Tagesberechnung des Mondkalenders basiert auf den 60 Zahlenkombinationen zwischen den „Stämmen" und „Zweigen", d.h. auf dem Sechzigerzyklus (vgl. Tab. 4). Jedes Datum des chinesischen Mondkalenders wird von einem klaren Symbol der entsprechenden Zahlenkombination des Sechzigerzyklusses angezeigt. Somit hat man kein Problem, für jedes Datum das entsprechende Tier des Tierkreises zu bestimmen. Zum Verständnis können die Kalenderdaten von Januar und Februar 1996 nach traditionellen bzw. modernen Zeitrechnungssystemen in Tabelle 10 festgestellt werden.

b) Markttage nach dem 7-Tage-Wochenzyklus

In Guizhou existieren insgesamt 741 periodische Märkte, die als „Wochenmärkte" bezeichnet werden können. Sie verteilen sich auf 35 Landkreise/Landstädte. In vielen Fällen ist in einem Kreis dieses Wochenmarkttage-System mit anderen Zeitsystemen gemischt.

Die Entstehung individueller Märkte läßt sich über viele Jahrhunderte zurückverfolgen. Aber die Einführung des 7-Wochentage-Systems als Grundlage der Marktzeitpläne ist eine ziemlich neue Erscheinung. In der Kulturrevolution (1966-1976) wurde der traditionelle chinesische Tierkreis als „Aberglaube" kritisiert. „Man muß

---

[82] Nach Angaben vom zuständigen Amt (VAfIH) in Guizhou 1990.
[83] Der Kreis Zhijin liegt ca. 150 km westlich von Guiyang. Die gesamte Fläche beträgt 2.907 km² und die Bevölkerungszahl 804.700 (1993). In diesem Kreis befinden sich ein Zentralmarkt (am Kreissitz), zehn Mittelzentren und 46 Standard- und Kleinmärkte. An jedem Marktort findet der Markt alle sechs Tage statt. Die Markttage werden gemäß den zwölf Tierzeichen nach dem Mondkalender berechnet. Viele Marktorte tragen sogar die Tierzeichen als eigenen Ortsnamen. Nach der Kreischronik sind die meisten Märkte bereits in der Qing-Dynastie (1644-1911) entstanden, und seitdem haben sich die Markttage nicht geändert.

Regionale ländliche Marktsysteme

Tabelle 10: Vergleich der Daten nach verschiedenen Zeitsystemen

Westlicher Kalender	Wochenzyklus	Chinesischer Mondkalender	Sechzigerzyklus	Tierkreis
1. Jan. 1996 (Neujahr)	Montag	11. Nov. 1995	ding-you	Hahn
2. Jan.	Dienstag	12. Nov.	wu-xu	Hund
3. Jan.	Mittwoch	13. Nov.	ji-hai	Schwein
4. Jan.	Donnerstag	14. Nov.	geng-zi	Ratte
5. Jan.	Freitag	15. Nov.	xin-chou	Büffel
6. Jan.	Samstag	16. Nov.	ren-yin	Tiger
7. Jan.	Sonntag	17. Nov.	gui-mao	Hase/Katze
8. Jan.	Montag	18. Nov.	jia-chen	Drache
9. Jan.	Dienstag	19. Nov.	yi-yi	Schlange
10. Jan.	Mittwoch	20. Nov.	bing-wu	Pferd
11. Jan.	Donnerstag	21. Nov.	ding-mo	Schaf
12. Jan.	Freitag	22. Nov.	wu-shen	Affe
13. Jan.	Samstag	23. Nov.	ji-you	Hahn
14. Jan.	Sonntag	24. Nov.	geng-xu	Hund
15. Jan.	Montag	25. Nov.	xin-hai	Schwein
16. Jan.	Dienstag	26. Nov.	ren-zi	Ratte
17. Jan.	Mittwoch	27. Nov.	gui-chou	Büffel
18. Jan.	Donnerstag	28. Nov.	jia-yin	Tiger
19. Jan.	Freitag	29. Nov.	yi-mao	Hase/Katze
20. Jan.	Samstag	1. Dez.	bing-chen	Drache
21. Jan.	Sonntag	2. Dez.	ding-yi	Schlange
22. Jan.	Montag	3. Dez.	wu-wu	Pferd
23. Jan.	Dienstag	4. Dez.	ji-mo	Schaf
24. Jan.	Mittwoch	5. Dez.	geng-shen	Affe
25. Jan.	Donnerstag	6. Dez.	xin-you	Hahn
26. Jan.	Freitag	7. Dez.	ren-xu	Hund
27. Jan.	Samstag	8. Dez.	gui-hai	Schwein
28. Jan.	Sonntag	9. Dez.	jia-zi	Ratte
29. Jan.	Montag	10. Dez.	yi-chou	Büffel
30. Jan.	Dienstag	11. Dez.	bing-yin	Tiger
31. Jan.	Mittwoch	12. Dez.	ding-mao	Hase/Katze
1. Feb.	Donnerstag	13. Dez.	wu-chen	Drache
2. Feb.	Freitag	14. Dez.	ji-yi	Schlange
3. Feb.	Samstag	15. Dez.	geng-wu	Pferd
4. Feb.	Sonntag	16. Dez.	xin-mo	Schaf
5. Feb.	Montag	17. Dez.	ren-shen	Affe
6. Feb.	Dienstag	18. Dez.	gui-you	Hahn
7. Feb.	Mittwoch	19. Dez.	jia-xu	Hund
8. Feb.	Donnerstag	20. Dez.	yi-hai	Schwein
9. Feb.	Freitag	21. Dez.	bing-zi	Ratte
10. Feb.	Samstag	22. Dez.	ding-chou	Büffel
11. Feb.	Sonntag	23. Dez.	wu-yin	Tiger
12. Feb.	Montag	24. Dez.	ji-mao	Hase/Katze

Westlicher Kalender	Wochenzyklus	Chinesischer Mondkalender	Sechzigerzyklus	Tierkreis
13. Feb.	Dienstag	25. Dez.	geng-chen	Drache
14. Feb.	Mittwoch	26. Dez.	xin-yi	Schlange
15. Feb.	Donnerstag	27. Dez.	ren-wu	Pferd
16. Feb.	Freitag	28. Dez.	gui-mo	Schaf
17. Feb.	Samstag	29. Dez.	jia-shen	Affe
18. Feb.	Sonntag	30. Dez.	yi-you	Hahn
19. Feb.	Montag	1. Jan. 1996 (chin. Neujahr)	bing-xu	Hund

mit dem Aberglauben brechen und das Denken befreien"; mit dieser Ideologie von Mao wollte die KP alte Traditionen ändern. In zahlreichen Kreisen der Provinz Guizhou wurden die traditionellen Marktrotationen abgebrochen und das Wochentage-System von der Verwaltungsbehörde eingeführt. Damit haben sich die Markttage der periodischen Märkte sehr verändert.

Nach der Kulturrevolution erhielten viele Orte wieder die überlieferten Markttage, die nach wie vor nach dem Mondkalender berechnet werden. Aber die Mehrzahl der Orte behält die 7-Tage-Marktwoche bei. Inzwischen hat man sich auch daran gewöhnt, den periodischen Markthandel nach der 7-Tage-Marktwoche zu betreiben. Da dieser Wandlungsprozeß in ländlichen Gebieten sehr unterschiedlich verläuft, gibt es in einer Region oft mehrere Berechnungssysteme von Markttagen.

Unsere Untersuchung ergab für die Zahl der Wochenmärkte nach verschiedenen Marktzeitplänen in der Provinz Guizhou 1990 folgendes Bild:

Tabelle 11: Periodische Märkte in Guizhou nach dem 7-Tage-Wochenzyklus

Wochenmärkte	Zahl der Märkte	Anteil (in %)
Montag	34	4,6
Dienstag	73	9,9
Mittwoch	93	12,6
Donnerstag	110	14,8
Freitag	95	12,8
Samstag	121	16,3
Sonntag	209	28,2
Dienstag-Freitag	1	
Mittwoch-Samstag	2	
Mittwoch-Sonntag	1	
Donnerstag-Sonntag	2	
Total	741	100

Quelle: Eigene Berechnung auf der Grundlage der Angaben von VAfHI der Provinz Guizhou 1990.

Nahezu alle Märkte (99%) finden einmal pro Woche statt. Die Orte mit 2 Markttagen pro Woche sind sehr selten (1%). Der wichtigste Wochenmarkt ist der Sonntagsmarkt. Dessen Anteil ist nicht nur am höchsten (28,2%), sondern die Sonntagsmärkte zählen auch zu den größten. Z. B. gibt es im Kreis Wengan[84] insgesamt 25 Wochenmärkte. Davon ist einer der Zentralmarkt, sechs Märkte gibt es in Mittelzentren, 18 sind Standard- und Kleinmärkte. Alle Großmärkte finden am Sonntag statt (siehe Karte 4 im Anhang).

c) Markttage nach dem 10-Tage-*xun*-System

Wie überall in den ländlichen Gebieten Chinas ist das 10-Tage-*xun*-System für den periodischen Markthandel von großer Bedeutung. Zwar basieren die meisten Marktzeitpläne auf dem Mondkalender, so auch in Guizhou. Bei 35,3% der ländlichen Märkte gibt es aber den Marktturnus, der nach dem 10-Tage-*xun*-System des chinesischen Mondkalenders angeordnet ist. Nur 6% der Märkte in Guizhou haben Markttage, die gemäß dem modernen Sonnenkalender berechnet werden.

Tabelle 12 zeigt die Verteilung der Märkte in der Provinz Guizhou nach verschiedenen Marktzeitplänen und nach unterschiedlichen Kalendern. Der Markttag „5" bedeutet, daß der Markt am 5., 15. und 25.Tag eines Kalendermonats stattfindet; Markttage „1-6" heißt, daß der Markt an jedem 1., 6., 11., 16., 21. und 26. Tag im Monat abgehalten wird, usw.

Es gibt drei Grundformen der Marktzeitpläne: 1 Markttag pro *xun*, 2 Markttage pro *xun* und 3 Markttage pro *xun*. Der Anteil der Märkte nach diesen drei Grundformen beträgt 0,2%, 86,3% und 13,5%. Das bedeutet, daß die Märkte, die alle 10 Tage abgehalten werden, in Guizhou ganz vereinzelt zu finden sind. Meist wird ein Markt zweimal pro *xun* abgehalten. Dabei sind die folgenden fünf Formen üblich: „1-6", „2-7", „3-8", „4-9" und „5-10". Die Zeitabstände zwischen einem Markttag und dem folgenden Markttag sind mit jeweils fünf Tagen gleichmäßig. Während diese fünf Formen als „regelmäßige" Markttage gelten, werden die anderen neun Formen, z. B. „1-5", „1-7", „2-8" usw. als unregelmäßige Markttage bezeichnet. Das Verhältnis zwischen der Anzahl der Märkte mit regelmäßigen bzw. unregelmäßigen Markttagen ist nach dem Mondkalender in Guizhou ca. 18 : 1 und nach dem modernen Kalender 133 : 1.

Bei 3 Markttagen pro *xun* kann man eigentlich keine Einteilung in „regelmäßig" bzw. „unregelmäßig" vornehmen. In engerem Sinne wären 3 Markttage pro xun „unregelmäßig", weil es - mathematisch gesehen - für drei Markttage innerhalb eines 10-Tage-Zeitraums keine Möglichkeit gibt, die Märkte in gleichmäßigen Zeitabständen durchzuführen. Allerdings sind die folgenden drei Formen am üblichsten: „1-4-

---

[84] Kreis Wengan liegt im Zentrum der Provinz, 170 km entfernt von der Provinzhauptstadt Guiyang. Die gesamte Fläche beträgt 1.964 km² und die Bevölkerungszahl 395.700 (1994). Nach der Kreischronik gab es 23 Märkte (Marktorte) in der Qing-Dynastie. Die Markttage wurden gemäß dem chinesischen Tierkreis berechnet. Unter den Ortsnamen der alten Marktorte existieren heute noch 18 Märkte. Die anderen alten Märkte sind verschwunden, aber sieben neue sind hinzugekommen.

7", "2-5-8" und "3-6-9". Das Verhältnis dieser drei häufigsten Formen zu anderen Abweichungen ist in Guizhou ca. 35 : 1.

Tabelle 12: Periodische Märkte in Guizhou nach dem 10-Tage-*xun*-Zyklus

Markttage	nach dem chines. Mondkalender		nach dem modernen Kalender	
	Zahl der Märkte	Anteil (in %)	Zahl Der Märkte	Anteil (in %)
5	1	0,1		
10	1	0,1		
1-5	6	0,6		
1-6	138	17,1	20	14,7
1-7	3	0,3		
2-7	140	17,4	21	15,4
2-8	7	0,7		
2-9	1	0,1		
3-8	133	16,5	33	24,3
3-9	7	0,7	1	0,7
4-10	2	0,2		
4-8	6	0,6		
4-9	114	14,2	28	20,6
5-10	134	16,5	31	22,8
5-7	1	0,1		
6-10	3	0,3		
1-4-7	30	3,7		
2-5-8	37	4,6		
2-6-9	2	0,2		
3-6-9	39	4,9	2	1,5
4-7-10	1	0,1		
Total	806	100	136	100

Quelle: Eigene Berechnung auf der Grundlage der Angaben von VAfHI der Provinz Guizhou 1990.

3.1.4 Größe und Verteilung der periodischen Märkte in Guizhou

Die „Größe des Marktes" oder einfach „Marktgröße" wird vor allem über drei Hauptindikatoren, nämlich der Größe des Marktplatzes, der Zahl der Marktbesucher bzw. der Warenstände und der Höhe des Umsatzes bestimmt. Im weiteren Sinne spielen auch die Reichweite der Güter, die Größe der Ergänzungsbereiche usw. eine Rolle. Bei dieser Studie werden die amtlichen Zahlenangaben der 2.281 ländlichen periodischen Märkte in Guizhou von 1990 verwendet. Nach einer statistischen Analyse besteht zwar ein schwach positiver Zusammenhang zwischen dem Marktumsatz und der Größe des Marktplatzes bzw. der Zahl der Marktbesucher (mit einem Korrelationskoeffizienten von 0,3195 bzw. 0,4070), aber es zeigt sich vor allem eine relativ starke Korrelation zwischen der Größe des Marktplatzes und der Zahl der Marktbesucher (mit einem Korrelationskoeffizienten von 0,6023).

Tabelle 13: Größe der ländlichen periodischen Märkte in Guizhou (in %)

	Größe des Marktplatzes (qm)	Zahl der Marktbesucher	Tagesumsatz (Yuan)
unter 2.000	54,3	43,9	18,9
2.000-4.999	27,4	21,9	25,3
5.000-9.999	11,1	16,7	23,1
10.000-19.999	5,8	13,5	17,4
20.000-29.999	1,0	2,9	7,1
30.000-49.999	0,4	0,8	5,1
über 50.000	0,1	0,2	3,1

Quelle: Eigene Berechnung auf der Grundlage der Angaben von VAfHI der Provinz Guizhou 1990.

Die überwiegende Mehrheit der Marktplätze ist kleiner als 10.000 m² (1 ha). Mehr als 80% der ländlichen periodischen Märkte haben weniger als 2.000 m² (0,2 ha) Fläche. Bei 5,8% der Marktplätze liegt die Fläche zwischen einem und zwei Hektar. Es gibt nur vereinzelt Märkte (1,5%), die flächenmäßig über 2 ha erreichen.

Ähnlich zeigen sich die Verhältnisse bei der Besucherzahl. Knapp zwei Drittel der periodischen Märkten in Guizhou werden von weniger als 5.000 Menschen besucht. Auf ca. 30% der periodischen Märkte finden sich 5.000 bis 20.000 Besucher ein. Ein kleiner Teil (3,9%) der Märkte erreicht eine Besucherzahl von über 20.000, einige sogar von mehr als 50.000.

Bei zwei Dritteln der periodischen Märkte lag der Tagesumsatz unter 10.000 Yuan, die übrigen konnten an Markttagen mehr Umsatz erzielen. Im Vergleich zu den periodischen Märkten in anderen Provinzen ist das Umsatzniveau in Guizhou recht niedrig. Hier zeigt sich ein enger Zusammenhang mit der geringen Kaufkraft in dieser Armutsprovinz.

Die räumliche Verteilung der periodischen Märkte in Guizhou wird in Karte 2 (im Anhang) dargestellt. Einige Anmerkungen zu dieser Karte müssen hier gegeben werden:

Erstens ist die Karte von der Provinzbehörde (VAfIH) für interne Nutzung im Jahr 1990 entworfen worden; zweitens wird die Benennung der Markttypen aus Platzmangel in der Legende abgekürzt: Die Bezeichnung A-Markt bezieht sich auf den allgemeinen Markt im Gegensatz zum Speziellen Markt (S-Markt). LG-Markt und IG-Markt sind die Großhandelsmärkte für landwirtschaftliche Produkte bzw. für

Industrieprodukte; und drittens basiert die farbige Karte auf der Differenzierung der Marktdichte, die sich hier aber auf die Raumgröße je Markt und nicht auf die Anzahl je 100 km² bezieht. Schließlich stellt die Karte alle Märkte sowohl im ländlichen Raum als auch in den Städten dar.

Eine große Anzahl der städtischen Märkte konzentriert sich auf die Städte Guiyang, Zunyi, Liupanshui, Anshun und Tongren. Eine für ländliche Gebiete hohe Marktdichte befindet sich im Umfeld der Städte Guiyang und. Liupanshui. In beiden Gebieten erreicht die Dichte Werte von über 2 Märkten je 100 km². Im Norden und Westen der Provinz liegt die Anzahl der Märkte pro 100 km² zwischen 1,5 und 2,0. Im Süden und Südosten ist die Marktdichte am niedrigsten. Dort gibt es weniger als 1 Markt je 100 km².

Tabelle 14 zeigt einen Zusammenhang zwischen der Marktdichte und der Bevölkerungsdichte. Offensichtlich befinden sich viele Märkte in den dicht besiedelten und wenige in den dünn besiedelten Gebieten. Im allgemeinen können wir feststellen, je höher die Bevölkerungszahl, desto mehr Märkte gibt es und desto kleiner sind die Versorgungsbereiche.

Tabelle 14: Zahl und Dichte der ländlichen Märkte bzw. der Bevölkerung nach Präfekturen in der Provinz Guizhou

Präfektur	Anzahl der Märkte	Marktdichte (je 100 km²)	Bevölkerungs- dichte (EW/km²)	service areas pro Markt (km²)	Einwohnerzahl pro Markt
Stadt Guiyang	55	2,4	299	41,6	12.200
Stadt Liupanshui	222	2,1	220	47,6	10.000
Zunyi Präfektur	420	1,4	194	71,4	14.100
Tongren Präfektur	238	1,3	186	76,9	14.100
Anshun Präfektur	285	1,9	197	52,6	10.100
Bijie Präfektur	412	1,5	228	66,7	14.900
Qianxinan Autonomer Bezirk	217	1,3	156	77,4	12.000
Qiannan Autonomer Bezirk	265	1,0	129	98,6	12.700
Qiandongnan Autonomer Bezirk	225	0,7	125	134,7	16.800

Quelle: 1) Eigene Berechnung auf der Grundlage der Angaben von VAfHI der Provinz Guizhou 1990.
2) Statistikjahrbuch 1994.

Die Korrelationsanalyse[85] und ein einfacher Vergleich, die auf Daten von 83 Kreisen bzw. Städten der Provinz Guizhou 1990 basieren, bestätigen diese Aussage. Yang Ching-kun ist bereits im Jahr 1944 zu den gleichen Ergebnissen gelangt. In seiner

---

[85] Mit 0,4525 ist der Korrelationskoeffizient für die beiden Variablen Marktdichte bzw. Bevölkerungsdichte mit .001 signifikant. Fallzahl: 83.

Studie über die periodischen Märkte im Kreis Zouping (Shandong) findet sich folgende Erklärung:

> Population density also enters into determining the actual size of an area within this limit. A computation of correlation shows in Zouping, in sections where population density is high, the number of markets also goes up. It follows logically that market service areas are smaller in densely settled sections (1944, S. 16).

Zusammenfassung: In Guizhou hält eine große Anzahl der periodischen Märkte weiterhin an den überlieferten Markttagen fest, die z. T. nach den 12-Tierzeichen des chinesischen Tierkreises und z. T. nach dem System des 10-Tage-xun des Mondkalenders berechnet werden. Die verbreiteten westlichen Wochentage sind die Folge der Kulturrevolution. Dabei wurden in vielen Märkten nach 1978 wieder die ursprünglichen Markttage übernommen. Die Zahl der Markttage hat sich gegenüber früher verringert. Die Verhältnisse deuten an, daß sich trotz des Wachstums der Bevölkerung die Wirtschaft in der Provinz Guizhou sehr wenig entwickelt hat.

Die Mehrzahl der periodischen Märkte ist klein. Sie verteilen sich auf alle ländlichen Gebiete. Eine gewisse räumliche Konzentration findet sich im Norden und im Westen der Provinz, wo die Bevölkerungsdichte am größten ist. Zwischen der Verteilung der periodischen Märkte und der Bevölkerung besteht ein enger Zusammenhang.

3.1.5 Das periodische Marktsystem im Kreis Zunyi

Der Kreis Zunyi liegt im Norden der Provinz Guizhou. Er schließt zwar die Stadt Zunyi ein, hat aber eine eigene Verwaltung, die von der Stadt Zunyi getrennt ist. Da die Eigennamen „Zunyi" für den Kreis und die Stadt gleich lauten, muß man Kreis und Stadt mit den Gattungswörtern „Zunyi *Xian*" und „Zunyi *Shi*" unterscheiden. Der Kreissitz von Zunyi liegt nicht direkt in der Stadt Zunyi, sondern 15 km südlich davon.

3.1.5.1 Zur Entstehung und Entwicklung der periodischen Märkte im Kreis Zunyi

Nach den Kreischroniken[86] (1368-1644) gab es in Zunyi außer dem Großmarkt der Stadt Zunyi noch vier periodische Märkte in der Umgebung: Shangqi, Yaxi, Longping und Xiazi. Die Markttage waren nach den zwölf Tierzeichen des chinesischen Tierkreises angeordnet (siehe Karte 5).

---

[86] *Zunyi Junmin Fuzhi* (1368-1644), Beijing-Bibliothek, Beijing.

In der frühen Qing-Dynastie (1662-1722) stieg die Zahl der periodischen Märkte bzw. der periodischen Marktorte auf 14, nämlich: Shangqi, Yaxi, Longping, Xiazi, Xinbo, Nanbai, Gaoping, Tuanze, Sancha, Goujiang, Xinglong, Tuanxi, Fengxiang und Banqiao (siehe Karte 6).

In der späten Qing-Dynastie (um 1841) erreichte die Zahl der periodischen Märkte insgesamt 85. Am Vorabend der Gründung der VR China 1948 existierten sogar 100 periodische Märkte im Kreis Zunyi. Die Markttage wurden nach zwei verschiedenen Zeitsystemen, nämlich dem 10-Tage-*xun*-System und dem des chinesischen Tierkreises berechnet. Unserer Untersuchung zufolge wurden 77 Märkte alle fünf Tage und 17 Märkte alle sechs Tage abgehalten. Die anderen sechs Märkte fanden alle drei Tage statt (siehe Karte 7 und 8).

Nach der Gründung der VR China wurde die Zahl der periodischen Märkte stark reduziert. Bis zum Jahr 1972 existierten zwar noch 70 periodische Märkte, aber die Zahl der Markttage hat sich gegenüber früher deutlich verkleinert. Nahezu an allen Marktorten fand der Markt einmal pro *xun* statt, d.h. in jedem Monat wurde nur dreimal ein periodischer Markt veranstaltet. Der alte Marktzeitplan wurde aufgegeben und ein neuer eingeführt. Ca. 30 alte Märkte waren in der Namensliste zu dieser Zeit verschwunden.

Ende der 70er Jahre wurde der ländliche freie Markthandel wieder zugelassen. Seitdem wurde bei den meisten periodischen Märkten im Kreis Zunyi die traditionelle Abfolge der Markttage wieder hergestellt. 1988 nahm die Zahl der Märkte um sechs auf 76 zu. 1993 befanden sich 81 Märkte im Kreis Zunyi (siehe Karte 9). Wenn man die Änderung der Abgrenzung des Kreisverwaltungsgebietes berücksichtigt, muß man die aktuelle Zahl der Märkte des Kreises Zunyi 1993 mit 79 ansetzen. Die Mehrzahl der Marktorte (85%) erhielt nach 1978 wieder die überlieferten Markttage, die hauptsächlich nach dem System des 10-Tage-*xun* des Mondkalenders berechnet werden. Auf den traditionellen 12-Zeichen-Tierkreis wurde bei der Festlegung der Markttage weiter verzichtet. Statt dessen wurde bei 17 Marktorten das Sieben-Wochentage-System eingeführt. Dabei zeigt sich eine klare Tendenz, daß sich die Zahl der Markttage in der Zeit von 1988 bis 1993 reduziert hat. Diese Tendenz ist jedoch verglichen mit anderen Provinzen eine Ausnahme.

Zur Erklärung der Entstehung der periodischen Märkte in Zunyi wird vor allem ihr Standort analysiert, der von natürlichen bzw. sozioökonomischen Bedingungen abhängt bzw. von administrativen Entscheidungen bestimmt wird. Nach einer Systematik von Brünger (1961)[87] lassen sich drei Lagetypen im Kreis Zunyi unterscheiden. Diese Typisierung hängt eng mit dem Relief des Kreises zusammen.

1. Paßlage
Dazu gehören 14 Märkte. Aufgrund der Eigenschaft der Einzugsgebiete kann man noch zwei Sub-Typen unterscheiden:

---

[87] W. Brünger, *Einführung in die Siedlungsgeographie*, Heidelberg 1961, S. 112-113.

a) Paßlage zwischen verschiedenen Wirtschaftsregionen (z. B. Gebirgen und Bekken), wofür der Markt von Tuanze *(Tuanzekou)* als ein Beispiel genannt werden kann. Er liegt an einem Bergpaß, an dem zwei Regionen unterschiedlicher Wirtschaftsformen aneinandergrenzen, nämlich die der Forstwirtschaft im Gebirge und die der Landwirtschaft im Becken. Der Austausch der Produkte zwischen den beiden Wirtschaftsregionen hat die Entstehung des Marktes von Tuanze verursacht. Dieser Markt existiert zumindest seit der Qianlong-Ära in der Qing-Dynastie (1662-1722).

b) Paßlage zwischen ähnlichen Wirtschaftsregionen

Wenn ein Fluß z. B. ein Gebirge durchschneidet, lassen sich zwei Becken miteinander verbinden. Dadurch entsteht der Markt oft in Paßlage an einer Bergseite oder sogar auf beiden Seiten. Der Markt von Niuti *(Niutitang)* ist hierfür ein gutes Beispiel. Er liegt am Zusammenfluß der beiden Flüsse Xintugou und Luojianghe. Im Norden und Süden dominieren die Gebirge; im Westen und Osten sind zwei Becken durch die Talflüsse miteinander verbunden. Traditionell ist Niuti ein wichtiger Markt.

2. Beckenlage

Dazu gehören 40 Märkte. Die zahlreichen kleinen Becken im Kreis Zunyi sind durch räumliche Geschlossenheit, intensive Landwirtschaft und hohe Bevölkerungsdichte gekennzeichnet. Im Becken befindet sich oft eine große Siedlung, in der es einen Markt gibt. Der Markt von Xiping, z. B. liegt in der geometrischen Mitte des Beckens. Die Entfernungen zwischen dem Marktort und den Gebirgen am Rand sind fast alle identisch, ca. 1,5 km.

3. Talstraßenlage

Zu diesem Lagetyp gehören 27 Märkte. Die Straßen verlaufen durch die Täler. Vor dem Ausbau der Hauptstraße von Guiyang nach Chongqing in der Zeit 1928-1948 existierten bereits mehrere Landstraßen im Kreis Zunyi, die ursprünglich mit Steinen gebaut waren. Darunter waren fünf gepflasterte Wege von Bedeutung, nämlich der sog. „große Weg" im Norden von Zunyi via Loushanguan bis Chongqing (gebaut im Jahr 1391), ein Weg im Süden von Zunyi via Nanbei bis Guiyang (1571-1619), einer im Westen von Zunyi via Yaxi nach Jinsha (1370), schließlich ein Weg im Osten von Zunyi via Xiazi nach Meitan (1280) und im Südosten von Zunyi via Longping nach Wengan (1370). Nahezu alle Märkte befanden sich zuerst an diesen aus Steinen gebauten Wegen (vgl. Karte 1). Im Laufe der Zeit wurden die Märkte an den Hauptstraßen verdichtet. Bis zum Vorabend der Gründung der VR China betrug der Abstand zwischen zwei benachbarten Märkten an den oben genannten sechs Hauptstraßen im Durchschnitt ca. 7,4 km.

Ein weiterer Aspekt, der für die Entstehung und Verbreitung der periodischen Märkte verantwortlich sein kann, ist das Wachstum der Bevölkerung. Aus den Kreischroniken von Zunyi[88] kennen wir ziemlich genau die Entwicklung der Bevölke-

---

[88] *Qing shilu jingji ziliao jiyao* (1655), *Zunyi junmin fuzhi* (1682), *Guizhou tongzhi* (1741), *Zunyi fu zhi* (1841), *Xu Zunyi fu zhi* (1836), *Zunyi xinzhi* (1948), *Zunyi xian zhi* (1992).

rungszahl bzw. der Zahl der periodischen Märkte im Zeitraum von der Ming- und. Qing-Dynastie bis zur Gegenwart. Die Entwicklung von Bevölkerung und Marktzahl soll folgende Abbildung 6 verdeutlichen. Es zeigt sich, daß die Bevölkerungszahl im Jahr 1840 gegenüber 1655 auf das 7,7-fache angestiegen ist. In gleichem Zeitraum hat die Zahl der ländlichen Märkte von 14 auf 85 auf das Sechsfache zugenommen. Von 1840 bis 1948 ist die Bevölkerungszahl weiter um das Sechsfache gewachsen, während die Zahl der ländlichen Märkte auf ca. 100 um 18% zunahm. Nach der Gründung der VR China ging die Zahl der ländlichen Märkte zurück, hingegen hat sich die Bevölkerungszahl von 1949 bis 1993 nochmals verdoppelt. Auch in Zunyi zeigt sich ein enger Zusammenhang zwischen der räumlichen Verteilung der ländlichen Bevölkerung und der der periodischen Märkte. Kleinräumlich gesehen, konzentriert sich die Bevölkerung in Becken; das Gebirge ist nur dünn besiedelt. Großräumig gesehen, konzentriert sich die Bevölkerung im Süden bzw. Südosten des Kreises. Nach der Volkszählung 1993[89] erreichte die Bevölkerungsdichte in den Zhen/Gemeinden Nanbei, Shangxi, Sancha, Guojiang, Tuanxi, Longping, Xinzhou und Xiazi über 100 Einw./km². Entsprechend hoch war die Marktdichte (über 2 Märkte pro 100 km²). Der Westen des Kreises war dünner besiedelt. Die Bevölkerungdichte betrug in den westlichen Berggemeinden Panshui, Mati, Songlin, Pingzhen und Shanpen ca. 50 - 80 Einw./km². In diesen Gebieten befindet sich pro 70-100 km² ein Markt. Der dritte Aspekt, der die Struktur des räumlichen Marktsystems sehr beeinflußt hat, ist die zentralörtliche Marktfunktion der Stadt Zunyi. Als der größte zentrale Ort im Norden der Provinz Guizhou hat sich die Stadt Zunyi in den letzten fünfzig Jahren rasch entwickelt. Sie ist vor allem durch ihre politische Bedeutung in der Geschichte der KPCh gekennzeichnet, weil Mao Zedong in Zunyi 1935 auf dem „Langen Marsch" an die Macht gekommen war. Nach dem Sieg über die *Guomindang* 1949 wurde zunächst die Stadt als eigene Verwaltungseinheit von dem Kreis Zunyi getrennt. Der Kreissitz Zunyi wurde erst im Jahr 1954 an den Zhenort Nanbei, 15 km südlich der Stadt gelegen, verlagert. Vierzig Jahre später hat sich dieser Zhenort nach der Stadt Zunyi zu dem größten Marktzentrum im Kreis Zunyi entwickelt. In dem regionalen Marktsystem befindet sich heute in dieser Region ein „Doppelherz", nämlich das des städtischen Großmarktes Zunyi und das des periodischen Großmarktes Nanbei.

Allerdings bestehen große Unterschiede zwischen dem städtischen Großmarkt von Zunyi und dem periodischen Großmarkt von Nanbei. Vor allem sind die beiden Orte keineswegs in dieselbe Stufe des zentralörtlichen Systems einzuordnen. Nach der Klassifikation der zentralen Orte von W. Christaller (1968, S.150-153) entspricht Zunyi einem G-Ort und Nanbei einem K-Ort. Sowohl die zentralen Güter und Dienste als auch die Ergänzungsgebiete der beiden Märkte sind sehr unterschiedlich. Z.B. ist der durchschnittliche Radius des Ergänzungsgebietes von Zunyi 120 km und von Nanbei nur ca. 35 km.

---

[89] *Zunyi xian zhi*, S. 172, Volksverlag Guizhou 1993.

Regionale ländliche Marktsysteme

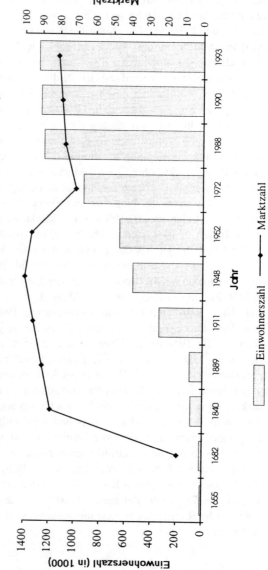

Abb. 6 Die Entwicklung der Bevölkerung und der ländlichen Märkte in Zunyi

Durch ihre zentralörtliche Marktfunktion hat die Stadt starken Einfluß auf die ländlichen Märkte in ihrem Umfeld. Dabei zeigt sich als allgemeine Tendenz, daß sich innerhalb eines halben Tages Fußmarsch (ca. 12 km) von der Stadt entfernt nur wenige ländliche Märkte befinden. Je näher ein ländlicher Markt an der Stadt liegt, um so geringer ist dessen Bedeutung. 1948 gab es noch neun periodische Märkte im Umkreis von 12 km um die Stadt, nämlich Donggongsi, Hailongba, Xiangkouchang, Longbachang, Zhongzhuangpu, Yonganchang, Liyiba, Wenxingshan und Mengzijiao. 1993 existierten nur die Märkte von Donggongsi, Hailongba und Zhongzhuangpu, die zumindest noch einmal regelmäßig abgehalten wurden. Allerdings waren solche Märkte klein. Ihr Ausmaß und ihre Bedeutung können nicht mit jenem bzw. jener der Großmärkte von Nanbei, Gaoping und Xinpu verglichen werden, die weiter als 12 km von der Stadt Zunyi entfernt liegen und deshalb weniger von ihr abhängig sind.

3.1.5.2 Merkmale und Größe der periodischen Märkte

Im Jahr 1993 existierten im Kreis Zunyi insgesamt 81 periodische Märkte. Die Markttage werden nach folgenden verschiedenen Zeitsystemen berechnet:

1. Nach dem traditionellen 10-Tage-*xun*-Zyklus
Dazu gehören 67 Märkte. Der Markt findet alle fünf Tage statt. Die üblichen Markttage sind 1-6 (14), 2-7 (14), 3-8 (14), 4-9 (11) und 5-10 (14). Die relativ gleichmäßige Verteilung der verschiedenen Zyklen weist darauf hin, daß eine innere zeitliche bzw. räumliche Anordnung des regionalen Marktsystems besteht.

2. Nach dem modernen 7-Wochentage-Zyklus
Dazu zählen 13 Märkte. Nahezu alle Märkte finden einmal pro Woche statt. Ausnahme ist der Markt von Tuanxi, der zweimal pro Woche veranstaltet wird . Der wichtigste Wochenmarkttag ist der Sonntag, weil dieser von den Besuchern und den Behörden der periodischen Märkte vorgezogen wird. In Zunyi gibt es sechs Sonntagsmärkte. Der Sonntagsmarkt von Nanbei z. B. ist der größte Markt überhaupt. Die sonstigen Markttage bzw. Marktzahl sind: Montag (eins), Dienstag (eins), Mittwoch (eins), Donnerstag (zwei), Freitag (zwei) und Samstag (eins).

Auf die alten Marktzeitpläne, die gemäß dem chinesischen 12-Tage-Tierkreis berechnet werden, wurde im Kreis Zunyi seit langem verzichtet. 1948 gab es noch 17 periodische Märkte, die nach dem traditionellen Marktrhythmus des 12-Tierkreises abgehalten wurden. Die Markttage wurden aber in der Kulturrevolution (1966-1976) geändert und sind seitdem unverändert geblieben, obwohl nach 1978 zahlreiche Märkte in anderen Kreisen der Provinz die überlieferten Markttage des 12-Tierkreises zurückerhielten.

Es gab keinen Hinweis, daß sich im Zuge der Wirtschaftsentwicklung die Markttage vermehrt haben. Im Gegenteil wurde die Zahl der Markttage bei 12 periodischen Märkten im Laufe der letzten Jahrzehnte reduziert. Betroffen sind die Märkte von

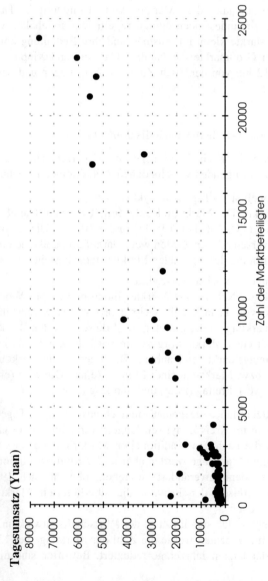

Abb. 7: Größe der periodischen Märkte im Kreis Zunyi

Quelle: Eigene Berechnung auf der Grundlage der Angaben von VAfIH im Kreis Zunyi 1990.

Nanbei, Gaoping, Shiban, Bali, Panshui usw. Es ist schwer zu erklären, wieso sich der Rhythmus der Markttage im Kreissitz Nanbei vom 3-Tage(2-5-8)- auf den 7-Tage-Rhythmus (Sonntag) reduziert hat, während der Markt in den vergangenen Jahrzehnten wesentlich ausgebaut wurde und sich seine Stellung in dem regionalen Marktsystem nach dem Umzug des Kreissitzes Zunyi 1954 stark erhöht hat.

Abbildung 7 zeigt die Verteilung der periodischen Märkte nach Marktgröße, gemessen am Tagesumsatz bzw. der Zahl der Marktbeteiligten. Es deutet sich an, daß die Mehrzahl (76,5%) der periodischen Märkte klein ist. Die Zahl der Besucher liegt unter 5.000 und der Tagesumsatz bei weniger als 10.000 Yuan. Der kleinste ist der Markt von Xinping. An Markttagen besuchen nur ca. 100 Händler bzw. Kunden den Markt.

Es gibt jedoch sieben große Märkte, die über 20.000 Yuan Tagesumsatz (TU) und mehr als 10.000 Marktbeteiligte (MB) erreicht haben. Sie sind Nanbei (TU 76.000, MB 24.000), Shangqi (TU 60.600, MB 23.000), Yaxi (TU 55.300, MB 21.000), Xinzhou (TU 52.800, MB 22.000), Xiazi (TU 54.300, MB 17.500), Tuanxi (TU 33.500, MB 18.000) und Banqiao (TU 25.800, MB 12.000).

Zwischen den obengenannten beiden Marktgruppen finden sich sieben andere Märkte. Ihr Tagesumsatz liegt zwischen 10.000 und 42.000 Yuan; die Zahl der Marktbeteiligten reicht von 5.000 bis 10.000. Außerdem haben vier Märkte einen Tagesumsatz von über 10.000 Yuan erreicht, ihre Besucherzahl beträgt jedoch weniger als 5.000.

3.1.5.3 Das hierarchische Marktsystem im Kreis Zunyi

Offenkundig existiert ein hierarchisches Marktsystem in Zunyi. Bei der Klassifikation periodischer Märkte werden drei Variable, nämlich Grösse des Marktplatzes bzw. der Marktfläche, durchschnittliche Zahl der Marktbeteiligten und Höhe des Marktumsatzes verwendet. Mit Hilfe der Clusteranalyse wurden alle 86 Märkte, einschließlich der Märkte der Stadt Zunyi, verschiedenen Stufen zugeordnet (Tabelle 15).

Anmerkung:
1. Das gesamte regionale Marktsystem von Zunyi umfaßt nicht nur die Märkte des Kreises, sondern auch den großen städtischen Markt der Stadt Zunyi und die periodischen Märkte in den Vororten, die verwaltungsmäßig zur Stadt Zunyi gehören. Bei der Analyse des Marktsystems wäre es undenkbar, den Kreis Zunyi und die Stadt Zunyi getrennt zu betrachten.
2. Innerhalb der Stufe der Mittelmarktzentren (M-Märkte) sind die obere Stufe (OM-Märkte) und die untere Stufe (UM-Märkte) zu unterscheiden. Bei der Clusteranalyse gibt es eine klare Grenze zwischen den sechs OM-Märkten und den neun UM-Märkten sowie zwischen den UM-Märkten und den S-Märkten. In Wirklichkeit

gibt es keinen wesentlichen Unterschied zwischen den neun UM-Märkten und den 33 S-Märkten.

3. Nach dem Verwaltungssystem von 1988 gab es im Kreis Zunyi 18 *qu*, 139 Gemeinden/*zhen* und 729 Verwaltungsdörfer *(xingzheng cun)*. 1992 wurde das *qu*-System abgeschafft und das *zhen*-System eingeführt. Nach der Abschaffung der *qu* und der Zusammenlegung der Gemeinden befinden sich jetzt im Kreis Zunyi nur noch 36 große *zhen* und zwei Minderheitengemeinden. In dem hierarchischen Marktsystem entsprechen die oberen und unteren Mittelmarktzentren den ehemaligen Verwaltungszentren *qu*. 33 Standardmärkte und die meisten Kleinmärkte befinden sich in ehemaligen Gemeindeorten. Nur fünf Kleinmärkte liegen in Dörfern.

Tabelle 15: Hierarchie des Marktsystems in Zunyi

1 Zentralmarkt (Z-Markt): Stadt Zunyi
6 Obere Mittelmarktzentren (OM-Märkte): Nanbei, Shangqi, Xiazi, Xinzhou, Yaxi, Tuanxi
9 Untere Mittelmarktzentren (UM-Märkte): Sanhe, Banqiao, Songlin, Xiping, Xinbo, Panshui, Wujiang, Gaoping, Longping
33 Standardmärkte (S-Märkte): Lizi, Shancha, Majiawan, Fengxiang, Shenxi, Sidu, Donggongsi, Goujiang, Shanpen, Simianshan, Mati, Bali, Tuanze, Shiban, Beilong, Lilong, Xian, Lutang, Sanxing, Zhongzhuangpu, Guanba, Leshan, Hunzi, Laba, Niuti, Ganxi, Yeli, Maopu, Daoba, Yanglongs, Yumen, Yanglu, Lexin
37 Kleinmärkte (K-Märkte): Yongkang, Dawo, Shihou, Daping, Shawan, Houba, Shuijin, Fuxing, Paijun, Hebao, Hailongba, Jinji, Jiulong, Sandu, Baohe, Zhangwang, Renshou, Maoshi, Yangwu, Maoli, Guanyinsi, Zhima, Dingcun, Mati, Xinzhong, Pingzheng, Huamao, Zhifang, Xihuaba, Bajiao, Feiyun, Dagu, Xinchang, Baiguo, Miaolin, Congba, Xinping

Der Unterschied zwischen den Märkten verschiedener Stufen ist offenkundig: Je höher die hierarchische Stufe, um so größer ist der Markt, um so zahlreicher sind die Besucher und um so höher ist der Marktumsatz (vgl. Tabelle 16).

Bemerkenswert ist die Zahl der Markttage, deren Abhängigkeit von der hierarchischen Stufe nicht der allgemeinen Annahme entspricht. Skinner (1964, S. 27) behauptete, „in general, when the scheduling system of a higher level differs from that of its dependent standard markets, the schedule of the higher-level market is more frequent". Es gibt keinen Hinweis, daß in Zunyi periodische Märkte mit höherer Rangordnung mehr Markttage haben als die Standardmärkte. Im Gegenteil ist die durchschnittliche Zahl der Markttage von M-Märkten (7,6 - 8 Tage pro Monat) kleiner als von S-Märkten (9,5 Tage pro Monat), weil einige M-Märkte im Kreis Zunyi lediglich am Sonntag abgehalten werden.

Provinz Guizhou 83

Tabelle 16: Durchschnittswerte von Marktgröße und Tagesumsatz sowie Zahl der Marktbeteiligten und der Markttage im Kreis Zunyi 1993

	Marktgröße (m²)	Zahl der Marktbeteiligten	Tagesumsatz (Yuan)	Zahl der Markttage pro Monat
Kleinmärkte	960	842	3.069	7
Standardmärkte	2.218	2.702	7.121	9,5
Untere Mittelmarktzentren	4.112	7.989	27.356	8
Obere Mittelmarktzentren	14.343	20.917	55.417	7,6

Quelle: Eigene Berechnung auf der Grundlage der Angaben von VAfIH in Zunyi 1993.

3.1.5.4 Raum-zeitliche Organisation der periodischen Märkte

Bei den Interviews auf ländlichen periodischen Märkten ist oft das Sprichwort im Dialekt des Kreises Zunyi zu hören: *zhuan-zhuan chang*. Zhuan bedeutet auf chinesisch „rotieren" bzw. „sich drehen"; *chang* ist „Markt". Dieses Sprichwort meint, daß sich der Markt um einen Kreis dreht. Dieser Kreis wird in der Fachliteratur als „Marktring", „Marktzyklus" oder „Marktrotation" bezeichnet (Hodder 1961, S. 152; Poleman 1961, S. 162; Hill 1966, S. 305; Smith 1979, S. 477; Wirth 1976, S. 176; Wanmali 1981, S. 126; Bohle 1981, S. 149; usw.).

Das Sprichwort *zhuan-zhuan chang* hat die wesentliche Seite des periodischen Marktsystems anschaulich erläutert: räumlich findet der Markt nebeneinander abwechselnd an verschiedenen Marktorten statt; zeitlich findet der Markt nacheinander an den benachbarten Marktorten statt; räumlich und zeitlich muß sich der Markt reibungslos „drehen".

In der ersten Fallstudie haben wir bereits beschrieben, daß dort ein kompletter Ring von drei Märkten geschlossen wird. In Zunyi umfaßt er aber zumindest fünf Märkte. Um den Marktring in einer Region darzustellen, wird das M-Markt-System von Xinzhou als Beispiel genommen. Da Xinzhou im Nordosten des Kreises Zunyi nahe der Grenze liegt, müssen die Nachbarmärkte im benachbarten Kreis Suiyang mit berücksichtigt werden.

Das Untersuchungsgebiet reicht bis zum Kreissitz von Suiyang im Norden und zur Stadt Zunyi im Süden. In diesem Umfeld befinden sich insgesamt 21 Märkte, von denen einer ein Z-Markt, vier obere bzw. untere M-Märkte, elf S-Märkte und fünf K-Märkte sind. Nach Christaller ist der Markt niedrigerer Ordnung mit seinem Ergänzungsgebiet dem zugehörigen Markt höherer Ordnung zugeordnet.

Die räumliche und zeitliche Anordnung weist darauf hin, daß es zwischen den M-Märkten keine sich wiederholenden Markttage gibt. Für die S-Märkte sind die Markttage vor allem unterschiedlich in bezug auf den ihnen zugehörigen M-Markt und weniger in bezug auf Märkte der eigenen Zentralitätsstufe. Die Kleinmärkte sind

84 Regionale ländliche Marktsysteme

eher irregulär in der Region verteilt. Sie gelten als die Ergänzung des M-Marktsystems.

Abb. 8a: Raum-zeitliche Beziehung zwischen dem Markt von Xinzhou und den benachbarten Märkten

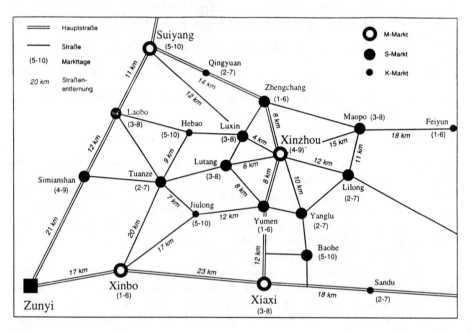

Quelle: Eigene Erhebungen 1994.

Das M-Markt-System von Xinzhou umfaßt einen M-Markt am regionalen Zentrum und sieben S-Märkte am Rand. Es ist nicht isoliert, sondern intern und extern mit anderen Märkten bzw. Marktsystemen verflochten. Die verschiedenen Märkte sind in ihrem räumlichen Nebeneinander und zeitlichen Nacheinander in unterschiedlichen Marktringen zusammengefaßt.

Ein kompletter Marktring wird in der Regel von fünf periodischen Märkten mit unterschiedlichen Markttagen gebildet. So erscheinen hier zwei solcher Ringe, nämlich ein großer Marktring von Xinzhou (4-9), Sandu (2-7) Xiazi (3-8), Xinbo (1-6) und Suiyang (5-10) und ein kleiner Marktring von Xinzhou (4-9), Yumen (1-6), Xiazi (3-8), Baohe (5-10) und Yanglu (2-7). Die anderen Marktringe von Xinzhou sind in engerem Sinne unvollständig. Sie werden entweder von mehr oder weniger Märkten mit wiederholten Markttagen geschlossen. Z. B. wird der wichtigste Marktring von sechs Märkten, nämlich Xinzhou, Zhengchang, Lutang, Yumen, Yanglu und

Maopo gebildet. Dabei sind die Markttage von Yumen (1-6) und Zhengchang (1-6) bzw. von Lutang (3-8) und Maopo (3-8) gleich.

Die Befragung auf dem Markt von Xinzhou zeigte, daß über die Hälfte der Händler und Besucher mobil ist. Sie besuchen neben dem Markt von Xinzhou noch andere periodische Märkte nach unterschiedlichen Marktrotationen.

Abb. 8b:

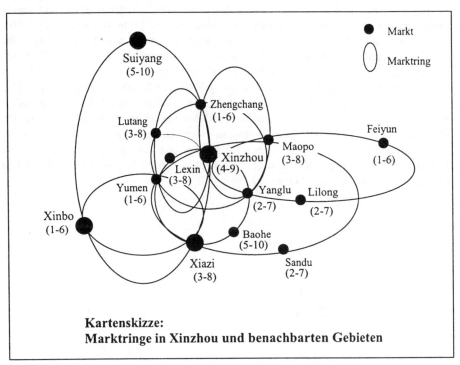

Kartenskizze:
Marktringe in Xinzhou und benachbarten Gebieten

Besuche weiterer benachbarter Märkte
(Befragungsergebnisse auf dem Markt von Xinzhou in %)

	Kein Markt	1 Markt	2 Märkte	3 Märkte	4 Märkte	5 Märkte u. mehr
Kunden	46,2	39,4	12,0	1,6	0,4	0,4
Händler	48,1	25,3	16,9	7,1	2,2	0,4

Anmerkung: Anzahl der befragten Kunden: 251
Anzahl der befragten Händler: 225
Quelle: Eigene Erhebung 1994.

Die Entscheidungen über den Marktring werden individuell gefaßt und sind voneinander sehr unabhängig. Die Textilhändler z. B. besuchen im Durchschnitt mehr Märkte in einem größeren Marktring als die Gemüsehändler. Obwohl die meisten mobilen Händler über mehrere Tage den gleichen Wegstrecken des Marktrings folgen, kehren sie aber alle jeden Tag am Abend wieder zu ihrem Wohnort zurück. So bildet im strengen Sinne der Marktring im Raum keine Kreisform, sondern Sternform.

Die räumliche Struktur des M-Marktsystems von Xinzhou erscheint in einer regelmäßigen Form: im Kern der M-Markt von Xinzhou, um ihn herum sieben S-Märkte von Zhengchang, Maopo, Lilong, Yanglu, Yumen, Lutang und Lexin. Durch die Straßen entlang der Bergtäler ist M-Xinzhou mit anderen M-Märkten von Xiazi im Süden und Suiyang im Norden verbunden. Dazwischen befinden sich die S-Märkte von Yumen und Zhengchang, die gleichmäßig 8 km von Xinzhou entfernt liegen. Die S-Märkte von Maopo, Lilong, Lutang und Lexin sind mit sämtlichen Landstraßen verknüpft. Die Distanz zwischen Xinzhou und den benachbarten Märkten beträgt im Durchschnitt ca. 9 km. Alle Märkte sind in einem halben Tag Fußmarsch zu erreichen. Diese räumliche Struktur stimmt im großen und ganzen mit der theoretischen Verteilung der zentralen Orte nach dem Verkehrsprinzip (Christaller 1968, S. 63-85) überein. (Siehe Karte 9 im Anhang.)

3.1.6 Der Beispielmarkt von Xinzhou

Im vorherigen Abschnitt wurden bereits die zentralörtliche Lage des Marktes von Xinzhou und dessen regionales Marktsystem erklärt. In diesem Abschnitt konzentriert sich unsere Untersuchung auf den Markt selbst. Es wird versucht, die innere Struktur, die Funktion und die Bedeutung des periodischen Marktes von Xinzhou zu erklären.

3.1.6.1 Merkmale des Marktes von Xinzhou

Der Markt von Xinzhou wurde früher als *Yongfu chang* oder *Huoshao zhou* bezeichnet. Nach der Kreischronik von Zunyi existierte dieser Markt bereits vor 1840 in der Qing-Dynastie. Bis zum Anfang dieses Jahrhunderts hat sich Xinzhou zu einer Landstadt, d.h. *zhen,* entwickelt. Ein wichtiger Faktor, der für die Entstehung und Entwicklung des Marktes Xinzhou verantwortlich ist, ist seine Beckenlage. Die zentrale Beckenlage begünstigt die Konzentration der Menschen- und Warenströme im Einzugsgebiet. Xinzhou gilt als das Marktzentrum von Becken und Gebirgen, d.h. von zwei verschiedenen Wirtschaftszonen. Diese zentrale Lage wird von der Mehrzahl der Geschäftsleute und der Marktbesucher bevorzugt. Daneben begünstigt die Beckenlage des Marktes Xinzhou einen leichten Zugang der Bauern und der ländlichen Besucher zu den Geschäften, den Ämtern und Dienstleistungseinrichtungen. Andererseits ist der Markt von Xinzhou wegen der räumlich isolierten Lage weniger von der Stadt Zunyi abhängig.

Xinzhou ist ein Mittelmarktzentrum in der Region. Neben dem regulären periodischen Marktgeschehen befinden sich in der Landstadt zahlreiche permanente Läden. Die Zahl der geöffneten Läden, Gaststätten, Teehäuser, Friseure, Schneidereien, Reparaturwerkstätten, Spielhallen, Hotels etc. liegt an Markttagen bei 328 und an Nicht-Markttagen bei 216. Die meisten davon werden privatwirtschaftlich betrieben. Die Versorgungs- und Absatzgenossenschaft, die früher in der Planwirtschaft bei der Versorgung der ländlichen Bevölkerung eine Hauptrolle spielte, verschwindet mehr und mehr. Der periodische Markt und die privaten Betriebe übernehmen diese Funktion.

Der periodische Markt findet in Xinzhou alle fünf Tage statt. Die Markttage sind 4. und 9. Sie werden gemäß dem chinesischen Mondkalender berechnet. Dieser 5-Tages-Rhythmus und der genaue Marktzeitplan haben sich seit der Zeit vor 1840 nicht geändert.

Wie in den meisten anderen Orten gibt es in Xinzhou keinen abgeschlossenen Marktplatz. Der periodische Markt wird auf offenen Plätzen oder am Straßenrand in der Landstadt veranstaltet. Er umfaßt ca. 2,25 ha Gesamtfläche. Die Zahl der freien Stände beträgt im Durchschnitt ca. 1.000 pro Markt, und die Zahl der Besucher liegt zwischen 15.000 und 25.000. Wenn man bedenkt, daß die Einwohnerzahl der Landstadt Xinzhou nur bei 4.400 liegt, kann man sich wohl vorstellen, wie betriebsam der periodische Markt ist. Geschrei und Feilschen, Lärm und Stau kennzeichnen das Geschehen auf jeder Straße im Marktzentrum, und es herrscht ein reges Leben.

3.1.6.2 Innere räumliche Struktur und Funktionen des Marktes von Xinzhou

Bei der inneren räumlichen Struktur des periodischen Marktes von Xinzhou sind folgende Teilmärkte zu unterscheiden: Chili-Markt, Bambusartikel-Markt, Eier- und Geflügel-Markt, Gemüse- und Fleisch-Markt, Obst-Markt, Tabak-Markt, Getreide- und Speiseöl-Markt, Textil- und Schuh-Markt, Haushaltswaren- und Gemischtwaren-Markt, Kleinvieh-Markt. Jeder befindet sich in einem anderen Straßenabschnitt (siehe Karte 10). Selbstverständlich werden aber auf einem Teilmarkt auch andere Produkte angeboten. Oft sind auch verschiedene Angebote miteinander gemischt.

Eindrucksvoll ist der Chili-Markt. Er liegt an der neu ausgebauten Hauptstraße der Landstadt. Der Markt ist auf verschiedene Arten von Chili und Pfeffer spezialisiert. Bei der Untersuchung wurden am 8. Okt. 1994 insgesamt 221 freie Stände und 5 feste Läden speziell für Chili erhoben. Die Bedeutung des Marktes ist offenkundig. Als ein wichtiges Vermarktungs- und Aufkaufszentrum für Chili steht Xinzhou zu Recht in gutem Ruf.

In China gibt es drei bekannte Provinzen, nämlich Sichuan, Guizhou und Hunan, in denen man das Essen extrem scharf würzt. Ein Sprichwort lautet: „Sichuanesen haben keine Angst vor der Schärfe; Schärfe fürchten die Menschen in Guizhou nicht; und die Hunanesen sind besorgt, daß es vielleicht nicht scharf genug sei." Auch wenn dieses nur in Abwandlungen zutrifft, ist eines sicher gemeinsam: Ohne Chili hat man keinen Appetit.

Qualitäts-Chili kommt aus der Provinz Guizhou. Der Kreis Zunyi ist ein wichtiges Anbaugebiet. Dort konzentriert sich die Anbaukultur in den Regionen von Xinzhou, Xiazi und Yongle. Allein in Xinzhou wurden 1993 443 ha Chili angebaut. Die gesamte Produktion erreichte im selben Jahr 736.000 kg. Davon wurde über die Hälfte im Herbst nach der Ernte auf dem lokalen Markt von den Zwischenhändlern aufgekauft. Die meisten Zwischenhändler, die auf dem Chili-Markt von Xinzhou ihre festen Läden errichtet hatten, kamen aus der benachbarten Provinz Sichuan. Dadurch werden große Mengen der Produktion weiter in ferner gelegene Gebiete verkauft.

Der Chili-Markt fungiert als Zentrum für die Anlieferung der lokalen Produkte des Umlandes. Diese Funktion wird im Modell (A) von Abb. 9 gezeigt. Man sieht, daß der Markt hauptsächlich von Verkäufern lokaler Herkunft und Händlern oder Zwischenhändlern fremder Herkunft besucht wird. Die lokalen Produkte strömen aus dem Umland zum Marktzentrum und werden von den Zwischenhändlern in ferne Gebiete transportiert. Zum Modell (A) gehört auch der Tabak-Markt.

Provinz Guizhou 89

Karte 10: Übersichtsskizze der periodischen Marktbereiche in Xinzhou Zhen

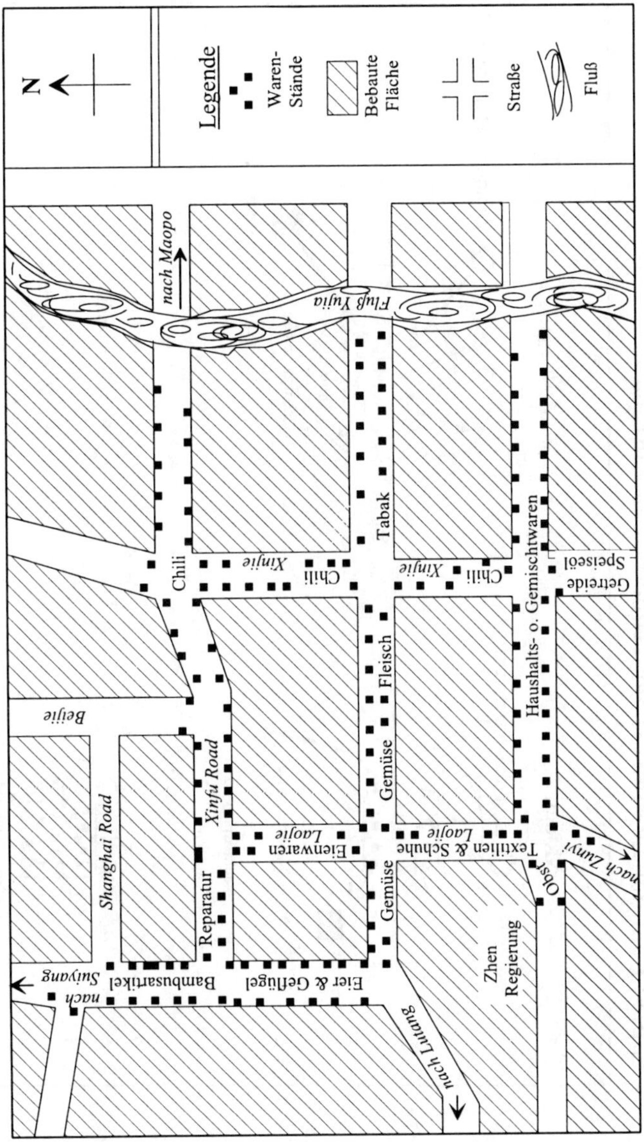

Abb. 9: Funktionale Modelle der Teilmärkte in Xinzhou

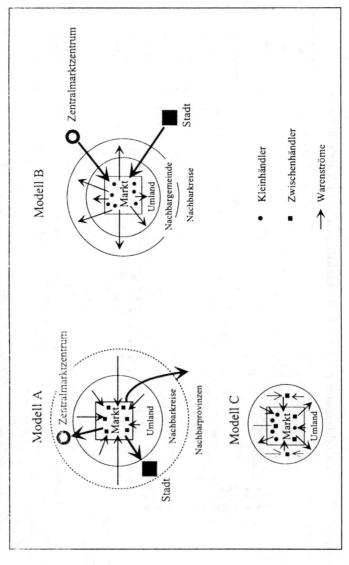

Der Textil-Markt gestaltet sich anders als der Chili-Markt. Die Textilhändler sind meist mobile Kleinhändler. Sie kaufen die Kleider und Kleiderstoffe auf dem Großhandelsmarkt in der Stadt oder im Großmarktzentrum und verkaufen sie auf dem ländlichen periodischen Markt. Durch den Verkauf an lokale Bewohner verteilen sich die Waren im ganzen Ergänzungsgebiet. Der Markt fungiert damit im Umland als Zentrum für die Verbreitung bzw. Verteilung der Produkte mit fremder Herkunft. Diese Marktfunktion wird im Modell (B) gezeigt. Dies Modell betrifft den Markt der städtischen Produkte, darunter z. B. Kleider und Kleiderstoffe, Schuhe, Handtaschen, kleine elektrische Geräte, Geschenkartikel usw. Der Markt von Xinzhou stellt also ein Bindeglied zwischen dem städtischen Raum - als Herkunftsgebiet von Industrieprodukten - und den ländlichen Konsumenten dar.

Das dritte Modell (C) bezieht sich auf den Gemüse-Markt, den Fleisch-Markt, Bambusartikel-Markt, den Kleinvieh-Markt usw. Diese Märkte fungieren als Zentrum für die Umverteilung der lokalen Produkte bzw. für die Regulierung des Angebots und der Nachfrage auf lokaler Ebene. Das Gemüse wird entweder von Zwischenhändlern oder den Produzenten selbst auf dem Markt angeboten. Die Käufer sind die Bewohner, die zum großen Teil direkt in der Landstadt, teilweise auch im Umland leben. Fleischvieh wird von den Metzgern auf den Bauernhöfen gekauft. Nach der Verarbeitung bieten Metzger das Fleisch auf dem Markt an. Käufer sind ebenfalls die lokalen Einwohner einschließlich der Viehverkäufer. Auch nicht jeder Bauer kann sich mit Bambus beschäftigen. Zu den Produzenten gehört ein Teil der Bauern, die die Kunst der Bambusbearbeitung beherrschen. Die Bambuswaren werden von einem Teil der Bauern und Handwerker hergestellt und einem anderen Teil der Bauern und der Verbraucher angeboten. Allerdings beobachtet man auf dem Kleinvieh-Markt, daß dieser Markt nicht von Verbrauchern, sondern von Viehzüchtern besucht wird.

3.1.6.3 Das Angebotsspektrum im Jahresverlauf

Insgesamt 1.012 freie Stände und 442 feste Läden wurden am Markttag im Oktober 1994 auf dem Markt in Xinzhou gezählt. Beim Angebotsspektrum der freien Stände auf dem periodischen Markt überwiegen eindeutig jene mit Agrar- und Nebenprodukten, ihr Anteil liegt bei ca. 52%. Es folgen Industrieprodukte, die von 26% der Stände angeboten wurden, Dienstleistungen mit ca. 9% und handwerkliche Produkte mit ca. 4%.

Die Zahl der freien Stände schwankt von Markttag zu Markttag. Allerdings gibt es in Xinzhou nicht die Abfolge von Großmarkt an einem Markttag und Kleinmarkt am folgenden Markttag. Große Schwankungen existieren zwischen den Jahreszeiten. Dabei ändert sich das Angebotsspektrum im Lauf des Jahres erheblich.

Abb. 10:

Quelle: Eigene Erhebung am 8. Okt. 1994.

Die Umsatzentwicklung des periodischen Handels im Jahresverlauf stellt Abbildung 2 dar. Man sieht, daß die Hochsaison des periodischen Handels von August bis Anfang Februar, also der Zeit des chinesischen Neujahrsfests, reicht. Der höchste Umsatz lag im Februar 1994 bei 2,66 Mill. Yuan.

Von März bis Juli ist die ruhigere Zeit für den periodischen Handel in Xinzhou. Das Umsatzniveau erreichte in dieser Zeit seinen Tiefstand. Im April 1993 betrug der Marktumsatz nur 805.700 Yuan.

Aus Abb. 11a läßt sich schließen, daß bei dem Angebotsspektrum und der Angebotsmenge sowie der Zahl der Besucher auf dem periodischen Markt innerhalb eines Jahres wesentliche Unterschiede bestehen. Um diesen Punkt zu verdeutlichen, werden hier 18 verschiedene Arten von Getreide, Gemüse, Gewürzen und Obst ausgewählt und untersucht. Gleichzeitig haben wir zwei Monate zum Vergleich des Angebots in der Hochsaison bzw. in der Mangelzeit, nämlich Oktober und April, in Abb. 11b aufgenommen.

Die Unterschiede zwischen April und Oktober sind offenkundig: Es mangelt im April an einer Reihe von Gemüsesorten und Obst. Im Angebotsspektrum überwiegen Weißkohl bei Gemüse und Zuckerrohr beim Obst und sog. Spezialprodukten. Das Angebot an Reis, Weizen, Sojabohnen, Tabak und Trockenchili ist ebenfalls limitiert. Weil es gerade die Zeit für die Frühjahrsbestellung bzw. Frühlingsaussaat ist, gibt es nur wenige Besucher auf dem periodischen Markt. Dagegen ist das An-

Abb. 11a:

Jahresverlauf des periodischen Handels nach Monatsumsatz

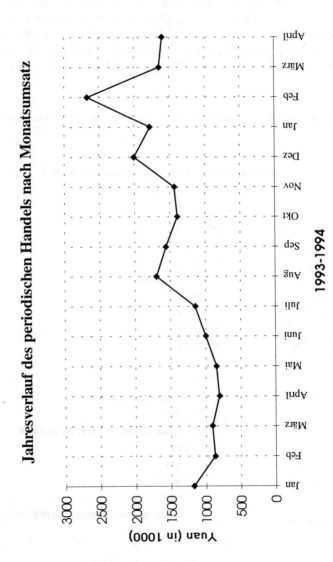

Quelle: Bericht des VAfIH in Xinzhou 1993/1994.

gebotsspektrum im Oktober sehr vielfältig. Nach der Ernte bieten die Bauern alle möglichen Produkte auf dem Markt an.

Das Angebotsspektrum deutet an, daß der ländliche periodische Markt von saisonal bedingten landwirtschaftlichen Aktivitäten abhängt. In den abgeschlossenen Berggebieten herrscht partiell Subsistenzwirtschaft. Es gibt keinen Hinweis darauf, daß dort die Bauern moderne Produktionstechniken beim Gemüseanbau anwenden, damit das Angebot auf dem Markt nicht jahreszeitenabhängig ist. Die Aufbewahrungsmöglichkeiten für frische Früchte sind begrenzt. Allerdings können Chili und Tabak einfach an der Sonne getrocknet und während des ganzen Jahres auf dem Markt angeboten werden.

Abb. 11b: Vergleich des Angebotsspektrums im April und im Oktober 1993

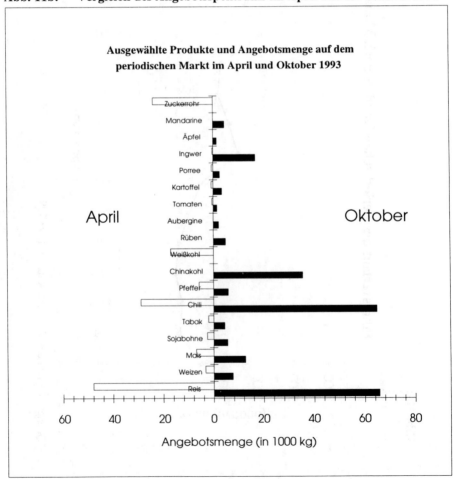

3.1.6.4 Funktionale Unterschiede zwischen periodischem Markt und stationärem Handel in Xinzhou

In Xinzhou existieren neben dem periodischen Markt noch zahlreiche stationäre, kontinuierlich betriebene Handels- und Dienstleistungsunternehmen, die gleichzeitig auch der Versorgung der ländlichen Bevölkerung dienen. Der stationäre Handel ist zwar mit dem periodischen Markt eng verflochten, jedoch bestehen gewisse Unterschiede.

Ein großer Unterschied besteht vor allem darin, daß sich der stationäre Handel auf Lebensmittel, Alltagswaren, Haushaltsartikel, elektrische Geräte, Baumaterial, Textilien und Schuhe, Eisenwaren, landwirtschaftliche Produktionsmittel, pharmazeutische Produkte und Güter konzentriert, während der periodische Markt hauptsächlich auf landwirtschaftliche Erzeugnisse, darunter Getreide, Gemüse, Gewürz, Obst, Fleisch usw. spezialisiert ist (vgl. Tab. 17 & Abb. 10).

Tabelle 17: Anzahl der stationären Handels- und Dienstleistungsbetriebe in Xinzhou

Läden	Anzahl	Läden	Anzahl
Lebensmittel	46	Drogerien & Apotheken	19
Gemischtwaren	45	Möbel	2
Kleider u. Kleiderstoffe	36	Foto	2
Schuhe	14	Reinigung	4
Elektrisches Gerät	5	Dekoration	2
Eisenwaren	21	Reparatur	11
Baumaterial	7	Friseur	20
Getreide	5	Schneider	8
Futter	6	Gaststätte	42
Landwirtschaftliches Produktionsmaterial	2	Teehaus	6
		Spielhalle & Karaok	7
Waagen	4	Hotels	2
Uhren & Brillen	4	Ankauf des alten Materials	2
Geschenkartikel	2	Großhandel für Lebensmittel	3
Buchhandlung	1		

Quelle: Eigene Erhebung 1994.

Einen weiteren Unterschied gibt es zwischen Händlern, Produzenten und Bauern. Bei den stationären Geschäften stehen die Händler im Vordergrund. Sie haben am Marktort ihren festen Standort bzw. ihre Verkaufsstelle erworben, weil sie davon überzeugt sind, durch ihre Tätigkeit ausreichenden Profit zu erzielen, um ihr Geschäft auf Dauer halten zu können. In Xinzhou sind nach unserer Untersuchung 93% Ladenbesitzer private Händler. Sie kennen sich aus mit lokalen Vorschriften und

Handel ist ihr Hauptberuf. 7% der Läden gehören zu verschiedenen Branchen der Versorgungs- und Absatzgenossenschaften. Sie unterliegen einem eigenen Handelssystem und haben keine Beziehung zum lokalen Verwaltungsamt für Handel und Industrie und zum Steueramt.

Im Gegensatz zu den ansässigen Händlern in den Branchen des stationären Handels sind die Händler auf dem periodischen Markt überwiegend selbstvermarktende Bauern. Sie sind zugleich Produzenten, Händler und Konsumenten. Der periodische Markt liegt also vor allem in ihrem Interesse, denn sie können so ihre Produkte an einem Tag vielen Käufern und Aufkäufern anbieten und sich neben ihren landwirtschaftlichen Tätigkeiten ein zusätzliches Einkommen schaffen.

Es gibt auch Gemeinsamkeiten zwischen den beiden Typen von Märkten. Z. B. sind die Marktbesucher an periodischen Markttagen für beide Markt-Typen die gleichen. Für die Besucher bilden beide Märkte an Markttagen einen gemeinsamen Markt. 70% der Befragten gaben an, daß sie an allen Markttagen den Markt von Xinzhou besuchen. Nur 6% der Befragten, die meist direkt in der Landstadt Xinzhou wohnen, besuchen täglich den Markt mit den stationären Einrichtungen.

Zweitens sind die stationären Einzelhändler aktiv in das Marktgeschehen des periodischen Marktes einbezogen. Für sie sind die Markttage die wichtigsten Geschäftstage. Man beobachtet sehr oft auf dem periodischen Markt, daß die Ladenbesitzer vorübergehend vor dem eigenen Laden einen Stand errichten, damit einerseits ihre Geschäftsfläche an den Markttagen möglichst groß wird und andererseits das Angebot direkt ins Blickfeld der Kunden gerät und diese zum Kauf animiert. Alle Händler mit Läden erzielen normalerweise an Markttagen ihren höchsten Umsatz. Hier nennen wir als Beispiele aus der Untersuchung auf dem Markt von Xinzhou im Oktober 1994 einen privaten Lebensmittelladen und einen privaten Textilladen. Der Lebensmittelladenbesitzer gab an, daß der Tagesumsatz an Markttagen im Durchschnitt über 500 Yuan erreichen kann, während an Nicht-Markttagen der Umsatz nur bei ca. 70 Yuan pro Tag liegt. Ähnliche Angaben hat auch der Textilhändler gemacht. Er erzielt als Umsatz an Markttagen meist über 300 Yuan und an den übrigen Tagen sehr wenig, manchmal sogar gar nichts.

Wie erwähnt, wurden an Markttagen 328 feste Läden in Xinzhou gezählt, die geöffnet hatten, und an den übrigen Tagen nur 216 offene Läden. Im Zusammenhang mit dem geringen Tagesumsatz ergibt sich die Frage, was diejenigen Händler machen, deren Läden an Nicht-Markttagen geschlossen sind, bzw. wie sie ihren Lebensunterhalt verdienen.

Nach E. Wirth (1976, S. 174) gibt es prinzipiell zwei Alternativen: a) Der Handel wird nur gelegentlich, d.h. einen Teil der Zeit über im Neben- oder Zuerwerb betrieben; als Basis des Lebensunterhaltes dient eine Erwerbstätigkeit im primären oder sekundären Sektor (parttime marketing). b) Der Handel wird ambulant betrieben (mobile marketing). Durch die häufige Verlegung des eigenen Standorts kann im Vergleich mit dem stationären Handel ein viel größerer Einzugsbereich und damit eine entsprechend höhere Zahl potentieller Kunden erreicht werden. So läßt sich der

Umsatz bis zu der Mindestschwelle erhöhen, die einen Lebensunterhalt bei ausschließlicher hauptberuflicher Tätigkeit im Handel ermöglicht.

Die erste Alternative traf im Fall von Xinzhou nicht zu, weil sich fast alle Betroffenen nach der Befragung hauptberuflich mit der Markttätigkeit beschäftigten. Also mußten die Kleinhändler umherziehen, was durch unsere Untersuchungen und Beobachtungen auch bestätigt wurde.

Typisch sind die Textilhändler, die einen eigenen Laden in Xinzhou besitzen. Unserer Befragung zufolge ergab sich, daß fast all solche Händler neben Xinzhou zwei bis fünf verschiedene benachbarte Märkte entsprechend der Marktrotation aufsuchten. Die alternativen Marktplätze und Pendelwege werden in Abbildung 12 dargestellt.

Abb. 12: Alternative Marktplätze für umherziehende Händler in der Region von Xinzhou

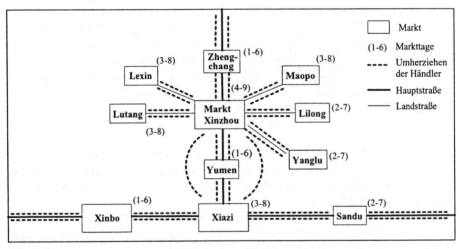

Oft ist auch zu beobachten, daß bei privaten Läden ein Parallelgeschäft besteht. Die privaten Läden sind meistens Familienläden. Alle Familienangehörigen teilen sich die Arbeit im Ladengeschäft. Wenn der Mann mit einem Teil der Waren die benachbarten Märkte beschickt, betreibt die Frau das Ladengeschäft weiter. Dadurch vergrößert sich der Tagesumsatz.

Logischerweise kann man auch damit rechnen, daß eine große Anzahl der Kleinhändler, die an Markttagen nach Xinzhou kommen und einen freien Stand für Kleider und Kleiderstoffe aufbauen, eigene feste Läden in den benachbarten Marktorten besitzen. Angesichts der geringen lokalen Kaufkraft und der großen Zeitabstände zwischen den Markttagen ist diese Doppeltätigkeit sowohl bei ansässigen als auch bei den mobilen Händlern verbreitet.

3.1.6.5 Räumliches Verhalten der Marktbeteiligten

Auf dem periodischen Markt von Xinzhou wurden 225 Händler und 251 Kunden mit Hilfe von standardisierten Fragebögen befragt. Das sind knapp ein Fünftel der Marktbeschicker bzw. ein Achtzehntel der Marktbesucher. Von den befragten Markthändlern waren 25% ansässige Händler, 75% mobile Händler bzw. Eigenproduzenten.

Die große Mehrheit der befragten Händler und Kunden bestand aus lokalen Bewohnern. Sie kamen aus Xinzhou selbst oder aus der Umgebung. Ca. 14% der Händler und 11% der Kunden stammten aus der Nachbargemeinde; 10% bzw. 8% sogar aus den benachbarten Kreisen.

Tabelle 18: **Die Herkunft der Händler und Kunden auf dem Markt von Xinzhou (in %)**

Herkunft	Händler	Kunden
Landstadt und Verwaltungsgebiet Xinzhou	76,4	80,4
Andere Gemeinden, aber innerhalb des Kreises Zunyi	13,8	11,2
Andere Kreise, aber in der Provinz Guizhou	9,8	8,4

Zahl der befragten Kunden 251, Händler 225.

Die durchschnittliche Distanz zwischen Wohnsitz und Marktplatz ist für Händler 13 Li (6,5 km) und für Kunden 12 Li (6 km). Mit zunehmender Entfernung des Wohnsitzes vom Markt nimmt die Zahl der auswärtigen Marktbeschicker und Marktbesucher stark ab (vgl. Abb. 13).

Über die Hälfte der Kunden kommt zu Fuß zum Markt; 20% erreichen den Markt per Traktor, 10% per Bus, 5% mit Lastwagen. Im Gegensatz zu den anderen sechs Untersuchungsmärkten ist der Anteil der Besucher mit Rädern in Xinzhou wegen der gebirgigen Landschaft sehr niedrig.

Rund 32% der befragten Händler verfügen über kein Transportmittel. Die meisten von ihnen besitzen eigene feste Stände auf dem Marktplatz. 31% erreichen den Markt mit dem Traktor. 14% verfügen über eigene Räder zum Transport und weitere 14% teilen sich einen Platz auf dem Lastwagen. 9% kommen mit Bus/Minibus. Die Reise- bzw. Transportkosten sind sehr gering.

Abb. 13:

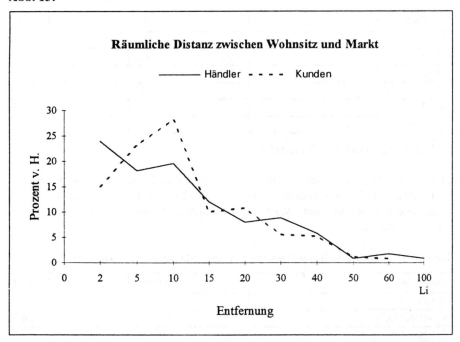

Tabelle 19: Verkehrs- oder Transportmittel für Kunden bzw. Händler (in %)

Verkehrsmittel	Kunden	Händler
1) Zu Fuß	53,0	31,7
2) mit Fahrrädern	10,8	14,0
3) per Bus/Minibus	10,4	8,6
4) per Traktor	20,1	31,2
5) mit Lastwagen	5,4	14,0
6) sonstiges	0,3	0,5

Zahl der befragten Kunden 251, Händler 225.

Angesichts der kleinen Entfernungen und der zunehmenden Motorisierung kann die große Mehrheit der Besucher innerhalb einer Stunde den Markt erreichen. Nur 8% auswärtige Kunden und 11% auswärtige Händler müssen für die Fahrt mehr als eine Stunde aufwenden.

Tabelle 20: Fahrtdauer vom Wohnsitz bis zum Marktplatz (in %)

Fahrtdauer (min.)	Kunden	Händler
0-10	21,5	22,7
10-30	46,2	40,0
30-60	23,9	21,3
60-90	3,2	5,3
90-120	2,8	5,0
über 120	2,4	5,7

Zahl der befragten Kunden 251, Händler 225.

11% der befragten Händler betreiben täglich ihr Geschäft auf dem Markt. Sie sind Gemüsehändler, Fleischverkäufer und private Ladenbesitzer. 77% beschicken den Markt in der Regel an jedem Markttag; 10% besuchen den Markt gelegentlich und 3% sehr selten.

Tabelle 21: Häufigkeit des Besuchs auf dem Markt von Xinzhou (in %)

Häufigkeit	Kunden	Händler
an jedem Tag	6,4	11,1
an jedem Markttag	70,5	76,9
Gelegentlich	16,7	9,7
Selten	6,4	2,7

Zahl der befragten Kunden 251, Händler 225.

Die Aufenthaltsdauer der Kunden und der Händler an Markttagen unterscheidet sich voneinander. Kunden besuchen den Markt normalerweise nur kurz, höchstens ein paar Stunden. Die Kunden, die sich auf dem Markt einen halben Tag oder länger aufhalten, wollen meist die Gelegenheit nutzen, etwas Interessantes zu unternehmen oder ihre Freizeit zu genießen. Hingegen verbrachte die Mehrheit der Händler auf dem Markt mindestens einen halben Tag, viele blieben bis zum Marktschluß.

Tabelle 22: Dauer eines Marktbesuchs von Kunden und Händlern (in %)

Besuchsdauer	Kunden	Händler
Kurz	11,6	0,0
einige Stunden	25,5	8,0
ein halber Tag	41,8	37,1
länger als ein halber Tag	21,1	54,7

Zahl der befragten Kunden 251, Händler 225.

Zusammenfassung: Der Markt von Xinzhou ist ein typisches Beispiel für die periodischen Märkte in den unzugänglichen Berggebieten. Seine wichtigsten Funktionen sind vor allem der Absatz der lokalen Produkte und die Versorgung der ländlichen Bevölkerung. Da die Region traditionell als ein wichtiges Anbaugebiet für Chili, Pfeffer und Tabak in der Provinz Guizhou gilt, dient der Markt in Xinzhou als Zentrum für die Anlieferung der lokalen Produkte des Umlandes. Durch die Zwischenhändler werden die Produkte weiter in den städtischen Marktzentren und in ferneren Gebieten abgesetzt.

Die Untersuchung zeigt, daß in Xinzhou nicht nur die mobilen Markthändler, sondern auch ein Teil der ansässigen Händler entsprechend der Marktrotation umherziehen. Der Grund dafür war vor allem das niedrige Einkommen der ländlichen Bevölkerung und somit die geringe Kaufkraft in der Region. Das durchschnittliche Verkäufergebiet lag in Xinzhou bei ca. 6,5 km und war somit etwas größer als das Ergänzungsgebiet (6,0 km).

3.2 Periodische Märkte in der Provinz Sichuan

Die Provinz Sichuan ist wegen ihrer großen räumlichen Ausdehnung und kulturellen Mannigfaltigkeit ein beliebtes Untersuchungsgebiet für Forscher, die sich mit periodischen ländlichen Märkten befassen. Bereits Anfang der 40er Jahre versuchte Spencer, „the village fair" in Sichuan zu beschreiben.[90] Sicherlich impliziert „the village fair" die allgemeinen periodischen Märkte, obwohl man unter „fairs" vor allem „celebration or festivals" versteht.[91] Skinner (1949/50) untersuchte die periodischen ländlichen Märkte in Vororten der Stadt Chengdu und analysierte die räumliche Struktur des periodischen Marktsystems mit Hilfe der zentralörtlichen Theorie Christallers.[92] Seine kartographische Darstellung der „Verifizierung" sowohl eines k-3- als auch eines k-4-Systems in der räumlichen Verteilung hierarchisch gestufter Marktzentren in Sichuan ist inzwischen in zahlreiche geographische Lehrbücher übernommen worden bis hin zu Publikationen des Historikers F. Braudel.[93]

3.2.1 Allgemeine Kennzeichen der Provinz Sichuan

Die südwestchinesische Provinz Sichuan ist mit 109 Millionen Einwohnern die bevölkerungsreichste Chinas und zugleich auch in wirtschaftlicher Hinsicht eine der bedeutendsten. Sie besteht aus zwei Teilen. Der östliche Teil umfaßt das Sichuanbecken mit günstigen Bedingungen für die Landwirtschaft und dichter Besiedlung (über 300 EW/km²). Der westliche Teil ist ein Gebirgsgebiet mit kühlem Klima und geringer Besiedlung (um 25 EW/km²), die sich hauptsächlich auf die tiefeingeschnittenen Flußtäler konzentriert.

Im Westen des Sichuanbeckens, das wegen des verbreiteten roten Sandsteins unter den Bedingungen des subtropischen Klimas oft als „Rotes Becken" bezeichnet wird, befindet sich die Chengdu-Ebene. Dank des alten „Dujiangyan"-Bewässerungssystems (256 v. Chr.) wird sie seit zweitausend Jahren als „das Land des Reichtums und der Fülle" in Sichuan bzw. in China bezeichnet. Die Chengdu-Ebene umfaßt 16.800 km² und macht damit 10,2% der Provinzfläche aus. Mit einer Bevölkerungsdichte von 700-900 EW/km² ist sie eines der am dichtesten besiedelten Gebiete in China.

Die Provinz Sichuan ist immer noch vorwiegend landwirtschaftlich geprägt. Der Anteil der städtischen Bevölkerung liegt bei 14,3% (1993). Die Grundlage der Wirt-

---

[90] J. E. Spencer, 1940, 48-58.
[91] „Fairs complement periodic markets in peasant economics, but whereas periodic markets are chiefly agencies for satisfying local demand, fairs meet less frequently, reflect regional differents in economic activity, and attract buyers from distant areas by virtue of their specialization." Siehe: „The Geography of Fairs: Illustrated by old world examples" by Allix, Andre, *Geographical Review*, Vol. 12, S. 532-69, 1922.
[92] G. W. Skinner, 1964/65.
[93] W. Matzat, 1988 S. 147.

Provinz Sichuan

schaft bildet die intensive Landwirtschaft im Roten Becken mit einer großen Vielfalt von Anbaukulturen. Die Erträge von Reis und Pflanzenöl stehen an erster Stelle unter denen in den Provinzen Chinas. Die Industrie ist hauptsächlich in den Großstädten, vor allem in Chengdu und Chongqing, konzentriert.

Im Vergleich mit Yunnan und Guizhou ist Sichuan die am höchsten entwickelte Provinz in Südwestchina. Allerdings weisen wichtige wirtschaftliche Indikatoren darauf hin, daß Sichuan im Vergleich zu den Küstenprovinzen auf einem mittleren Entwicklungsniveau steht.

3.2.2 Entwicklung und Verbreitung der periodischen Märkte in Sichuan

Die periodischen Märkte in Sichuan haben eine lange Geschichte. Basierend auf historischen Aufzeichnungen, kann diese Geschichte weit zurückverfolgt werden. Als Beispiel werden folgende sechs Kreise in unterschiedlichen Regionen der Provinz Sichuan dargestellt:

Tabelle 23: **Entstehung der periodischen Märkte in ausgewählten Kreisen der Provinz Sichuan nach Perioden von der Tang-Dynastie bis zur Republik-Zeit (618-1948)**

Periode / Marktzahl / Kreise	Guanghan	Daxian	Quxian	Leshan	Guanxian	Nanchong
Tang-Dynastie (618-907)	1	1	1	1	1	
Song-Dynastie (960-1279)				1		
Ming-Dynastie (1368-1644)	1	14	8	8	4	4
Qing-Dynastie:	14	60	38	48	19	75
unterteilt in: (1611-1721)	2	2	17	17	1	8
1722-1735	2	1	9	1	1	2
1736-1795	4	22	3	6	1	12
1796-1820	2	9	2	7	1	5
1821-1850	1	6	1	3	1	
1851-1861	1	3	1			2
1862-1874	1	4	2			4
1875-1908	1	9	3			12
1909-1911)		4		1		1
Republik-Zeit 1912-1948)	4	8			2	14
keine Unterlage zu prüfen		11		13	12	15
Insgesamt	20	93	47	57	27	93

Quelle: Kreischronik von Guanghan, Daxian, Quxian, Leshan, Guanxian und Nanchong 618-1948.

Der Kreis Guanghan ist heute eine kreisfreie Stadt. Er liegt im Zentrum der Chengdu-Ebene. Die alte Kreisstadt Lucheng, ca. 40 km nordöstlich von der Stadt Chengdu entfernt gelegen, existierte bereits vor der Tang-Dynastie. Während der Ming-Dynastie entstand am Fluß der Marktort Sanshuiguan. In der Qing-Dynastie haben sich insgesamt 14 periodische Märkte entwickelt. Während der Republik-Zeit kamen noch vier Märkte hinzu. 1944 gab es im Kreis insgesamt 20 periodische Märkte.

Der Kreis Daxian liegt im nordöstlichen Teil Sichuans, ca. 535 km von Chengdu entfernt. Das damalige Kreisverwaltungsgebiet umfaßt heute die Stadt und den Kreis Daxian. 1933 befanden sich im Kreis Daxian insgesamt 94 Marktorte, von denen 14 in der Ming-Dynastie, 60 in der Qing-Dynastie und acht in der Republik-Zeit entstanden. Die Kreisstadt Daxian wurde um 100 v. Chr. in der Han-Dynastie gegründet.

Der Kreis Quxian grenzt an den Kreis von Daxian, ca. 415 km östlich von Chengdu gelegen. Anfang der Republik-Zeit fanden im Kreis Quxian insgesamt 47 periodische Märkte statt; davon hat sich einer in der Tang-Dynastie, acht haben sich in der Ming-Dynastie und 38 in der Qing-Dynastie entwickelt.

Der Kreis Leshan ist heute nur ein Teilgebiet der Stadt Leshan. Der alte Kreis lag südwestlich von Chengdu, etwa 160 km entfernt. Die alte Kreisstadt Leshan existierte vor der Tang-Dynastie. Während der Ming-Dynastie entwickelten sich acht periodische Märkte, später sind weitere 48 Märkte hinzugekommen.

Der Kreis Guanxian wurde 1988 in „Stadt Dujiangyan" umbenannt. Er liegt in den westlichen Gebieten des Sichuanbeckens, ca. 56 km nordwestlich von Chengdu entfernt. Die alte Stadt Dujiangyan hat sich während der südlichen Song-Dynastie zu einem großen regionalen Marktzentrum entwickelt. In der Qing-Dynastie wurde sie aufgrund ihres Handelsaufschwungs häufig als „kleines Chengdu" bezeichnet. 1940 gab es im Kreis Guanxian 25 periodische Märkte.

Der Kreis Nanchong liegt im östlichen Teil der Provinz Sichuan, ca. 370 km von Chengdu entfernt. Am Vorabend der Gründung der VR China existierten in diesem Kreis insgesamt 79 periodische Märkte, von denen vier Märkte in der Ming-Dynastie, 46 in der Qing-Dynastie und 14 in der Republik-Zeit entstanden.

Nach der Einschätzung von Gao Yuling[94] befanden sich in der Provinz Sichuan während der Jiaqing-Ära (1776-1820) rd. 3.000 periodische Märkte. Während der Guangxi- und Xuantong-Ära (1875-1911) lag die Anzahl der periodischen Märkte bei 4.000. Zhou Lisan[95] hat im Jahr 1946 diese Zahl auf ca. 3.800 geschätzt. Hinge-

---

[94] Gao Yuling: „Periodische Märkte und Landwirtschaftsstruktur in der Provinz Sichuan während der Qianlong- und Jiaqing-Ära", in: *Rural, Economy und Society*, vol. 1. (chinesisch).

[95] Zhou Lisan: Wirtschaftsatlas der Provinz Sichuan 1946.

Provinz Sichuan 105

gen wies You Xuemin[96] 1949 knapp 7.800 periodische Märkte in Sichuan und Xikang[97] nach. Nach Angaben des zuständigen Verwaltungsamtes (VAfIH) der Provinz Sichuan lag die gesamte Zahl der ländlichen Märkte 1952 bei 4.780, 1965 bei 4.881, 1977 bei 4.679, 1985 bei 6.105, 1990 bei 6.486 und 1994 bei 7.827. Wenn man die ländlichen Spezialmärkte bzw. Großhandelsmärkte davon abzieht, liegt in der Provinz Sichuan die aktuelle Zahl der allgemeinen ländlichen Märkte zwischen 6.500-7.000, wovon über 95% periodische Märkte sind.

Es kann festgestellt werden, daß zum einen die meisten periodischen ländlichen Märkte in Sichuan bereits vor der Gründung der VR China entstanden und daß zum anderen die Entwicklung und Verbreitung periodischer Märkte innerhalb zweier Perioden vonstatten ging: Dies geschah während der Kangxi- und Qianlong-Ära in der Qing-Dynastie (1611-1795) und von 1978 bis zur Gegenwart. Diese beiden Perioden stellen die wichtigsten Zeitabschnitte für die dauerhafte Entwicklung der chinesischen Wirtschaft und Gesellschaft in der modernen chinesischen Geschichte dar.

3.2.3 Zeitlicher Rhythmus der periodischen Märkte in Sichuan

Eine grobe Berechnung von Zhou Lisan[98] (1946) führte zu folgenden Ergebnissen: 80% der periodischen Märkte in Sichuan fanden alle 3 Tage pro *xun* statt; 5% wurden alle 5-Tage pro *xun* abgehalten; 2% der Märkte fanden jeden zweiten Tag statt. Die Markttage wurden gemäß dem traditionellen Mondkalender berechnet.

Diese Struktur wurde im Laufe der Zeit leicht geändert. Bei der Untersuchung von 224 periodischen Märkten, die in der Provinz Sichuan mit überdurchschnittlicher Größe abgehalten werden, ergaben sich die in Tab. 24 aufgezeigten Muster.

Knapp 20% der untersuchten Märkte werden täglich abgehalten; 10% alle fünf bzw. vier Markttage pro *xun* im Monat; 67% der Märkte werden alle 3 Tage abgehalten; und die verbleibenden 4% finden alle 5 Tage statt. Die Markttage werden zum Teil gemäß dem modernen Kalender berechnet. Änderungen der Markttage wurden in den vergangenen Jahren hauptsächlich von der Verwaltung des zuständigen Amtes durchgeführt. Grund hierfür sind wirtschaftliche Entwicklungen bzw. politische Änderungen.

---

[96] Moderne Handelsgeschichte in Sichuan 1990.
[97] In den 20er Jahren wurde die Provinz Xikang gebildet, die den westlichen Teil von Sichuan und den südöstlichen Teil des jetzigen Tibet umfaßt. 1955 wurde die Provinz Xikang aufgelöst und der frühere Grenzzustand wiederhergestellt.
[98] Siehe Fußnote 6.

Tabelle 24: Periodische Märkte und Markttage in der Provinz Sichuan 1993

Markttage	Markttage, berechnet nach dem Mondkalender	Markttage, berechnet nach dem westl. Kalender	Anzahl der Märkte	Anteil
Täglich			42	19%
5-Markttage / Xun				9%
		1.,3.,5.,7.,9.	9	
		2.,4.,6.,8.,10.	10	
	1.,3.,5.,7.,9.		2	
4-Markttage / Xun				1%
	1.,4.,6.,9.		1	
	1.,4.,7.,9.		1	
3-Markttage / Xun				67%
		1.,4.,7.	26	
		2.,5.,8.	17	
		3.,6.,9.	28	
		1.,4.,8.	1	
		1.,4.,9.	1	
		2.,4.,6.	1	
		2.,5.,9.	3	
	1.,4.,7.		21	
	2.,5.,8.		21	
	3.,6.,9.		26	
	1.,3.,5.		1	
	1.,3.,6.		1	
	2.,5.,9.		1	
	3.,6.,10.		1	
	4.,7.,10.		2	
2-Markttage / Xun				4%
		1.,4.	1	
		2.,7.	2	
		3.,8.	3	
		4.,9.	2	
Total			224	100%

Anmerkung: Die Märkte mit überdurchschnittlicher Größe beziehen sich auf ländliche Märkte, auf denen sich durchschnittlich mehr als 5.000 Marktbesucher aufhalten.
Quelle: Eigene Berechnung 1993.

Die Untersuchung der periodischen Märkte im Kreis Guanghan ergab, daß die Zahl der Markttage im Zeitraum von 1952 bis 1966 stark abgenommen hat, obwohl alle periodischen Marktorte überlebt haben. Während der zehnjährigen Kulturrevolution (1966-1976) fanden die Märkte ausschließlich zweimal pro *xun* statt. Die Markttage (1-6) wurden von dem Verwaltungsamt des Kreises Guanghan einheitlich in allen Marktorten festgelegt. Die Reduzierung der periodischen Markttage wurde durch das Verbot bzw. die strenge Einschränkung des privaten Handels verursacht.

Provinz Sichuan   107

Tabelle 25: Periodische Märkte und Markttage nach Zeitrhythmus im Kreis Guanghan/Sichuan 1944-1992

Marktort/Jahr	1944	1952	1961	1966	1984*	1992*
Luocheng	1.,5.,8.	1.,3.,5.,7.,9.	1.,5.,8.	1.,6.	1.,3.,5.,7.,9.	1.,3.,5.,7.,9.
Sanshui	3.,6.,9.	2.,6.,9.	3.,6.,9.	1.,6.	1.,3.,5.,7.,9.	1.,3.,5.,7.,9.
Sanxing	1.,5.,8.	3.,7.,9.	1.,5.,8.	1.,6.	1.,5.,8.	1.,3.,5.,7.,9.
Jinyu	3.,6.,9.	2.,6.,9.	3.,6.,9.	1.,6.	3.,6.,9.	1.,3.,5.,7.,9.
Songlin	3.,6.,9.	3.,6.,9.	1.,5.,8.	1.,6.	1.,5.,8.	1.,3.,5.,7.,9.
Gaoping	2.,4.,7.,10.	2.,4.,7.,10.	4.,7.,10.	1.,6.	1.,3.,5.,7.,9.	1.,3.,5.,7.,9.
Jinlun	3.,6.,9.	3.,6.,9.	3.,6.,9.	1.,6.	1.,3.,5.,7.,9.	1.,3.,5.,7.,9.
Fuxing	1.,3.,5.,7.,9.	1.,3.,5.,7.,9.	3.,7.,10.	1.,6.	3.,6.,9.	1.,3.,5.,7.,9.
Xinxing	4.,7.,10.	4.,7.,10.	4.,7.,10.	1.,6.	4.,7.,10.	1.,3.,5.,7.,9.
Lianshan	4.,7.,10.	4.,7.,10.	4.,7.,10.	1.,6.	2.,4.,6.,8.,10.	2.,4.,6.,8.,10.
Xiangyang	2.,4.,6.,8.,10	2.,4.,6.,8.,10	4.,7.,10.	1.,6.	2.,4.,6.,8.,10.	2.,4.,6.,8.,10.
Xiaohan	2.,6.,9.	2.,6.,9.	1.,4.,7.	1.,6.	1.,5.,8.	2.,4.,6.,8.,10.
Hexing	2.,4.,7.,10.	2.,4.,7.,10.	2.,5.,8.	1.,6.	4.,7.,10.	2.,4.,6.,8.,10.
Wanfu	2.,4.,7.,10.	2.,4.,7.,10.	2.,5.,8.	1.,6.	4.,7.,10.	2.,4.,6.,8.,10.
Xinglong	2.,5.,8.	2.,5.,8.	2.,5.,8.	1.,6.	1.,5.,8.	2.,4.,6.,8.,10.
Xingfeng	3.,7.,10.	2.,7.,10.	4.,7.,10.	1.,6.	4.,7.,10.	2.,4.,6.,8.,10.
Nanfeng	3.,6.,9.	3.,6.,9.	3.,6.,9.	1.,6.	1.,5.,8.	2.,4.,6.,8.,10.
Zhongxing	2.,4.,7.,10.	2.,4.,6.,8.,10	2.,6.,9.	1.,6.	2.,4.,6.,8.,10.	2.,4.,6.,8.,10.
Taiping	3.,6.,9.	3.,6.,8.	3.,6.,9.	1.,6.	4.,7.,10.	2.,4.,6.,8.,10.
Xigao					1.,5.,8.	2.,4.,6.,8.,10.
Shuangquan						1.,3.,5.,7.,9.
Zahl der gesamten Markttage im Kreis	65	68	57	28	74	105

Anmerkung: *Die Markttage werden gemäß dem westlichen Kalender berechnet.

Anfang der 80er Jahre wurden die ehemals gültigen Markttage im Kreis Guanghan wiederhergestellt. Knapp die Hälfte der Marktorte erhielt wieder die überlieferten Markttage; in den anderen Marktorten wurden neue Markttage angeordnet. Die Grundlage hat sich allerdings nicht geändert: Standardmärkte finden alle 3 Tage statt, während die größeren Märkte höherer Stufe alle 2 Tage abgehalten wurden.

Angesichts der rasanten wirtschaftlichen Entwicklung in den letzten fünfzehn Jahren hat das Kreisverwaltungsamt für Handel und Industrie im August 1992 beschlossen, neue Markttage für alle 14 Standardmärkte einzuführen. Die Markttage für sieben größere Marktorte, in denen bereits fünfmal Märkte pro *xun* stattfanden, wurden nicht verändert. Damit hat sich die gesamte Anzahl der Markttage im Kreis Guanghan von 74 im Jahr 1984 auf 105 im Jahr 1992 erhöht. Dies entspricht einer Zunahme von 42%. Seit 1992 werden die Markttage im Kreis Guanghan nach dem modernen Kalender berechnet.

Bei einer Gegenüberstellung der Anzahl der Markttage mit der Bevölkerungsgröße von Guanghan kann für die letzten 250 Jahre ein Zusammenhang festgestellt werden, den Abb. 14 veranschaulicht.

Abb. 14:

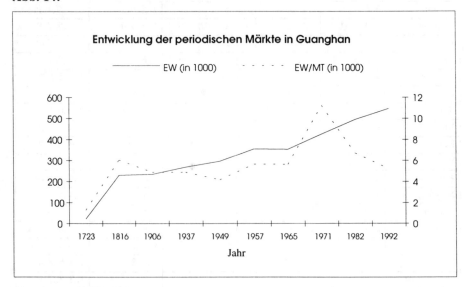

Quelle: 1) Hanzhou Zhi (1796-1820).
2) Sichuan Tongzhi (1816).
3) Guanghan Zhi (1992).

In der Anfangsphase des Untersuchungszeitraumes steigt der V-Wert[99] parallel mit der Entwicklung der Bevölkerung an. Etwa um das Jahr 1816 erreicht er den höchsten Stand und geht danach langsam zurück im Gegensatz zu dem weiterhin stetigen Wachstum der Bevölkerung im Kreis. Zur Zeit der Gründung der VR China erreicht der Wert seinen Tiefststand, steigt dann aber bis 1971 in der Kulturrevolution auf rd. 11.000 Einw. je Markttag an. Der V-Wert schwankt während eines langen Zeitraumes (1816 bis 1992) zwischen 4.000 und 6.500 EW pro Markttag, die Periode zwischen 1965 und 1982 ausgenommen.

Daraus eine Hypothese zu entwickeln, wäre verfrüht, denn bei Untersuchungen in anderen Gebieten wird dieses Verhältnis in einer Ausprägung wie oben beschrieben nicht belegt. Im Kreis Qionglai z.B. hat sich die Anzahl der Markttage in den ver-

---

[99] „V-Wert" bedeutet die Einwohnerzahl pro Markttag.

gangenen Jahrhunderten kaum verändert, die Einwohnerzahl im Kreis hingegen hat sich vervielfacht.

3.2.4 Räumliche Struktur und Skinners Modell

Aufgrund der Klassifikation von Yang Chingkun (1944) hat Skinner (1964/65) die periodischen Märkte in Sichuan in drei Stufen eingeteilt, nämlich: *standard market, intermediate market and central market.*

> The standard market, at the lowest of these three levels, ... met all the normal trade needs of the peasant household, ... provided for the exchange of goods produced within the market's dependent area, but more importantly it was the starting point for the upward flow of agricultural products and craft items into higher reaches of the marketing system, and also the termination of the downward flow of imported items destined for peasant consumption; – the central market is normally situated at a strategic site in the transportation network and has important wholesaling functions. Its facilities are designed, on the one hand, to receive important items and distribute them within its dependent area and, on the other, to collect local products and export them to other central markets of higher-level urban centers; – the intermediate market has an intermediate position in the vertical flow of goods and services both ways.[100]

Diese Klassifikation periodischer Märkte beschrieb die Situation in der Tiefebene von Chengdu ziemlich genau, da sich dort unter den Standardmärkten einige kleine Dorfmärkte befanden, die nach Yang Chingkun als „basic market" bezeichnet wurden und überall in der nordchinesischen Ebene zu finden waren.

Skinner hat bei seiner Untersuchung in Sichuan das Modell der oben genannten drei Stufen verwendet. Er analysierte die räumliche Struktur des periodischen Marktsystems mit Hilfe der zentralörtlichen Theorie Christallers, die allerdings streng genommen gar nicht auf periodische Marktsysteme angewendet worden war, und zeigte ein typisches Muster des „k-3"- wie „k-4"-Systems in der räumlichen Verteilung hierarchisch gestufter Marktzentren in der Chengdu-Ebene (siehe Abbildung 15, k-3:15a-c, k-4: 15d-f).

Immerhin war es der erste Versuch, das hierarchische System periodischer Märkte auf einer theoretischen Grundlage darzustellen. Das dreigliedrige, hierarchische System, in dem die periodischen Märkte räumlich nebeneinander und zeitlich nacheinander angeordnet sind, erschien als ein ideales Muster des Warenflusses. Deswegen wurde es später von vielen Forschern und Nachfolgern übernommen. Einige von ihnen[101] haben sogar immer wieder versucht, aufgrund der Arbeit von Skinner die

---

[100] W. Skinner, 1964, S. 6-7.
[101] Fei, John C. H.: „The standard market of traditional China".

Abb. 15: Räumliche Struktur des periodischen Marktsystems (W. Skinner 1964)

1) K-3-Modell

(a)

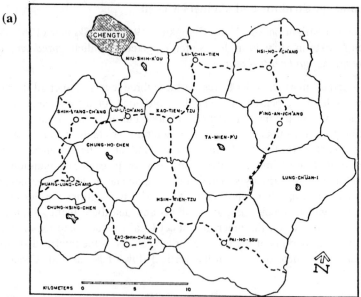

A portion of Szechwan near Chengtu.

(b)

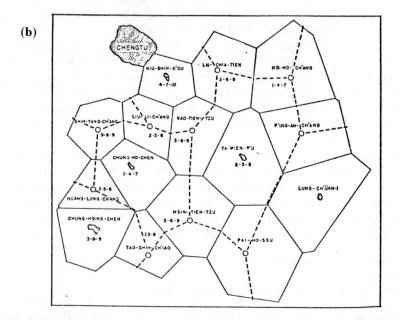

Provinz Sichuan 111

(c)

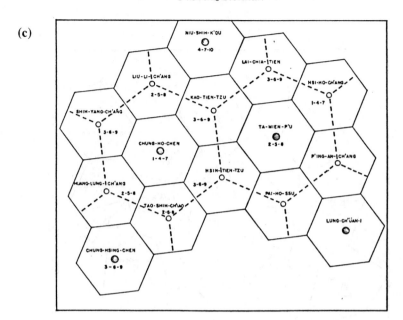

2) K-4-Modell

(d)

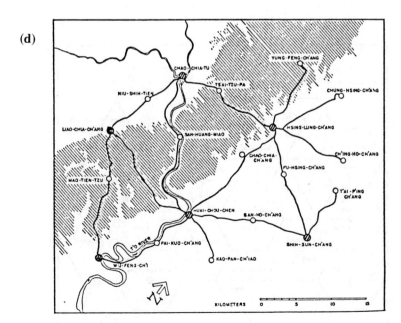

112 Regionale ländliche Marktsysteme

(e)

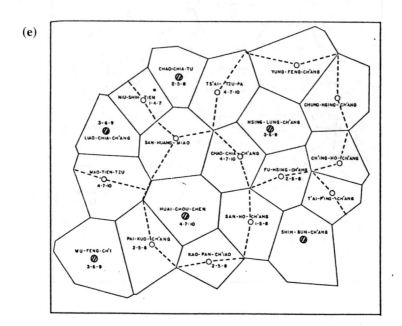

(f)

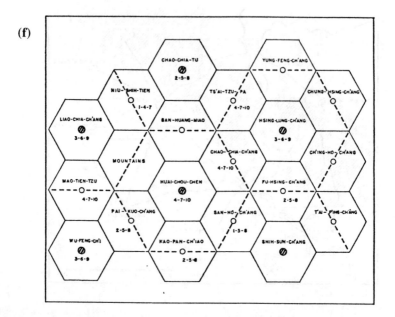

Optimierung der periodischen Märkte in China mit einem mathematischen Verfahren zu demonstrieren.

Bei einer genaueren Betrachtung fällt jedoch auf, daß Skinner sich bei seiner Analyse der räumlichen Struktur des periodischen Marktsystems zwar der zentralörtlichen Theorie Christallers bediente, jedoch keine überzeugende Methode aufzeigen konnte, die drei gestuften Markthierarchien zu bestimmen. Christaller hingegen hat in den 30er Jahren bei seiner Erläuterung des zentralörtlichen Systems in Süddeutschland eine Methode entwickelt, mit der er die „Bedeutung" bzw. „Zentralität" eines zentralen Ortes messen konnte. Skinner hat keine entsprechende Methode gefunden, obwohl er die drei gestuften Marktzentren (standard market, intermediate market und central market) gut definiert hat. Die Differenzierung der periodischen Märkte unterschiedlicher Stufe besteht somit hauptsächlich aus einer subjektiven Vorstellung.

Das Bild vom k-3- und k-4-System war allerdings eine idealisierte Abbildung. Skinner hat weder das Untersuchungsgebiet beschrieben noch die Voraussetzungen für seine Aussagen genannt im Gegensatz zur Arbeit von Christaller, der mit der Entwicklung des idealen sechseckigen Musters das zentralörtliche System in Süddeutschland beschrieben hat. Darüber hinaus gab es bei der kartographischen Darstellung von Skinner zahlreiche Fehler, die bei einer solchen empirischen Arbeit eigentlich nicht hätten auftreten dürfen. In der räumlichen Struktur des k-4-Systems z. B. hat Skinner „misplaced the standard market Ts'ai-Tzu-Pa (now called Longwei), which is located at about the mid-point between Zhaozhen and Yuelai, not between Zhaozhen and Xinlong as shown by him"; ... „Another case is San-Huangmiao (now named Yuelai). When Skinner put it on the map for 1949, there was actually no periodic market any more"; ... „Another riddle is Jiqing, which lies 7 km NNE of Xinlong and has today a schedule of 2-4-6-8-10. The tables of market distribution of Zhongjiang county for this century prove, that Jiqing always had a market, also in 1949, but Skinner omitted it on this map". ... „If one wants to be malicious, one would utter the suspicion that he deliberately cheated in order to verify by all means the empirical existence of a k-4 system in China."[102]

Es ist allerdings nicht die Absicht des Verfassers, aufgrund der methodischen Schwäche und empirischen Fehler von Skinner das k-3- bzw. k-4-Modell des periodischen Marktsystems zurückzuweisen. Im Gegenteil: Es wurde bei eigenen Untersuchungen in Sichuan bzw. in China immer wieder bestätigt, daß Skinners Modell zur Darstellung der Verteilung der periodischen Märkte in vielen ländlichen Gebieten Chinas recht gut geeignet ist.

---

[102] Jiang Hongliang, 1993, S. 215 f.

3.2.5 Darstellung der regionalen Marktsysteme in Guanghan und Qionglai

Skinner (1949/50) untersuchte ein Teilgebiet in den Vororten der Stadt Chengdu. Nach dem heutigen Verwaltungssystem liegt sein Untersuchungsgebiet in den Stadtbezirken Qingbaijiang und Longquanyi sowie in den Kreisen Shuangliu, Jintang und Zhongjiang. Das Untersuchungsgebiet umfaßt allerdings nicht die ganze Verwaltungsregion der oben genannten Kreise und Bezirke, sondern ein kleines Teilgebiet von etwa 1.500 km². Wegen der Expansion der Großstadt Chengdu in den letzten Dekaden sind diese Regionen zum Teil städtische Gebiete geworden. Viele Märkte, darunter z.B. Huayang und Longquan, die Skinner (1964) in seiner Karte aufgezeichnet hat, haben sich im Lauf der Zeit zu permanenten Marktzentren entwickelt.

Bei unserer Untersuchung in Sichuan wurden zwei Landkreise, nämlich Guanghan und Qionglai in der Chengdu-Ebene, ausgewählt und untersucht. Das erste Untersuchungsgebiet, der Kreis Guanghan, liegt unmittelbar neben den Kreisen Jintang, Zhongjiang und dem Stadtbezirk Qingbaijiang, die Skinner (1949/50) teilweise als Untersuchungsgebiet gewählt hatte. Wie oben bereits aufgeführt, befindet sich der Kreis Guanghan ca. 40 km nordöstlich der Stadt Chengdu. Der Kreis umfaßt eine Gesamtfläche von 538 km², davon sind 92% Ackerland. Mit mehr als einer halben Million Einwohnern gehört Guanghan zu einer der am dichtesten besiedelten Regionen in der Chengdu-Ebene. Das zweite Untersuchungsgebiet, der Kreis Qionglai, liegt am westlichen Rand der Chengdu-Ebene, ca. 75 km westlich der Stadt Chengdu. Auf einer Fläche von 1.377 km² sind 77% Gebirgs- und Hügelländer. Der Kreis befindet sich in der Übergangszone zwischen dem Roten Becken und den Berggebieten.

Tabelle 26 zeigt, daß zwischen den Kreisen bzw. heute Städten auf Kreisebene Guanghan und Qionglai erhebliche Entwicklungsunterschiede zu verzeichnen sind. Bezogen auf das Volkseinkommen pro Kopf, liegt der Kreis Guanghan mit rd. 2.048 Yuan auf Platz neun unter den insgesamt 178 Landkreisen und kreisfreien Städten der Provinz Sichuan, während sich der Kreis Qionglai mit 1.596 Yuan auf Platz 26 befindet. Damit gehört der Kreis Guanghan zu den führenden Landkreisen in der Provinz Sichuan.

Bei unserer Untersuchung wurden 1994 in Guanghan Daten von 21 periodischen Märkten und in Qionglai von 43 periodischen Märkten erhoben. Nach offiziellen Angaben lag die Zahl jeweils bei 37 bzw. bei 42. Der Unterschied zwischen der erhobenen Zahl und den amtlichen Angaben kann damit erklärt werden, daß unterschiedliche Definitionen von ländlichen Märkten vorlagen. Bei der amtlichen Statistik handelte es sich um ländliche Märkte, die unmittelbar von dem Verwaltungsamt für Industrie und Handel (VAfIH) verwaltet wurden. Die kleinen Dorfmärkte zählten dabei häufig nicht mit. Statt dessen wurden die Markttypen als wichtiger Indikator berücksichtigt, d. h. ein Marktort konnte mehrere Märkte, wie z. B. Tiermarkt, Getreidemarkt, Gemüsemarkt usw., beherbergen. Der Kreis Qionglai hatte 1994 nach amtlichen Angaben insgesamt 42 Märkte, die sich aber nur an 27 Marktorten befan-

Tabelle 26: Indikatoren der Kreise Guanghan und Qionglai

	Kreis Guanghan	Kreis Qionglai	Provinz Sichuan
Gesamtfläche (km²)	538	1.377	570.000
Bevölkerungsdichte (EW/km²)	1.015	455	192
Anteil der städtischen Bevölkerung (%)	17	10	15
Pro-Kopf-Volkseinkommen (Yuan)	2.048	1.586	1.157
Nettoeinkommen der Bauern (Yuan)	1.073	832	634
Gesamter Einzelhandelsumsatz (in Mill. Yuan)	583	351	71.935
Anzahl der Märkte	21	43	6.800
Gesamter Marktumsatz (in Mill. Yuan)	173	127	23.306
Einwohnerzahl pro Markt	26.000	14.600	12.100
Durchschn. Radius des Einzugsgebietes (km)	2,8	3,2	4,8
Dichte der Märkte (pro 100 km²)	3,9	3,1	1,4

Quelle: 1) Statistikjahrbuch 1993.
2) Eigene Erhebungen 1994.

den. Die kleinen Dorfmärkte waren in der Marktliste nicht enthalten. Hingegen wurde bei unserer Untersuchung jeder Marktort, an dem periodische Märkte stattfinden, als ein Standort betrachtet. Damit wurde nur jeder Marktort als ein Markt gezählt, obwohl dort vielleicht mehrere Spezialmärkte abgehalten werden. Somit wurden kleine Dorfmärkte mit eingeschlossen, ungeachtet ihres Marktausmaßes. Im Kreis Qionglai z. B. wurden deswegen neben 27 periodischen Marktorten noch 16 Dorfmärkte mitgezählt.

Bei Analysen der räumlichen Struktur der Marktsysteme wurden vor allem die Märkte in den Untersuchungsgebieten klassifiziert. Nach dem Umfang der Märkte bzw. der Größe der Marktorte konnte die folgende Hierarchie für das periodische Marktsystem in Guanghan und Qionglai festgestellt werden (vgl. Tab. 27a).
Die ländlichen Märkte in Guanghan unterteilen sich in drei Stufen. In der Kreisstadt befindet sich der Zentralmarkt, der täglich abgehalten wird. Sechs große *Zhen*orte sind die Mittelmarktzentren, in denen periodische Märkte alle zwei Tage stattfinden. Die Standardmärkte liegen ausschließlich in den Gemeindezentren. Die Märkte werden ebenfalls alle zwei Tage abgehalten.

Im Vergleich zu den Märkten in Guanghan sind die ländlichen Märkte in Qionglai überwiegend kleiner, was mit der geringeren Kaufkraft zusammenhängt (vgl. Tab. 26 und 27b). In dem periodischen Marktsystem dominiert der Zentralmarkt in der Kreisstadt. Daneben sind regional die großen Märkte in Pingluo, Guyi und Jianguan am bedeutendsten. In den Mittel- und Standardmarktzentren finden die Märkte alle drei Tage statt. Es gibt in Qionglai noch zahlreiche Kleinmärkte, die der untersten Stufe des hierarchischen Marktsystems zugeordnet sind. Sie werden zumeist alle fünf Tage abgehalten.

Tabelle 27a: Hierarchie der periodischen Märkte in den Kreisen Guanghan und Qionglai

	Guanghan	Qionglai
1. Zentralmärkte (Z-Märkte)	Luocheng	Linqiong
2. Mittelzentren (M-Märkte)	Shanshui, Nanxing, Gaoping, Lianshan, Jinyu, Xiangyang	Pingluo, Guyi, Jianguan
3. Standardmärkte (S-Märkte)	Jinlun, Xiaohan, Nanfeng, Guangxing, Xinhua, Xinlong, Xigao, Shanxing, Wanfu, Shonglin, Hexing, Xinping, Xingfeng, Shuangquan	Yangan, Mouli, Shangyuan, Shuikou, Huojing, Daozuo, Huilong, Quanshui, Ranyi, Gaogeng, Qianjin, Shipo, Datong, Youzha, Gaohe, Tianta, Taihe, Linji, Wuolong, Xiaba, Mahu, Chayuan, Zhan-dou, Yongfeng, Baolin, Renhe, Fuan
4. Kleinmärkte (K-Märkte)		Nanjunping, Nanyue, Xinan, Nanhe, Kongming, Xihe, Huluowan, Nanbao, Hechang, Gaoxing, Yinxing, Daiping

Tabelle 27b: Indikatoren der periodischen Märkte in Guanghan und Qionglai nach Gruppen

	Z-Märkte		M-Märkte		S-Märkte		K-Märke
	Guanghan	Qionglai	Guanghan	Qionglai	Guanghan	Qionglai	Guanghan Qionglai
Marktfläche (in 1000 m²)	13	15	6,5	8,0	4,3	3,2	0,8
Jahresumsatz (Mill. Yuan)	22,6	23,8	12,0	9,5	6,6	2,5	0,6
Besucherzahl (in 1000)	18	25	10	14	6,4	3,5	0,8
Markttage pro Xun	10	10*	5	3	5	3	2

Anmerkung: *Der zentrale Markt von Qionglai findet in der Kreisstadt Linqiong mittlerweile täglich statt. An jeden 3., 6. und 9. Tagen pro *xun* wird nach wie vor ein großer Markt abgehalten.
Quelle: Eigene Erhebungen 1994.

Die Nächst-Nachbar-Analyse[103] zeigt, daß sich die periodischen Märkte in den beiden unterschiedlichen Regionen relativ gleichmäßig verteilen. Dies deutet darauf hin,

---

[103] Die sog. „Nächst-Nachbar-Analyse" ist ein Maß für die Abweichung einer beobachteten zweidimensionalen Punktverteilung von einer zufälligen. Die Abweichung kann dabei in die Richtung einer Ballung oder in diejenige einer regelmäßigen Anordnung gehen. Der Wert der Nächst-Nachbar-Koeffizienten liegt zwischen Null und 2,15. „Null" bedeutet, daß sich die Punkte im Raum komplett in Ballungsform verteilen; „2,15" zeigt die gegen-

daß trotz gewaltiger Unterschiede der Rahmenbedingungen die räumliche Verteilung der periodischen Märkte in den untersuchten Gebieten von Guanghan und Qionglai nach wie vor in erster Linie von der Erreichbarkeit innerhalb einer bestimmten Zeitspanne abhängig ist.

Tabelle 28: Nächst-Nachbar-Analyse der periodischen Märkte in Guanghan und Qionglai

	Guanghan	Qionglai	Anmerkung	
A	538	1377	A:	area of study region (km²)
N	21	42	n:	number of points in the study region
$d_{obs} = \dfrac{\sum d}{n}$	3,83	4,39	d_{obs}:	observed mean nearest neighbour distance (in km)
$d_{ran} = \dfrac{1}{2\sqrt{\dfrac{n}{A}}}$	2,53	2,86	d_{ran}:	expected mean nearest neighbour distance assuming a random distribution (in km)
$R = \dfrac{d_{obs}}{d_{ran}}$	1,51	1,53	R:	the nearest-neighbour index
$c = \dfrac{n(d_{obs} - d_{ran})\sqrt{\dfrac{1}{A}}}{0{,}26136}$	1,75*	8,50*	c:	the standard normal deviation

*Signifikant auf 5% Niveau

Zusammenfassung: Die periodischen ländlichen Märkte sind in Sichuan durch eine lange Tradition und Vielfalt gekennzeichnet. Bei der Entwicklung und Verbreitung der periodischen Märkte sind zwei wichtige Perioden in der Geschichte zu erkennen, nämlich die Kangxi- und Qianlong-Ära (1611-1795). Während der späten Qing-Dynastie (1796-1911) und Republik-Zeit (1912-1948) nahm die Zahl der periodischen Märkte weiter zu. Die Grundlage des traditionalen periodischen Marktsystems wurde in Sichuan bis zum heutigen Tage kaum verändert.

Die kartographische Darstellung von W. Skinner zeigt einen optimalen Warenfluß innerhalb des hierarchischen periodischen Marktsystems. Allerdings sind die sog. k-3- und k-4-Modelle ein idealisiertes Muster für die räumliche Verteilung periodischer Märkte.

---

teilige Situation, d. h. die Punkte liegen an den Ecken gleichseitiger Dreiecke. Bei zufälliger Verteilung weist R = 1,0 auf.

118 Regionale ländliche Marktsysteme

Die Untersuchung der regionalen Marktsysteme in Guanghan und Qionglai zeigt zweierlei: Zum einen bestehen erhebliche Entwicklungsunterschiede zwischen den periodischen Märkten in Guanghan und Qionglai; zum anderen sind die periodischen Märkten in den beiden unterschiedlichen Regionen ziemlich gleichmäßig verteilt.

Zur Erklärung der Funktion der periodischen Märkte und zur Darstellung der Organisation des periodischen Markthandels werden zwei Beispielmärkte jeweils in den Kreisen Guanghan und Qionglai untersucht:

3.2.6 Das erste Beispiel: Der Markt von Xiangyang

Der Marktort Xiangyang liegt im Zentrum der Chengdu-Ebene. Er befindet sich im beschriebenen Kreis Guanghan, 10 km südwestlich von der Kreisstadt Luocheng entfernt. Xiangyang ist politisch und wirtschaftlich innerhalb der Provinz Sichuan ziemlich bekannt, weil es einerseits als Vorbild für die landwirtschaftliche Reform und andererseits als Modell für den Aufbau von Landstädten gilt.

3.2.6.1 Entstehung und Entwicklung des Marktes von Xiangyang

Nach lokalen Aufzeichnungen[104] war der Ort während der sog. Drei Reiche (221-263 n. Chr.) eine Poststation, die damals in je 30 km Entfernung am Postweg eingerichtet wurde, wobei die Postkutscher ihre Pferde wechseln oder Rast machen konnten. Allerdings sagt der frühere Ortsname „Lan-jia-dian" selbst klar aus, daß sich zum Beginn seiner Geschichte an diesem Ort Läden und Gasthäuser befanden, weil das Wort *dian* auf chinesisch „Ladengeschäft" bzw. „Gasthof" bedeutet.

Der Fluß Qingbaijiang durchquert Xiangyang und teilt den Marktort in zwei Hälften. Der traditionelle Markt entstand vor allem an beiden Seiten einer alten Brücke, weil sie die einzige Verbindung zwischen den beiden Teilen des Marktortes gewesen war. Dieses Phänomen kann man nicht nur in Xiangyang, sondern auch in vielen anderen traditionellen Marktorten in wasserreichen Gebieten beobachten.

Das traditionelle Marktzentrum befand sich hauptsächlich im nördlichen Teil des Marktortes. Die alte Geschäftsstraße, die an der alten Brücke (im SW der Karte) begann und an dem Feuergott-Tempel vorbeiführte, war etwa 220 Meter lang und sechs Meter breit. Rund 60 Läden waren während der Republik-Zeit (1912-1948) an dieser Straße angesiedelt. Der traditionelle Feuergott-Tempel wurde erst 1977 abgerissen. Gleichzeitig wurde an dieser Stelle ein Kino (heutiges Kulturzentrum) gebaut. Seitdem hat Xiangyang ein wichtiges Merkmal lokaler Identität verloren.

Der traditionelle Marktort umfaßte im Jahr 1948 ca. 0,02 km² , 1985 etwa 0,16 km² und 1993 0,7 km². Die gesamte Einwohnerzahl des Marktortes hat sich in der letzten Dekade mehr als verdreifacht.

---

[104] Kreischronik von Guanghan, S. 247-248, 1992.

Karte 11: Übersichtskarte des Marktes bzw. Marktortes von Xiangyang

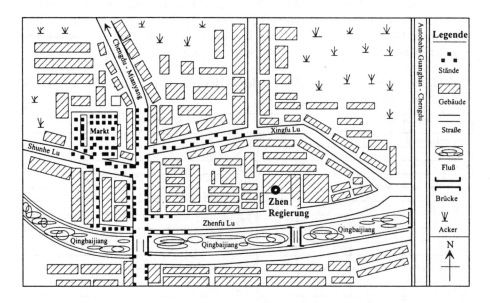

1985 konzentrierte sich der periodische Handel noch auf einem geschlossenen Platz (siehe Karte 11). Dieser Platz reichte jedoch bald schon nicht mehr aus. Heute befindet sich ein großer Teil des periodischen Handels an den Straßen. Der periodische Markt findet regelmäßig an 2-4-6-8-10 Tagen pro *xun* statt. Die Markttage werden heute allerdings gemäß dem modernen Kalender berechnet.

3.2.6.2 Merkmale und Funktionen des Marktes von Xiangyang

Der Markt von Xiangyang ist durch einen periodischen Handel von hoher Intensität gekennzeichnet. Er befindet sich im Wandlungsprozeß vom traditionellen, periodischen Markt zum modernen permanenten Marktzentrum.

Der periodische Markt findet sehr häufig statt. Mit ungewöhnlich dicht aufeinanderfolgenden Markttagen wandelt er sich allmählich zu einem täglichen Markt. Ein erkennbares Zeichen dafür ist, daß auch an Nicht-Markttagen zahlreiche Stände zu finden sind.

Das periodische Marktgeschehen dauert von 8 Uhr morgens bis 17:30 Uhr nachmittags. Die Marktdauer nähert sich der regulären Arbeitszeit der permanenten Ladengeschäfte an. Jeder Markttag zählt 10.000 bis 14.000 Besucher. Das bedeutet, daß sich an jedem Markttag eine Anzahl von Menschen einfindet, deren Höhe fast die gesamte Bevölkerung der Gemeinde von Xiangyang erreicht.

Bei der Untersuchung in Xiangyang[105] wurden auf dem periodischen Markt 457 freie Stände und im Marktzentrum 121 Läden und Dienstleistungsbetriebe gezählt.[106] Auf dem periodischen Markt überwiegen eindeutig die landwirtschaftlichen und nebengewerblichen Produkte, während das Angebotsspektrum bei dem stationären Handel hauptsächlich auf städtische Konsumgüter ausgerichtet ist (vgl. Tab. 29).

Tabelle 29: Das Angebotsspektrum des periodischen und stationären Handels in Xiangyang

Freie Stände	Zahl	Läden und Dienstleistungen	Zahl
Getreide/Futter	5	Getreide & Öl	1
Öl	1	Lebensmittel	10
Gemüse	116	Fleisch	1
Gemüsesaat	84	Tee	1
Obst	21	Kleider und Stoffe	21
Lebensmittel	11	Schuhe	4
Gewürze	5	Alltagswaren	2
Geflügel	25	Geschenkartikel	1
Fleisch	18	Kosmetikartikel	2
Fisch	4	Chemie	2
Tabak	3	Apotheke	1
Zigaretten	4	Eisenwaren	3
Alltagswaren	12	Elektrowaren	3
Kleider und Stoffe	51	landw. Produktionsmittel	1
Schneider	3	Möbel	5
Schuhe	13	Opfergaben	2
Werkzeuge/Eisenwaren	12	Gaststätten	21
Spielzeuge	1	Teehäuser	10
Bambusartikel	48	Friseure	8
Reparatur	6	Spielhalle & Kara'oke	7
Imbiß	5	Bar	4
Papierwaren	1	Reparaturen	5
Sonstiges	8	Sonstiges	6
Gesamt	457	*Gesamt*	121

Quelle: Eigene Erhebungen 1994.

Die Doppelfunktionen des Marktes von Xiangyang werden durch periodischen Markt und stationären Handel gemeinsam ausgeübt. Bei der Absatzfunktion übernimmt offensichtlich der periodische Markt die Hauptrolle. Er dient einerseits als Sammlungszentrum der überschüssigen Agrarprodukte und andererseits der Deckung des Haushalts- und landwirtschaftlichen Bedarfs. Bei der Versorgungsfunktion spielt

---

[105] Die Untersuchung bzw. Befragung auf dem periodischen Markt von Xiangyang wurden am 6., 8. und 10. Sept. 1994 durchgeführt.
[106] Die Warenstände, Läden und Dienstleistungsbetriebe im südlichen Teil gegenüber dem Fluß wurden bei der Untersuchung nicht mitgezählt.

der stationäre Handel die zentrale Rolle. Das gesamte Verkaufsvolumen des stationären und der gesamte Umsatz des periodischen Handels lag 1993 in der Gemeinde Xiangyang jeweils bei 10,8 bzw. 11,1 Millionen Yuan. Die beiden Märkte erscheinen in dem regionalen Handelssystem gleichgewichtig.

Neben wirtschaftlichen Funktionen hat der Markt von Xiangyang auch eine wichtige gesellschaftliche Bedeutung. Der periodische Markt ist das wichtigste Informations- und Kommunikationszentrum für die Bewohner des Einzugsgebietes. Am Marktort befinden sich zahlreiche Teehäuser und Gaststätten, die von den Marktbesuchern und –beschickern in ihrer Freizeit aufgesucht werden.

> To the rural Szechwanese an hour in a tea shop on fair day, drinking, smoking, and gossiping, takes the place of a more costly and sophisticated form of amusement. A cup of tea costs but a copper and there will be endless hot water supplied at no extra charge. If one has made a good sale a few delicacies and a pot of wine for one's friends are easily had for a small charge. It is in the tea shops and restaurants on fair day that news spread far and wide through rural Szechwan. The Szechwanese tea shop waiter is perhaps the noisiest waiter in the world. (J. E. Spencer, 1940, S. 56)

Diese Beschreibung ist auch heute noch für das rege Leben auf dem Markt von Xiangyang zutreffend.

3.2.6.3 Räumliche Organisation des periodischen Handels

In Xiangyang konnten 109 Händler und 106 Kunden direkt auf dem periodischen Markt befragt werden. Das waren ungefähr ein Fünftel der Marktbeschicker und ein Hundertstel der Marktbesucher.

Die absolute Mehrheit der Marktbeschicker (ca. 93%) waren Bauern, von denen über die Hälfte aus Xiangyang selbst kamen. Rund 20% der Marktbeschicker stammten aus den Nachbargemeinden und die verbleibenden 25% von außerhalb des Kreises Guanghan. Der durchschnittliche Radius des Herkunftsgebietes der Marktbeschicker betrug 6 km. Der Kundeneinzugsbereich ist in Xiangyang wesentlich kleiner als das Verkäufergebiet (vgl. Abb. 16). Der Untersuchung zufolge lag der durchschnittliche Radius des Ergänzungsgebietes bei nur 3,5 km. In diesem Kundenbereich leben etwa 26.000 Einwohner.

Nach der Befragung bot etwa ein Drittel der Marktbeschicker ausschließlich eigene Erzeugnisse auf dem Markt in Xiangyang an. Diese hauptberuflichen Landwirte Verkauften vorwiegend landwirtschaftliche Produkte, darunter Gemüse, Gemüse-Jungpflanzen, Geflügel und Eier usw. Hingegen gaben zwei Drittel der Marktbeschicker an, daß sie ihre Waren hauptsächlich aus den Großhandelsmärkten in Chengdu und in Guanghan bezogen. Das Angebot bestand überwiegend aus industriellen Produkten, darunter vor allem Kleider und Schuhe, Kurzwaren und Haushaltsartikel usw. Die Anbieter waren meistens hauptberufliche Händler auf den periodischen Märkten.

Abb. 16: Räumliche Organisation des periodischen Handels in Xiangyang

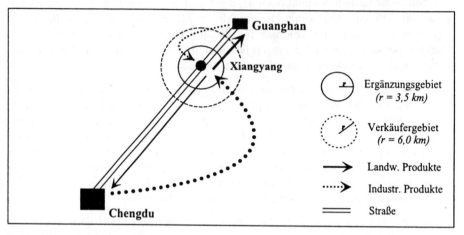

Quelle: Eigene Erhebungen 1994.

Abb. 17: Marktrotation der mobilen Händler in Xiangyang

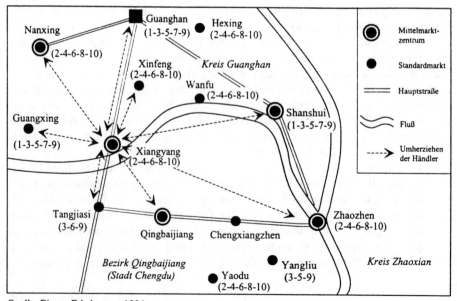

Quelle: Eigene Erhebungen 1994.

Zwar besuchten 70% der befragten Händler alle zwei Tage pro *xun* und 24% sogar jeden Tag den Markt in Xiangyang, jedoch suchten zahlreiche Händler neben dem Markt in Xiangyang noch andere Märkte auf. Die wichtigen Nachbarmärkte für solche Händler auf dem Markt von Xiangyang waren Tangjiasi, Luocheng, Guangxing, Shanshui, Qingbaijiang usw. Darüber hinaus wies die Untersuchung darauf hin, daß viele Händler in Xiangyang aus Nachbarmärkten wie Nanxing, Xinfeng, Zhaozhen kamen, obwohl diese dieselben Markttage wie Xiangyang haben (vgl. Abb. 17).

Zusammenfassend läßt sich feststellen, daß der traditionelle Markt von Xiangyang durch zunehmenden stationären Handel und wachsende periodische Marktaktivitäten seine Position in dem regionalen Marktsystem erhöht. Als Hauptursache steht die steigende lokale Kaufkraft im Vordergrund. Lag das bäuerliche Nettoeinkommen 1978 nur bei etwa 460 Yuan pro Kopf, so hat es sich 1993 auf 1405 verdreifacht. Die Tendenz ist, daß sich Xiangyang allmählich von einem periodischen zu einem täglichen Markt entwickeln wird.

3.2.7 Das zweite Beispiel: Der Markt von Pingluo

Der zweite Beispielmarkt heißt Pingluo (Pingle). Er befindet sich am südwestlichen Rand des Sichuanbeckens, etwa 20 km südwestlich von der Kreisstadt Qionglai entfernt. Der Markt Pingluo hat eine tausendjährige Geschichte. Nach historischen Aufzeichnungen im *Songshi* war er bereits während der Song-Dynastie (1101-1279) ein blühender Markt.[107] Heute ist Pingluo das größte Marktzentrum im Westen des Kreises Qionglai.

3.2.7.1 Entstehung und Entwicklung des Marktes von Pingluo

Für die Entstehung und Entwicklung des Großmarktes von Pingluo ist vor allem die besondere Lage bedeutsam. Pingluo liegt in einer typischen Beckenlage und ist von Gebirgen und Hügelland an allen Seiten umgeben. Der Fluß Baimujiang durchquert das Gebiet von Südwesten nach Norden und galt früher als eine wichtige Wasserstraße vom Südwesten nach Osten. Es besteht parallel eine Landstraße, die ab Xiaba östlich durch die Bergtäler verläuft. Erst in den 80er Jahren wurde die Straße von Pingluo nach Wuolong gebaut. Damit erhielt Pingluo Anschluß an die bedeutendste Zufahrtstraße von Sichuan nach Tibet.

Nach Brünger[108] hat die topographische Lage für die Entstehung und Entwicklung der ländlichen Siedlungen große Bedeutung besonders in der Zeit der „geschlossenen Dorfwirtschaft". Die Lage in einem lang gestreckten Flußbecken des Marktortes Pingluo begünstigt die räumliche Konzentration der Menschen- und Waren-

---

[107] *Qionglai Xianzhi* (Kreischronik von Qionglai), S. 866, Qionglai 1993.
[108] W. Brünger, 1961, S. 110.

ströme der Einzugsgebiete; die Fluß- und Straßenlage des Marktortes ermöglichen den Warenaustausch zwischen lokalen und ferneren Gebieten.

Pingluo gilt seit Anfang seiner Geschichte als das größte Marktzentrum im westlichen Teil des Kreises Qionglai, und zwar nicht nur regional, sondern auch überregional. Seine spezifischen Funktionen stehen mit dem Handel in den Übergangszonen zwischen der Chengdu-Ebene und den westlichen Berggebieten im Zusammenhang.

Während des Zeitraumes von 1911 und 1949 befanden sich am Marktort Pingluo bereits mehr als 300 Ladengeschäfte und feste Stände, die überwiegend Papier für religiöse Zwecke, Kleiderstoffe und Bambusartikel anboten. Außerdem gab es noch etwa 190 handwerkliche Heimbetriebe und Dienstleistungsunternehmen. An jedem 1., 4., und 7. Tag pro *xun* wurde regelmäßig ein periodischer Markt abgehalten. Die herkömmlichen Markttage erfuhren in der langen Geschichte des traditionellen Marktes nie eine Unterbrechung. Der periodische Markt unterteilte sich in zahlreiche Teilmärkte, unter denen der Papiermarkt, Reismarkt und Bambusartikelmarkt die größten waren.[109]

Lange Tradition hatte die lokale Erzeugung von Papier. Vor 1949 befand sich in Pingluo ein großer spezialisierter Papiermarkt, auf dem jährlich ca. 12.000 Tonnen Papier abgesetzt wurden. Es wurde von mehr als 200 lokalen handwerklichen Familienbetrieben erzeugt und hauptsächlich für religiöse Zwecke verwendet. Nach 1949 wurde der Markt für Totengeld in Pingluo geschlossen.

Allerdings wird die heimgewerbliche Industrie, die traditionell mit Bambusholz arbeitet, weiter beibehalten. Dabei werden die meisten Produkte aber nicht direkt auf dem lokalen Markt abgesetzt, sondern über Bestellungen in entfernte Absatzgebiete geliefert.

Bei unserer Untersuchung im September 1994 ergab sich, daß Pingluo insgesamt 405 stationäre Handels- und Dienstleistungsbetriebe hatte. Mehr als 1.100 Stände befanden sich an Markttagen auf den Straßen. Der Anteil des periodischen Marktes am gesamten Handelumsatz in Pingluo lag bei ca. 38%.

3.2.7.2 Merkmale und Funktionen des Marktes von Pingluo

Im Gegensatz zu dem ersten Beispielmarkt von Xiangyang ist es Pingluo offenbar bei der Planung und Modernisierung gelungen, die historische Landstadt und die traditionelle Kultur des alten Marktortes beizubehalten. Der periodische Markt findet heute hauptsächlich im Zentrum des alten *Zhen*ortes (Landstadt) statt. Die Markttage 1-4-7 pro *xun* werden nach wie vor gemäß dem traditionellen Mondkalender berechnet.

---

[109] *Historische Aufzeichnung der Marktorte von Sichuan in bezug auf die Wirtschaft*, Vol. 1, S. 215-218, Chengdu, 1986.

Provinz Sichuan 125

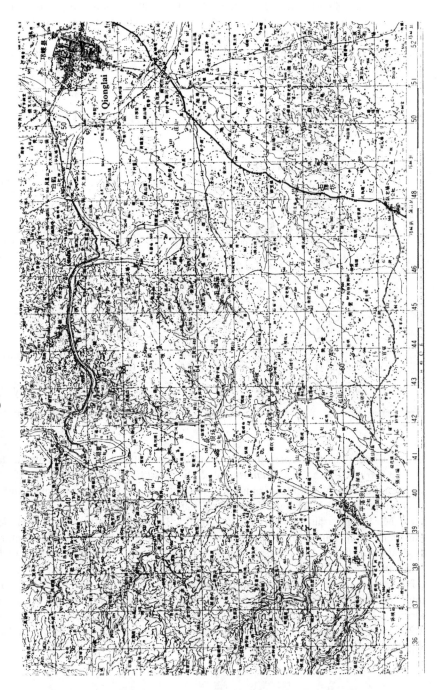

Karte 12: Standort des Marktes von Pingluo

Die periodischen Märkte in Pingluo bestehen aus zahlreichen Teilmärkten, die sich nach Warengruppen in verschiedenen Marktgeländen konzentrieren. Darunter waren zum Zeitpunkt unserer Marktuntersuchung im September 1994 der Geflügel- und Eiermarkt, der Gemüse- und Obstmarkt, der Kleider- und Stoffmarkt, der Getreide- und Futtermarkt, der Viehmarkt und der Bambusartikelmarkt am größten. Die Märkte und der Marktort werden in Karte 13 veranschaulicht.

Karte 13: Übersichtskarte des Zhenortes bzw. periodischen Marktes von Pingluo

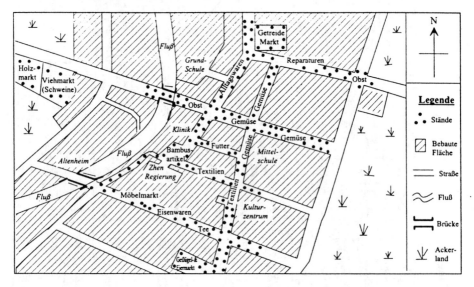

Die gesamte Fläche des periodischen Marktes beträgt ca. 2,7 ha und macht damit etwa 3,2% der Fläche des *Zhen*ortes aus. Die Marktfläche besteht zu ca. 95% aus offenen Straßen und Plätzen ohne Regenschutz. Für den Getreidemarkt und den Viehmarkt wurden Markthallen mit festen Ständen eingerichtet.

An Markttagen zählt der Ort bis zu 20.000 Besucher unterschiedlicher Herkunft und verdoppelt damit seine Bevölkerungszahl. Einige Straßen des Marktzentrums sind an Markttagen kaum passierbar, da sie mit Marktbeschickern und -besuchern überlaufen sind.

Das Angebotsspektrum der periodischen Märkte in Pingluo besteht zu zwei Dritteln aus landwirtschaftlichen und nebengewerblichen Erzeugnissen und zu einem Drittel aus industriellen Produkten. Die gesamte Zahl der Marktstände liegt bei ca. 1.200, von denen 28% Gemüse und Gemüse-Jungpflanzen, 20% Geflügel und Eier, 14% Textilien und Schuhe, 13% Alltagswaren anbieten.

Abb. 18:

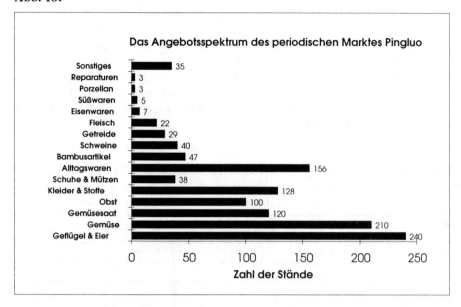

Quelle: Eigene Erhebung am 17. Sept. 1994.

Im Vergleich mit dem Beispielmarkt von Xiangyang im Kreis Guanghan hat der Markt Pingluo zwar ein ähnliches Angebotsspektrum, jedoch unterscheidet er sich wesentlich in seinem Marktausmaß. Die Zahl der Stände in Pingluo ist mehr als doppelt so hoch wie die in Xiangyang. Außerdem gibt es in Pingluo zwei Spezialmärkte: einen Geflügelmarkt und einen Viehmarkt. Diese sind in Xiangyang nicht vorhanden.

Die Untersuchungen in Pingluo und Xiangyang wiesen einen engen Zusammenhang zwischen dem periodischen Markt und dem stationären Handel auf. Bei der Befragung auf dem Markt in Pingluo waren über 80% der Marktstände für industrielle und handwerkliche Produkte mit einem Ladengeschäft an der gleichen Stelle verknüpft. Zur detaillierten Analyse wurden zwei Läden in Pingluo untersucht:

Laden A und B waren zwei Beispiele von insgesamt mehr als 350 privaten Ladengeschäften auf dem Markt in Pingluo. Die Geschäfte wurden zwar täglich betrieben, dennoch hing ihr Umsatz hauptsächlich von den periodischen Märkten ab.

Zahlreiche Händler besitzen eigene Läden, ziehen jedoch auch nach dem Prinzip der Marktrotation herum. Die Untersuchung in Pingluo bestätigte diesen Sachverhalt. Mehr als 60% der privaten Händler hatten nach Befragung noch eine zweite Verkaufstelle in den benachbarten Marktorten. Der Ladenbesitzer (B) aus der Tabelle 30 arbeitete an den Tagen 1-4-7 pro *xun* mit seiner Frau in Pingluo. An den

Tagen 2-5-8 pro *xun* arbeitete er mit seiner Schwester in seinem zweiten Laden auf dem Markt Wuolong. Gleichzeitig führte seine Frau das Geschäft in Pingluo weiter. An den Tagen 3-6-9 pro *xun* besuchte er mit seinen Kollegen den Markt in Jiaguan. Seine Läden wurden in dieser Zeit von seiner Frau und Schwester betrieben. Er gab an, einen dritten Laden in Jiaguan öffnen zu wollen, sobald er genügend Kapital haben würde. Hingegen wies die Ladenbesitzerin (A) darauf hin, daß sie ausschließlich in dem Geschäft in Pingluo tätig wäre. Ihr Mann arbeitete in einem Betrieb und ihr Kind ging zur Schule. Mit dem Geschäft erzielten sie ein für ländliche Betriebe durchschnittliches Einkommen.

Tabelle 30: Untersuchung zweier Ladengeschäfte auf dem Markt von Pingluo

	Laden A	Laden B
Eigentum	Privat	privat
Öffnungszeiten	täglich 8:00-17:00	täglich 7:30-17:00
Angebot	Schuhe: Lederschuhe, Sportschuhe, Kinderschuhe	Bekleidung Hemden, Hosen, Jacken, Pullover
Ladenfläche	15 m²	26 m²
Kapital	5.000-6.000 Yuan	8.000-10.000 Yuan
Warenherkunft	Großhandelsmärkte in Chengdu	Großhandelsmärkte in Chengdu
Tagesumsatz an Markttagen an Nicht-Markttagen	200-250 Yuan etwa 100 Yuan oder weniger	300-400 Yuan etwa 100 Yuan oder weniger
Zweite Geschäftsstelle	Keine	eine im Nachbarmarkt Wuolong
Betriebkosten: Miete Steuer u. Verwaltungsgebühren Transport	500 Yuan/Jahr 50-60 Yuan/Monat gering	1.000 Yuan/Jahr in Pingluo 500 Yuan/Jahr in Wuolong 85-100 Yuan/Monat (in Pingluo) gering
Gewinne	monatlich 300-350 Yuan	monatlich 500-600 Yuan pro Kopf
Anzahl der Beschäftigten	Eins	drei
Zahl der Familienmitglieder	Drei	fünf
*Hukou*zustand	ländlich	ländlich
Vertragsboden	besetzt von einem Gemeindebetrieb	2 Mu
Verpflichtungen	500 kg Getreidezulage pro Jahr wegen der anderweitigen Bodennutzung von der Gemeinde	Nach Vertrag wird jährlich über 500 kg Getreide an den Staat abgegeben

Quelle: Eigene Erhebungen 1994.

3.2.7.3 Räumliche Organisation des periodischen Handels in Pingluo

Von mehr als 1.000 Marktbeschickern und ca. 10.000 Marktbesuchern konnten bei unseren Untersuchungen im September 1994 insgesamt 367 Personen direkt auf dem periodischen Markt in Pingluo befragt werden, davon 43% Händler und 57% Kunden.

Etwa zwei Drittel der Händler waren lokale Einwohner; das andere Drittel stammte aus den Nachbargemeinden. Nur einzelne Händler kamen aus den Nachbarkreisen. Der durchschnittliche Radius des Herkunftsgebietes der Marktbeschicker betrug 5,5 km.

Hingegen kam mehr als die Hälfte der befragten Kunden aus den Nachbargemeinden und Nachbarkreisen. Der Anteil der Kunden mit lokaler Herkunft lag bei 45%. Der durchschnittliche Radius des Herkunftsgebietes der Marktbesucher betrug 7,5 km.

Nach den bisherigen Untersuchungen der periodischen Märkte scheint Pingluo eine Ausnahme zu sein. Es zeigte sich zum ersten Mal, daß das durchschnittliche Kundeneinzugsgebiet erheblich größer als das durchschnittliche Verkäufergebiet ist. Dafür gibt es zwei Erklärungsmöglichkeiten: Erstens bestand, wie oben bereits ausgeführt, eine Vielzahl der Marktbeschicker auf dem periodischen Markt in Pingluo aus Händlern, die neben ihren Marktständen noch eigene Läden oder feste Stände hatten. Der Anteil lag in Pingluo bei 40-60%. Ein zweiter Grund für das größere Einzugsgebiet der Marktbesucher ist die Tatsache, daß der Markt von Pingluo nach der Kreisstadt Linqiong das zweitgrößte Marktzentrum im Kreis Qionglai ist. Somit wird er von vielen auswärtigen Kunden aufgesucht, die auf ihren lokalen kleinen Märkten den Bedarf nicht decken können.

Für die Befragungen auf dem Markt von Pingluo ist eine gewisse Einschränkung hinsichtlich der Repräsentativität angebracht. Die Befragungen wurden in Pingluo hauptsächlich von 15 lokalen Kadern aus den Behörden durchgeführt. Bei Interviews mit den Händlern stießen sie im allgemeinen auf mehr Schwierigkeiten als bei der Kundenbefragung. Die lokalen Kader neigten dazu, nur solche Händler zu befragen, die sie kannten. Allerdings lieferten diese Befragungen auch die besten Informationen zu Fragen, die ansonsten von den Befragten oft verweigert oder nicht korrekt beantwortet wurden. In sämtlichen Fragebögen, die auf dem periodischen Markt von Pingluo ausgefüllt wurden, gab es kaum leere Stellen. Nach der Überprüfung vor Ort bestand kein Zweifel an der Glaubwürdigkeit der Umfrageergebnisse selbst.

In allen Befragungen standen die Händler, besonders die mobilen Händler, im Vordergrund. Durch Beobachtung ihres räumlichen Verhaltens läßt sich feststellen, wie sich die periodischen Märkte räumlich und zeitlich organisieren. Die Untersuchung in Pingluo zeigte, daß über die Hälfte der Händler im Laufe einer Marktwoche neben dem Markt von Pingluo noch ein bis zwei andere Märkte aufsuchte. Die am häufigsten frequentierten Strecken werden in Abbildung 19 dargestellt:

Abb. 19: Die am häufigsten frequentierten Strecken der mobilen Händler auf dem Markt von Pingluo

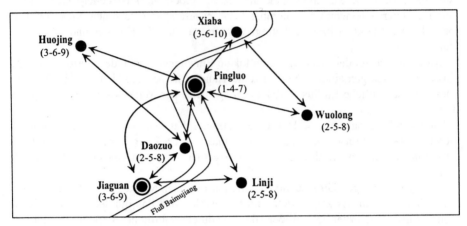

Quelle: Eigene Erhebungen 1994.

Abb. 19 zeigt, daß die Händler in Pingluo häufig auf vier Wegen umherziehen: 1) Pingluo-Wuolong-Xiaba; 2) Pingluo-Daozuo-Jiaguan; 3) Pingluo-Huojing-Daozuo; und 4) Pingluo-Linji-Jiaguan. Jeder Weg mit drei Märkten bildet einen fast geschlossenen Marktring. Die ersten zwei Strecken sind bei den mobilen Händlern in Pingluo besonders beliebt. Die Umfrage zeigt, daß 46% bzw. 30% der mobilen Händler in Pingluo jeweils auf dem ersten bzw. zweiten Weg rotieren. Der Hauptfaktor für diese Wahl ist vor allem die räumliche Distanz zwischen Wohnort und Markt. Man sucht normalerweise die Märkte auf, die in der Nähe des Wohnortes liegen. Aber für solche Händler, die direkt im Marktort Pingluo wohnen, dominieren die wirtschaftlichen vor den räumlichen Faktoren. Sie suchen bessere Absatz- und Gewinnmöglichkeiten und beschicken regionale große und bedeutendere Märkte. Dabei stehen in dieser Region nach Pingluo die Märkte von Wuolong und Jiaguan im Vordergrund, weil Wuolong auf der Hälfte der Strecke an der Landstraße von Pingluo zur Kreisstadt Linqiong liegt und Jiaguan zu einem der regional größten Marktzentren zählt.

Im Vergleich zum ersten Beispielmarkt von Xiangyang unterscheidet sich der Markt von Pingluo in vieler Hinsicht: Er besitzt größere Ausmaße, ein umfassenderes Warenangebot, eine unterschiedliche raum-zeitliche Ausprägung des periodischen Handels usw. Die beiden Märkte befinden sich in unterschiedlichen Entwicklungs-phasen. Xiangyang wandelt sich rasch von einem traditionellen periodischen zu einem modernen permanenten Marktzentrum, während Pingluo weiterhin den traditionellen Charakter beibehalten hat.

3.3 Periodische Märkte in Wuzhong/Ningxia

Zur Darstellung der periodischen Marktsysteme in Nordwestchina wurde die Stadt Wuzhong im Autonomen Gebiet Ningxia ausgewählt. Wuzhong liegt im Zentrum der Yinchuan-Tiefebene am Oberlauf des Huanghe (Gelber Fluß) und grenzt an die Kreise Linwu, Qingtongxia, Zhongning und Tongxin. Die Stadt ist in drei *zhen* und 14 Gemeinden (*xiang*) untergliedert, nämlich Wuzhong *zhen*, Jinji *zhen*, Jinyintan *zhen*, Shangjiao *xiang*, Dongta *xiang*, Gucheng *xiang*, Zaoyuan *xiang*, Chenyuantan *xiang*, Banjiao *xiang*, Qingqu *xiang*, Majiahu *xiang*, Malianqu *xiang*, Hanqu *xiang*, Yiangmahu *xiang*, Gaozha *xiang*, Biandangou *xiang* und Huangshawo *xiang*. Mit 70 km Süd-Nord-Ausdehnung und 24 km Ost-West-Ausdehung beträgt die gesamte Fläche 1112 km².

Topographisch sind zwei Subregionen in Wuzhong zu unterscheiden. Nördlich liegt das Huanghe-Bewässerungsgebiet und südlich ein Hügelland. Flächenmäßig sind die beiden Subregionen fast gleich groß (49% und 51%).

Wuzhong gilt als gut entwickeltes Gebiet in Ningxia, obwohl im allgemeinen Ningxia zu den wirtschaftlich und gesellschaftlich rückständigen Gebieten in China zählt. 1991 betrug das Pro-Kopf-Einkommen in Wuzhong 1.558 Yuan gegenüber 894 Yuan in Ningxia und 1.360 Yuan in China. Dank des hochentwickelten Bewässerungssystems ist Wuzhong traditionell die wichtigste landwirtschaftliche Produktionsbasis in Ningxia.

Die Sozialstruktur ist vor allem durch den hohen Anteil der Hui-Bevölkerung gekennzeichnet. 1992 lebten 270.000 Einwohner im Kreis, darunter waren 56% Angehörige der Hui. Dieser Anteil ist mehr als 20% höher als der Durchschnittswert im Autonomen Gebiet Ningxia, das als die einzige Autonome Provinz der Hui-Minderheiten in China gilt. Die moslemische Kultur beeinflußt dort alle Bereiche der Gesellschaft.

In Wuzhong ist die Bevölkerung zu zwei Dritteln ländlich und zu einem Drittel städtisch. Die ländliche Bevölkerung verteilt sich auf insgesamt 93 Verwaltungsdörfer bzw. 702 natürliche Dörfer. Die städtische Bevölkerung konzentriert sich in den drei *zhen*-Orten Wuzhong, Jinji und Jinyintan.

Die günstige Verkehrsanbindung spielte bei der Entwicklung der Landstädte eine wichtige Rolle. Heute ist Wuzhong durch ein ziemlich dichtes, gut entwickeltes Straßennetz erschlossen, an das fast sämtliche Dörfer angebunden sind. Wuzhong *zhen* ist das regionale Zentrum, der Sitz der Kreis- und der Präfekturregierung.

3.3.1 Entstehung und Entwicklung der periodischen Märkte

Historischen Aufzeichnungen zufolge wurde Wuzhong früher auch „Wuzhong-Burg" genannt und gehörte zu einem Teilgebiet von Linzhou (heute Linwu). Seit der Han-Dynastie (206 v. Chr.) galt diese Region als Grenz- und Übergangsgebiet zwischen den Minderheiten, die Nomadenvölker waren und meist außerhalb der chinesischen

Großen Mauer siedelten, und den Han-Chinesen, die hauptsächlich am Huanghe siedelten und sich überwiegend mit Landwirtschaft bzw. mit dem Ackbau beschäftigten. Der Handel entstand somit in diesen Kontaktzonen zwischen den beiden Völkern zuerst durch den Austausch von Viehzucht- und Agrarprodukten. In der Yuan-Dynastie (1271-1368) kamen die Araber und Bosnier hierher und siedelten in dieser Region und in den umliegenden Gebieten. Sie sind die Vorfahren der heutigen Hui-Minderheiten. Sie brachten nicht nur arabische Handwerkskunst, sondern auch die Tradition des Handels mit. In der Ming-Dynastie (1368-1644) wurde die Region als wichtiges Grenzgebiet angesichts seiner militärischen Bedeutung in großem Maß erschlossen. Das traditionelle Bewässerungssystem des Huanghe und das bestehende Wasserverkehrsnetz wurden dabei erheblich verbessert. In der Qing-Dynastie (1644-1911) war Wuzhong bereits als eine Region mit hochentwickelter Ackerkultur landesweit bekannt.[110]

Um 1927 existierten im heutigen Verwaltungsgebiet der Stadt Wuzhong insgesamt vier periodische Märkte bzw. Marktorte, nämlich Wuzhong-Burg, Jinji-Burg, Qingba-Burg und Hanbo-Burg.[111] Jeder hatte noch mehrere kleine Märkte, der Großmarkt fand aber in Wuzhong-Burg statt (siehe Karte 14 im Anhang).[112]

Zu dieser Zeit war der Huanghe in Ningxia noch schiffbar. Die periodischen Märkte von Qingba-Burg und Hanbo-Burg lagen an den Kanälen von Qingqi und Hanbo, so daß ihre Wasserverkehrsbedingungen außerordentlich günstig waren. Nach dem Aufbau der Eisenbahnlinien und dem Ausbau der Fernstraße von Baotou nach Lanzhou in den 50er Jahren verringerte sich die Bedeutung des Wasserverkehrs. Die periodischen Märkte von Qingba-Burg und Hanbo-Burg sind daher untergegangen. Hingegen gewannen die periodischen Märkte von Wuzhong[113] und Jinji an Bedeutung, weil sie an den bedeutenden Fernstraßen gelegen sind. Wegen des Baus des großen Wasserkraftwerks bzw. des Staudamms von Qingtongxia in den 60er Jahren wurde der Wasserverkehr auf dem Huanghe gesperrt und ist seitdem nicht mehr möglich. Als Folge dieser Maßnahme sind einige periodische Märkte am Fluß verfallen, darunter z.B. die periodischen Märkte von Qingba-Burg und von Hanbo-Burg (siehe Karte 15 im Anhang).

Anfang der 80er Jahre entstand ein neuer Markt am Ort Jinyintan, wo ein großes staatliches Unternehmen hinverlagert worden war. Weil der zhen-Ort Jinyintan gerade neun Kilometer südöstlich von Wuzhong entfernt liegt, wird als Ortsname auch „Jiu-gong-li"(9 Kilometer) verwendet. Der Markt von Jinyintan findet nach dem Rhythmus 1-4-7 statt, der erst 1984 von dem zuständigen Verwaltungsamt (VAfIH) festgelegt wurde.

---

[110] *Territoriale Ressourcen in Ningxia*, S. 40-56, 1987.
[111] Burg bezieht sich auf eine Festung bzw. eine große Siedlung in den Grenzgebieten.
[112] *Shuofangdaozhi*, Vol. 2: „Markt", S. 32, 1927.
[113] Nach 1949 wurde der Ortsname Wuzhong-Burg geändert, weil Wuzhong 1950 zur Verwaltungseinheit *shi* (Stadt) erhoben wurde. Dasselbe galt für Jinji-Burg, weil Jinji Anfang der 50er Jahre der Sitz des Keises Jinji wurde.

Obwohl die Anzahl der periodischen Märkte in der Region Wuzhong wegen der Auflösung der periodischen Märkte von Qingba-Burg und Hanbo-Burg in der vergangenen Zeit abgenommen hat, bleibt die funktionale Bedeutung des Marktnetzes in dieser Region bestehen. Die Stellung der weiterhin existenten periodischen Märkte hat sich erhöht und ein neuer Markt ist hinzugekommen.

Als Ursache für diesen Entwicklungsprozeß scheint hier auch die Verkehrslage für den Fernhandel besonders erwähnenswert. Wuzhong, das im Zentrum der Yinchuan-Tiefebene liegt, ist ein Verbindungspunkt zwischen Westchina und Ostchina bzw. Zentralchina. Dabei gibt es mehrere Durchgangsstraßen, darunter z. B. die Verbindungen Wuzhong-Huanxian-Binxian-Chang'an, Wuzhong-Yinchuan-Shizuishan-Baotou und Wuzhong-Zhongwei-Lanzhou. Es ist also nicht verwunderlich, daß sich der periodische Markt von Wuzhong im Laufe der Zeit zu einem landesweit bekannten Großmarkt entwickelt hat.

Man kann feststellen, daß die Grundform des periodischen Marktnetzes von Wuzhong und von Ningxia bereits zu Anfang des 20. Jahrhunderts vorhanden war (vgl. Karte 14 und Karte 15), auch wenn einige periodische Märkte verschwunden und mehrere neue Märkte hinzugekommen sind. Die konkrete Anzahl der städtischen und ländlichen Märkte wird in Tabelle 31 zusammengestellt. Von insgesamt 157 städtischen und ländlichen Märkten haben 85 (52%) bereits vor 1949 existiert; 20 Märkte (13%) bzw. 52 Märkte (33%) wurden in der Periode von 1949 bis 1978 und nach 1978 eingerichtet.

3.3.2 Merkmale und Funktionen einzelner Märkte in Wuzhong

Alle drei periodischen Märkte in der Landstadt Wuzhong wurden im Sommer 1993 untersucht. Gespräche wurden mit den verschiedenen Behörden geführt, insbesondere mit den lokalen zuständigen Verwaltungsämtern für Industrie und Handel in Wuzhong, Jinji und Jinyintan. Außerdem sind insgesamt 350 Marktbeschicker und 305 Markthändler direkt auf den periodischen Märkten am jeweiligen Marktort befragt worden.

Der Markt Wuzhong liegt im *zhen*-Ort von Wuzhong. Er umfaßt einen Hauptmarkt (*Wuzhong shichang*), einen Kleinwarenmarkt, einen Gemüsemarkt, einen Schweinefleischmarkt, einen Kohlemarkt und einen Geflügelmarkt sowie einen Großhandelsmarkt für Gemüse. Alle Märkte haben eigene Plätze. Außer den Märkten am *zhen*-Ort befinden sich am Rand des Marktortes noch andere Märkte, darunter ein Tiermarkt. Alle Märkte finden am selben Markttag statt. Die Markttage sind 3-6-9 pro *Xun* nach dem modernen Kalender. Das heißt, an jedem 3., 6., 9., 13., 16., 19., 23., 26. und 29. eines Monats finden die periodischen Märkte statt. Die Märkte am 3., 13. und 23. sind Großmärkte, weil der Zeitabstand zum vorherigen Markt (9. Tag) einen Tag länger ist. Allerdings ist der Unterschied zwischen den großen Märkten und den übrigen Märkten nicht sehr ausgeprägt.

Tabelle 31: Märkte und Marktentstehung in verschiedenen Perioden nach Kreisen/Städten, Ningxia

Region	Gesamte Zahl der Märkte	Entstehung der Märkte					
		Vor 1949		1949 - 1978		1978 - 1984	
		Anzahl	Anteil (%)	Anzahl	Anteil (%)	Anzahl	Anteil (%)
Stadt Yinchuan	17	2	12	5	29	10	59
Kreis Yongning	4	2	50			2	50
Kreis Helan	5	4	80			1	20
Stadt Shizuishan	13	1	8	6	46	6	46
Kreis Pingluo	7	5	71	2	29		
Kreis Taole	1					1	100
Landstadt Wuzhong	3	2	67			1	33
Kreis Qingtongxia	6	3	50	1	17	2	33
Kreis Linwu	3	2	67	1	33		
Kreis Zhongning	7	5	72	1	14	1	14
Kreis Zhongwei	7	5	72			2	28
Kreis Yanchi	3	3	100				
Kreis Tongxin	9	6	67			3	33
Kreis Guyuan	17	10	59	1	6	6	35
Kreis Pingyang	14	7	50	3	21	4	24
Kreis Haiyuan	8	7	88			1	12
Kreis Xiji	19	13	68			6	32
Kreis Longde	10	6	60			4	40
Kreis Jingyuan	4	2	50			2	50
Gesamt	157	85	54	20	13	52	33

Quelle: 1) Verschiedene Kreischroniken in Ningxia 1900-1980.
2) Eigene Berechnung auf der Grundlage der Angaben des VAfIH in Ningxia 1978-1990.

Außerdem findet einmal im Jahr noch ein Tempelfest (*maohui*) statt, das in der heutigen Zeit als *Wuzi Jiaoliu dahui* (Messe) bezeichnet wird. Die Messe wird jedes Jahr ab dem 13. September bis Ende September veranstaltet. Die Zahl der Besucher erreicht an Messetagen 80.000-100.000, während sie an normalen Markttagen zwischen 50.000 bis 60.000 liegt.

Nach unserer Beobachtung hat der Hauptmarkt (*Wuzhong shichang*) von Wuzhong heute keine Ruhetage mehr. Jeden Tag befinden sich Händler und Kunden auf dem Marktplatz. Aber die Zahl der Stände und der Marktbeteiligten zeigt doch große Unterschiede zwischen Markttagen und Nicht-Markttagen.

Der Hauptmarkt befindet sich in einem ausgedehnten Raumkomplex mit vier großen Verkaufshallen. Die Nutzfläche beträgt 21.000 m², auf der 2.987 feste Stände errichtet wurden. Der gesamte Aufbau der Gebäude hat über 3 Mill. Yuan gekostet. Die Investitionen wurden zu 30% von dem zuständigen Verwaltungsamt (VAfIH), zu 10% von der lokalen Regierung, zu 30% durch *jizi*[114] und im übrigen durch Bankkredite gedeckt. Derzeit ist neben der bestehenden Markthalle ein neues Gebäude im Bau.

Bei der Marktuntersuchung am 12. August 1993 wurden allein auf dem Hauptmarktplatz von Wuzhong insgesamt 1.350 Stände erhoben, davon handelten 41% mit Textilien, 18% mit Gemüse, 14% mit Obst, 8% mit Kleinindustriewaren, 6% mit Schuhen, 5% mit Haushaltsartikeln, 3% mit landwirtschaftlichen Geräten, 2% mit Möbeln, 3% boten Imbisse, Reparaturen und andere Dienstleistungen an. Der Tagesumsatz wurde auf 500.000-600.000 Yuan geschätzt. Die Besucherzahl lag zwischen 20.000 und 30.000.

Tabelle 32: Merkmale der individuellen periodischen Märkte in der Stadt Wuzhong

Markt	Wuzhong	Jinji	Jinyintan
1) Standort	Zhenort Wuzhong	Zhenort Jinji	Zhenort Jiugongli
2) Markttage	3-6-9	2-5-8	1-4-7
3) Marktgröße	166 Mu	63 Mu	50 Mu
4) Marktbeteiligte	50.000-60.000	5.000-10.000	2.000-4.000
5) Jahresumsatz 1992 (in Mill. Yuan)	156,92	11,62	7,45
6)* Durchschnittlicher Radius des Kundenbereiches (km)	8,22	4,80	4,48
7)* Durchschnittlicher Radius des primären Verkäufergebietes (km)	8,2	4,2	4,3
8)* Dursnchnittlicher Radius des sekundären Verkäufergebietes (km)	120	46	44
9) Einwohnerzahl des Marktortes (1992)	54.596	21.830	30.907

Anmerkung:* Vgl. „Ergänzungsgebiet und Verkäufergebiet" in Abschnitt 3.2.6.3 und 3.2.7.3.
Quelle: 3) - 5) Nach Angaben von VAfIH in Wuzhong, Jinji und Jinyintan.
6) - 9) Nach eigenen Erhebungen 1993.
10) Nach dem Statistikjahrbuch der Stadt Wuzhong 1993.

Der Markt Jinji liegt am *zhen*-Ort Jinji, 8 km südwestlich von Wuzhong. Die Markttage sind 2-5-8. Bei diesem 3-Tage-Rhythmus ergibt sich, daß die periodischen Märkte am 2., 12., 22. eines Kalendermonats relativ größer als die anderen Märkte sind.

Bei der Untersuchung haben wir 869 Stände auf dem periodischen Markt in Jinji gezählt. Die Unterschiede des Angebotsspektrums zum Großmarkt von Wuzhong waren offenkundig: Der Anteil der Stände für Gemüse und Obst (43%) war größer,

---

[114] *Jizi:* Beschaffung von Kapital durch Sammlung bei privaten Händlern und Unternehmern.

der von Textilien (13%) kleiner. Der Tagesumsatz (80.000-100.000 Yuan) war geringer, und es waren weniger Marktbesucher (5.000-6.000) vorhanden.

Der Markt Jinyintan (Jiugongli) entwickelte sich aus einem kleinen Straßenmarkt im Wohngebiet eines großen staatlichen Unternehmens in Jiugongli. 1984 wurde er durch die lokale *zhen*-Behörde offiziell eingerichtet. Zugleich wurde ein neuer Marktplatz mit über 100 festen Ständen mit einfachem Schutzdach errichtet. Um die Konkurrenz mit den benachbarten Märkten Wuzhong (3-6-9) und Jinji (2-5-8) zu vermeiden, wurden für Jinyintan die Markttage 1-4-7 festgelegt.

Der Markt von Jinyintan ist noch kleiner als der in Jinji. Insgesamt 388 Stände und 370 Tiere haben wir am Markttag gezählt. Bei dem Angebotsspektrum auf dem Markt überwogen eindeutig die Stände mit landwirtschaftlichen Produkten (ca 60%). Allerdings war der durchschnittliche Tagesumsatz relativ hoch, weil der Wert der Tiere ziemlich groß war. Im Juli 1993 erreichte der durchschnittliche Tagesumsatz gut 90.000 Yuan. Die Zahl der Marktbeteiligten schwankte je nach Jahreszeit zwischen 2.000 und 4.000.

Die Unterschiede der periodischen Märkte von Wuzhong, Jinji und Jinyintan sind offenkundig. Wuzhong ist ein regionaler großer Markt mit sowohl Einzelhandels- als auch Großhandelsfunktion. Er ist zwar noch ein periodischer Markt, aber der periodische Charakter ist nicht so ausgeprägt wie der der benachbarten Märkte von Jinji und Jinyintan. Letztere sind typische periodische ländliche Märkte.

Im folgenden wird ein Index entwickelt, der als Maß für den ländlichen Charakter eines periodischen Marktes dienen soll. Der LCI (ländlicher Charakter-Index) = LNP/IPD, wobei LNP den Anteil des Umsatzes von Landwirtschafts- und Nebenprodukten, IPD den Anteil des Umsatzes von industriellen Produkten und Dienstleistungen am gesamten Markthandel angibt. Dem monatlichen Umsatz des Markthandels in Tabelle 33 zufolge werden die Indizes (LCI) für die periodischen Märkte in Wuzhong wie folgt berechnet: Wuzhong (0,93), Jinji (2,34) und Jinyintan (12,9). Je höher der Wert ist, desto größer sind die Anteile der Landwirtschafts- und Nebenprodukte am gesamten periodischen Markthandel und desto stärker sind die Kennzeichen eines ländlichen Marktes ausgeprägt.

3.3.3 Organisation des periodischen Marktsystems in Wuzhong

Kein Markt bzw. Marktort existiert für sich allein, sondern er befindet sich in einem Umfeld, das berücksichtigt werden muß. So ist die Stellung des periodischen Marktes im Marktsystem des Kreises Wuzhong bzw. im Autonomen Gebiet Ningxia nicht zu verstehen, ohne daß dieser Markt bzw. Marktort als ein Element des gesamten räumlichen und zeitlichen Marktsystems gesehen wird. Zum Verständnis der periodischen Märkte von Wuzhong muß die räumlich größere Region des Autonomen Gebiets betrachtet werden.

Wuzhong/Ningxia 137

Tabelle 33: Monatsumsatz des Markthandels nach Warengruppen

	Wuzhong		Jinji		Jinyintan	
Sorte	Umsatz (Yuan)	%	Umsatz (Yuan)	%	Umsatz (Yuan)	%
Getreide	297.100	2,8	9.548	1,7	39.764	4,8
Futter	20.400	0,2	5.120	0,9	10.392	1,3
Speiseöl	255.800	2,3	23.000	4	37.920	4,6
Gemüse	696.220	6,5	68.880	11,9	84.040	10,2
Obst	776.100	7,2	39.700	6,9	36.120	4,4
Fleisch	1.234.000	11,5	134.800	23,4	368.500	44,6
Geflügel	940.000	8,7	11.020	1,9	50.300	6,1
Fisch	760.000	7,1	3.000	0,5	0	0
Haustiere	85.000	0,8	68.000	11,8	28.800	3,5
Lasttiere	0	0	20.900	3,6	92.975	11,2
Körbe u. Matten	101.400	0,9	480		420	
Tontöpfe	6.400		600	0,1	1.080	0,1
Landw. Geräte	12.000	0,1	19.730	3,4	3.700	0,4
Kleider	720.000	6,7	78.000	13,5	29.900	3,6
Kleiderstoffe	600.000	5,6	20.000	3,5	11.000	1,3
Schuhe	300.000	2,8	15.000	2,6	3.600	0,4
Kleinindustriewaren	200.000	1,9	27.000	4,7	2.100	0,2
Gebrauchte Wagen	720.000	6,7	0	0	0	0
Gebrauchte Räder	13.500	0,1	0	0	0	0
Kohle	65.000	0,6	18.000	3,1	8.075	1
Leder	2.935.800	27,3	10.500	1,8	0	0
Chines. Medikamente	0	0	400		13.500	1,6
Sonstiges	21.400	0,2	4.436	0,7	5.496	0,7
Gesamt	10.463.020	100	578.114	100	827.682	100

Quelle: 1) Monatsbericht vom Verwaltungsamt (VAfIH) in Wuzhong, Juli 1993.
2) Monatsbericht vom Verwaltungsamt (VAfIH) in Jinji, Juli 1993.
3) Monatsbericht vom Verwaltungsamt (VAfIH) in Jinyintan, Juli 1993.

3.3.3.1 Hierarchie der periodischen Märkte im regionalen Marktsystem

Innerhalb des regionalen Marktsystems besteht eine deutliche Rangordnung der periodischen Märkte. Obwohl bei unserer Untersuchung 1993 umfangreiches Datenmaterial über die Märkte in der Landstadt Wuzhong erhoben wurde, mangelte es jedoch an aktuellen Daten über alle individuellen Märkte im gesamten Autonomen Gebiet Ningxia, und sie waren auch in der Untersuchungsperiode mit eigener Arbeitskraft kaum zu erzielen. Glücklicherweise haben wir das einzige verfügbare Handbuch über die periodischen Märkte bei dem provinziellen Verwaltungsamt für Industrie und Handel gefunden. Dabei ergab sich eine komplette Liste aller Märkte von Ningxia im Jahr 1984. Wenigstens haben wir ein grobes Kriterium, nämlich die durchschnittliche Anzahl der Marktbeteiligten pro Markttag, zur Klassifikation der Rangordnung des periodischen Marktsystems im Autonomen Gebiet verwenden können. Tabelle 34 zeigt die vierstufige Rangordnung der 44 Märkte in insgesamt 11 Kreisen/Städten in der Yinchuan-Tiefebene.

Tabelle 34: Rangordnung der Märkte in der Region der Tiefebene Yinchuan

Rangordn.	Anzahl der Marktorte	Namen der Marktorte und Zahl der Marktbesucher
Stufe 1	10	Wuzhong (40.000), Yinchuan (30.2000)*, Xiaoba (30.000), Shizuishan (29.900)*, Yanghe (37.000)*, Pingluo (30.000), Zhongning (20.000)*, Qingtongxia (20.000)*, Dawukou (18.700)*, Zhongwei (15.000)*
Stufe 2	6	Lijin (20.000), Baofeng (18.000), Huangqujiao (16.000), Yiaofu (15.000), Ligang (15.000), Linwu (13.000)
Stufe 3	17	Jinji (8.000), Xigang (5.000), Xuanhe (5.000), Pinluo-Bahnhof (5.000)*, Chongxin (4.500), Jinggui (4.000), Zhenluo (3.000), Touzha (3.000), Dashuigou (2.500), Qujing (2.000), Jinyintan (2.000), Mingsha (2.000), Changxin (2.000), Rouyuan (2.000), Zhaoyuan (1.500), Yeshen (1.000),Yongkang (1.000),
Stufe 4	11	Enhe (500), Shikong (500), Majiatan (500), Nuanquan (300), Wanghong (200), Wangyuan (200), Baima (200), Changle (200), Taole (150)*, Xiaheyan (120), Honglefu (100)

Anmerkung: * Täglicher Markt.
Quelle: Handbuch der periodischen Märkte von Ningxia 1984.

Offenkundig existiert eine Hierarchie der periodischen Märkte bzw. Marktorte in der oben genannten Region. In Stufe 1 befinden sich zehn zentrale Märkte (Z-Märkte), die regional und überregional von Bedeutung sind. Abgesehen von den großen städtischen Märkten der Provinzhauptstadt Yinchuan und der Industriestadt Shizuishan (Dawukou) sind alle Z-Märkte in den jeweiligen Kreissitzen gelegen. Wuzhong mit dem höchsten Wert ist der größte periodische Markt im ganzen Gebiet. Nahezu alle Z-Märkte finden täglich statt. Der Kundenbereich pro Z-Markt umfaßt im Durchschschnitt 11 Gemeinden bzw. 102 Verwaltungsdörfer mit ca. 168.000 Einwohnern[115].

Stufe 2 beinhaltet sechs Mittelmärkte (M-Märkte), die in dem zentralörtlichen Marktsystem zwischen dem Z-Markt und dem Standardmarkt angeordnet sind. Lijin, Baofeng, Huangqujiao, Yiaofu, Ligang und Linwu sind regional einflußreiche *zhen*-Orte. Der Kundenbereich pro M-Markt umfaßt etwa 5,5 Gemeinden mit 68.000 Einwohnern.

---

[115] Ländliche Bevölkerung 1992.

In Stufe 3 befinden sich die Standardmärkte (S-Märkte). Die meisten S-Märkte finden am Ort der Gemeinde- oder *zhen*-Regierung statt. Eine Ausnahme ist der periodische Markt von Xigang, der im Kreissitz von Helan angesiedelt ist. Die Bevölkerungszahl von solchen Gemeinden/*zhen* liegt zwischen 10.500-32.000. Die S-Märkte finden periodisch statt. Die Markttage sind 1-4-7, 2-5-8 und 3-6-9 pro *xun*. Der Markt am Bahnhof von Pingluo ist allerdings ein täglicher Markt.

Es gibt elf Kleinmärkte (K-Märkte) der vierten Stufe, die nur lokal von Bedeutung sind. An Markttagen besuchen 100-500 Kunden und Händler den K-Markt. Die K-Märkte sind zumeist einfache Gemüsemärkte, obwohl auch andere Waren angeboten werden.

Das regionale Marktsystem wird gebildet von den oben genannten Märkten mit den unterschiedlichen Rangstufen. Jeder Markt hat seine Stellung im Marktsystem. Obwohl die Märkte bzw. Marktorte räumlich dispers verteilt liegen, sind sie durch „Energieströme", d.h. durch Menschen- und Warenströme, miteinander verflochten.

3.3.3.2 Ein Gegenbeispiel für neue Marktentwicklung

Bei der Entwicklung und dem Aufbau eines neuen Marktes sollte man darauf achten, wie der neue Markt dem regionalen Marktsystem zugeordnet wird. Leider ist es immer wieder passiert, daß neue Märkte bzw. Marktorte nach dem persönlichen Interesse einzelner eingerichtet wurden. Solche Fälle sind im Autonomen Gebiet Ningxia häufig zu beobachten. Der Markt von Honglefu ist ein Beispiel (siehe Karte 16).

Der Markt von Honglefu liegt in der Gemeinde Xiakou des Kreises Qingtongxia. Er wurde erst in Juni 1993 in Betrieb genommen. Mit insgesamt 15 Millionen Yuan Investitionen wurden ein riesiger geschlossener Marktplatz mit 440 festen Ladenlokalen und fünf gedeckten Markthallen gebaut, zusätzlich noch ein luxuriöser Tanzsaal, Hotel und Restaurant sowie ein Parkplatz am Rand des Marktes. 200 Telephone wurden zum Zweck des Markthandels angeschlossen. Die Ausstattung lag zweifellos an der Spitze aller ländlichen Märkte, die wir 1993/1994 in sechs chinesischen Provinzen besucht haben. Dennoch war der Markt der kleinste mit dem niedrigsten Wert (vgl. Tabelle 34). Was wir an Markttagen (1-4-7) sehen konnten, waren nur wenige Dutzende von Beschickern mit einfachen Produkten, überwiegend Gemüse, Obst und Fleisch. Die meisten Gebäude auf dem Marktplatz waren leer und unbesetzt. Nach Auskunft des Verwaltungsamtes wurden zu dem Zeitpunkt weniger als 1% der Räume dieses Marktes benutzt.

Wie erklärt sich die Situation des Marktes von Honglefu? Wieso konnte sich hier nicht ein normaler Markt entwickeln? Die Antwort ergibt sich aus dem Standort und der Anziehungskraft des Marktes. Honglefu liegt sowohl in den Ergänzungsgebieten des S-Marktes Jinji und des M-Marktes Qingtongxia als auch des Z-Marktes Wuzhong. Die Entfernungen zu diesen drei Märkten sind jeweils nur 3 km, 7 km bzw. 13 km. Die meisten Bewohner der Gemeinde Xiakou besuchen gewöhnlich den periodischen Markt in Jinji (2-5-8). Wenn es nötig ist, besuchen sie auch den täglichen Markt in Qingtongxia oder den Großmarkt in Wuzhong (3-6-9). Obwohl die Markttage (1-4-7) von Honglefu mit Absicht so festgelegt wurden, daß die Konkurrenz mit den benachbarten Märkten von Jinji und Wuzhong vermieden wurde, fehlt dem Markt von Honglefu dennoch die Anziehungskraft.

Karte 16: Räumliche Organisation der periodischen Märkte in der Region von Wuzhong

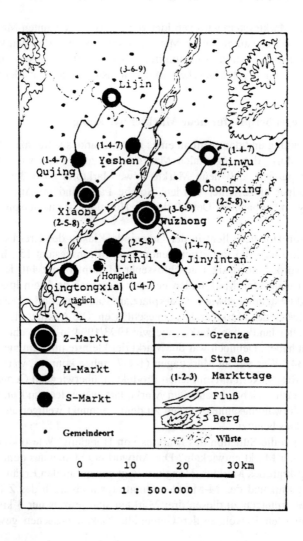

Zudem ist die Lage von Honglefu sehr ungünstig. Es liegt abseits der Straße von Wuzhong nach Qingtongxia. Von Honglefu aus gibt es keine direkte Verkehrsverbindung zu den benachbarten Marktorten. Wenn man den Autobus nimmt, muß man umsteigen.

Nach Auskunft eines Beamten des lokalen VAfIH würden die besten Bedingungen geboten und es sollten die Händler aus der Umgebung und den Ferngebieten angezogen werden. „Der Markt könnte mindestens die Bevölkerung von 14.000 Einwohnern unserer Gemeinde bedienen. Aber er ist nicht so erfolgreich, wie wir erwartet haben. Aus Gewohnheit besuchen die lokalen Einwohner die benachbarten Märkte, insbesondere den Markt in Jinji." Auf die Frage, warum Honglefu zum Marktstandort gewählt wurde, erfolgte die Antwort, daß dies einseitig von dem Interesse der politischen Leitung bestimmt wurde.[116]

3.3.3.3 Raum-zeitliche Anordnung des periodischen Marktsystems in Wuzhong

Die periodischen Märkte bzw. Marktorte sind in ihrem räumlichen Nebeneinander und ihrem zeitlichen Nacheinander in einem recht komplizierten System von Marktringen angeordnet. Die Marktringe oder Marktzyklen können sich berühren, überlappen und verschränken, so daß ein Marktstandort mehreren Ringen mit möglicherweise jeweils unterschiedlichem Gewicht angehört.[117] Als Beispiel möge wieder das regionale Marktsystem in Wuzhong dienen. Die Marktringe werden in Abb. 19a verdeutlicht.

Die einzelnen Marktringe werden von drei periodischen Märkten gebildet. So erscheinen hier mehrere Marktringe. Die gekoppelten Marktringe sind besonders wichtig für professionelle und spezialisierte Kaufleute und Dienstleister, die auf diese Weise in einer Periode von drei oder mehr Tagen verschiedene Märkte ihrer Umgebung aufsuchen können und durch diese Addition die nötige Schwellenbevölkerung für ihre ökonomischen Aktivitäten gewinnen. Für Bauern, die einen Teil ihrer Überschußproduktion absetzen wollen, ist der Besuch mehrerer Märkte aus verschiedenen Gründen nötig. Entweder handelt es sich um Frischgemüse oder Obst, das schnell verdirbt, so daß es nicht mehrere Tage bis zum nächsten Markttag aufgehoben werden kann, sondern es erforderlich ist, die Produkte am folgenden Tag woanders zu verkaufen. Die Bauern einer Örtlichkeit produzieren alle die gleichen Güter, so daß der lokale Markt diese Mengen gar nicht absorbieren kann und man versuchen muß, die Ware auf anderen Märkten abzusetzen.[118]

---

[116] Gespräche mit Herrn Guowei, VAfIH am 14. August 1993.
[117] E. Wirth, 1976, S. 10.
[118] W. Matzat, 1988, S. 157.

Abb. 19a: Marktringe in Wuzhong und Nachbargebieten

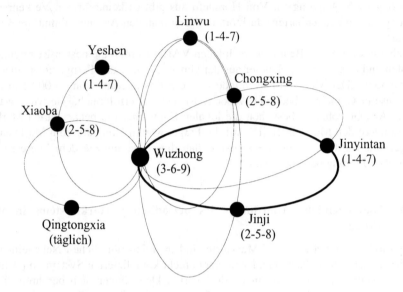

Im oben beschriebenen Untersuchungsgebiet von Wuzhong gibt es einen kompletten Marktring: Wuzhong (3-6-9) - Jinji (2-5-8) - Jinyintan (1-4-7). Angenommen, ein Händler besucht am ersten eines Monats den Markt in Jinyintan, dann kann er am zweiten nach Jinji überwechseln, am dritten nimmt er am Markttag im Marktort Wuzhong teil und kehrt dann am vierten wieder zum Markt in Jinyintan zurück. Nach dem ersten Zyklus folgt der zweite, d. h. am fünften Markttag ist er wieder in Jinji, am sechsten in Wuzhong und am siebten in Jinyintan usw. Er kann immer weiter den Märkten innerhalb des Marktringes folgen. Nur am 10., 20. und 30. gibt es keine Märkte. Als Ersatz dafür sind die Märkte am ersten Markttag nach dem 10., 20. und 30. Tag größer als sonst. Unsere Untersuchung bestätigte dieses Phänomen:

- Insgesamt 820, 862 bzw. 1.050 Stände wurden jeweils am 5., 8. und 12. August 1993 auf dem periodischen Markt von Jinji gezählt. Der Unterschied der Anzahl von Ständen am ersten Markttag nach dem 10. August zu der Zahl am vorherigen Markttag lag zwischen 15% und 20%.

- Händler von verschiedenen Marktorten zeigten unterschiedliches Verhalten. 80% der befragten Händler auf dem Markt von Wuzhong bauten ihre Stände lediglich auf dem Marktplatz in Wuzhong auf , 20% bewegten sich zwischen unterschiedlichen Marktorten nach jeweils verschiedenen Marktzyklen. Hingegen wechselten 77% der befragten Marktbeschicker von Jinyintan ihren Standort und nur 33% hatten ihre Stände in Jinyintan fest aufgebaut.

Wuzhong/Ningxia

- Die einzelnen Marktringe zeigten je nach der Branche der Händler Unterschiede. Nach unserer Beobachtung waren in Jinyintan die Marktringe von Gemüse- und Obsthändlern klein und oft nicht komplett. Die Marktringe von Textilhändlern wiesen durchschnittlich einen größeren Durchmesser auf. Abbildung 19b zeigt den unterschiedlichen Verlauf.

Abb. 19b: Marktring einiger Händler von Jinyintan

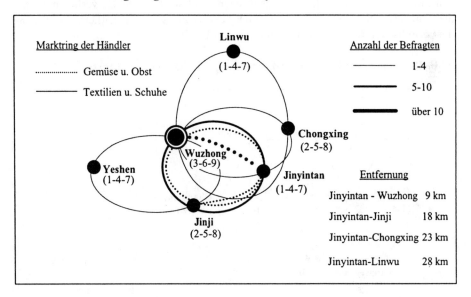

Nach unserer Untersuchung auf dem Markt von Jinyintan ergab sich, daß 11 von 22 befragten Obst- und Gemüsehändlern regelmäßig den Markt in Wuzhong beschickten. Sechs Obst- und Gemüsehändler besuchten oft den benachbarten Markt in Jinji und fünf gaben an, häufig beide Märkte zu beschicken. Die meisten Obst- und Gemüsehändler waren Selbstproduzenten und beschäftigten sich hauptberuflich mit der Landwirtschaft. Für die 20 befragten Textilien- und Schuhhändler war die Situation etwas anders. 80% von ihnen hatten registrierte Betriebsscheine und sahen ihre Markttätigkeit als Hauptberuf. Die meisten Händler rotierten in einem oder zwei Marktringen. Gelegentlich besuchten sie auch den M-Markt im benachbarten Kreissitz Linwu (1-4-7) und den Z-Markt Xianba (1-4-7), wenn dort ihre Ware günstig angeboten werden konnte. Die Einzugsgebiete der geschlossenen Marktringe dieser Händler waren viel größer als die der Obst- und Gemüsehändler.

Wenn man die zeitliche Anordnung periodischer Märkte mit dem hierarchischen Marktsystem in zwei Stufen zusammenfaßt, so zeigt sich das Muster des periodischen Marktsystems von Wuzhong wie in Abbildung 20 dargestellt. Sie belegt, daß sich die Marktorte in einer räumlich begrenzten Tiefebene am Huanghe konzentrieren und sich regelmäßig verteilen. Die Dichte der Marktorte beträgt 0,53 pro 100 km². Die Entfernung zwischen den Marktorten ist im Durchschnitt 12,5 km. Insgesamt 39 Gemeinden/*zhen* und 234 Verwaltungsdörfer mit 659.000 Einwohnern sind von diesem periodischen Marktnetz erfaßt. Hier befindet sich die Mehrzahl der großen Märkte. Wenn man nur diese Teilregion von Ningxia betrachtet, sind Wuzhong und Xiaoba sicherlich die größten zentralen Orte. Obwohl sich die beiden Orte an den Flußufern des Huanghe gegenüberliegen, sind sie miteinander verflochten, d.h. die Einzugsbereiche überlappen einander. Die räumliche und zeitliche Anordnung der periodischen Märkte bestätigt dies (siehe Abb. 20).

Abb. 20: Raum-zeitliche Anordnung der periodischen Marktorte

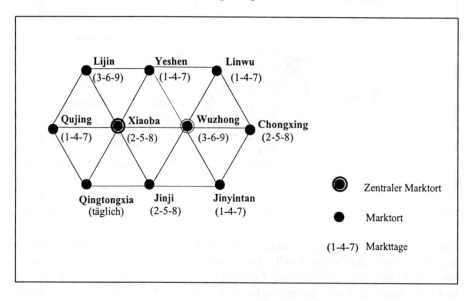

Bei der Analyse des Zusammenhangs zwischen räumlicher Verteilung und Periodizität von periodischen Marktsystemen steht oft die sogenannte „Synchronisations"-Hypothese zur Debatte. „The periodic markets are synchronized in such a way that there is an inverse, rather than a direct, relationship between their temporal and locational spacing."[119] Hintergrund dieser Hypothese ist die sog. „Konsumenten-Hypothese": Ein möglichst großer zeitlicher Abstand zwischen nahegelegenen

---

[119] P. Hill, & R. H. T. Smith, 1972, S. 345.

Marktplätzen ermöglicht es den Konsumenten, im Laufe einer Marktwoche mehrere Marktplätze zu nutzen.[120]
Diese Hypothese trifft im Fall des regionalen Marktsystems in Wuzhong nicht zu. Zwar sind die periodischen Märkte, die am gleichen Tag stattfinden, deutlich weiter voneinander entfernt als solche, die im 1- oder 2-Tage-Abstand abgehalten werden, doch steigt die räumliche Distanz mit einem 2-Tage-Abstand wieder merklich an.
Bohle (1986) ist in Studien zum Wochenmarktsystem in Südindien zu demselben Ergebnis gekommen. Als Erklärung hat Bohle zum einen auf grundsätzliche Schwachpunkte dieser Analysemethode hingewiesen, insbesondere wegen der Vernachlässigung hierarchischer und funktioneller Stratifizierung innerhalb von periodischen Marktsystemen, zum anderen entspricht auch das Käuferverhalten nicht der „Konsumenten-Hypothese": In aller Regel suchen die Marktkunden im Laufe einer Marktwoche nur einen einzigen, nämlich ihren angestammten Markt auf, auch wenn weitere Märkte in günstigem zeitlichen Abstand und in erreichbarer Distanz existieren.

Zeitlicher Abstand zwischen den Markttagen	Durchschn. Abstand zum nächsten periodischen Marktort (in km)
gleicher Tag	25
+/- 1 Tag	13
+/- 2 Tage	20

Zusammenfassung: Die Grundform des periodischen Marktsystems existiert in Wuzhong bzw. in Ningxia seit den 20er Jahren dieses Jahrhunderts. Im Laufe der Zeit wurden einige periodische Märkte entlang des Flusses Huanghe geschlossen, und mehrere periodische Märkte an den Fernstraßen sind hinzugekommen. In Wuzhong ging zwar die Zahl der periodischen Märkte von vier im Jahr 1927 auf drei 1993 zurück, Stellung und Bedeutung des periodischen Marktes von Wuzhong stiegen. jedoch. Er hat sich zum größten periodischen Markt in Ningxia bzw. von Nordwestchina entwickelt.

Die periodischen Märkte sind in einem hierarchischen Marktsystem angeordnet. Sie sind in ihrem räumlichen Nebeneinander und ihrem zeitlichen Nacheinander in recht komplizierten Systemen organisiert. Das periodische Marktsystem wird in Wuzhong aus verschiedenrangigen periodischen Märkten gebildet, das aus einer Vielzahl von Menschen- und Warenströmen besteht.

---

[120] H. G. Bohle, 1986, S. 140.

3.3.4 Der Beispielmarkt von Jinji

Neben Wuzhong ist Jinji ein wichtiger periodischer Markt der kreisfreien Stadt Wuzhong. Im Unterschied zum erstgenannten Markt ist der Markt von Jinji ein typischer periodischer ländlicher Markt. Er wurde als Beispiel der periodischen Märkte in der Region von Wuzhong ausgewählt und untersucht.

3.3.4.1 Die Kennzeichen des periodischen Marktes von Jinji

Der Markt findet in Jinji alle drei Tage statt. Markttage sind die Tage 2-5-8 pro *xun* im Wechsel mit den benachbarten Märkten von Wuzhong (3-6-9) und Jinyintan (1-3-7). Das Marktgeschehen nimmt folgenden Verlauf: Morgens kurz nach 8 Uhr versammeln sich die Marktbeschicker auf dem Marktgelände zumeist mit einfachen Gütern, überwiegend Agrarprodukten, hauptsächlich Gemüse. Jeder versucht einen günstigen Platz zu besetzen, viele bauen eigene Standzelte nebeneinander auf. Die meisten Beschicker kommen aus dem Marktort Jinji selbst oder aus der Umgebung. Die Straßen sind vor 9 Uhr noch leer, danach füllen sie sich allmählich mit Besuchern und Anbietern. Auf der Hauptstraße befinden sich die Teilmärkte für Textilien und Schuhe, Fleisch, Reparaturdienste, private Läden und Gaststätten. Die Textilhändler konzentrieren sich auf einem offenen Gelände gegenüber dem Minderheitengebäude und der *Zhen*-Regierung. Die Stände an den Straßen gehören oft zu den dahinterliegenden Läden. Das heißt, der Besitzer eines Standes ist oft Geschäftsinhaber. In Jinji gehören die Stände für Haushaltsartikel, Werkzeuge und Lebensmittel sowie kleine Imbißstände zu dieser Kategorie.

Gegen Mittag erreicht der periodische Markthandel seinen Höchstpunkt. Nach 15 Uhr geht das periodische Marktgeschehen allmählich zu Ende. Die Gemüsehändler kehren in der Regel früher heim und nehmen ihr Mittagessen zu Hause ein. Die Textilhändler bleiben jedoch manchmal bis 17 Uhr an ihren Ständen. Sie sind im allgemeinen besser mit Fahrzeugen ausgerüstet.

Die Dauer des Marktbesuches von Kunden und Händlern verteilte sich nach unserer Befragung wie folgt:

Dauer	Sehr kurz	Einige Stunden	Ein halber Tag	Länger als ein halber Tag
Marktbesucher	13,9%	40,2%	38,5%	7,4%
Marktbeschicker	-	1,1%	25,4%	73,5%

Anzahl der Befragten: 122 Marktbesucher und 181 Marktbeschicker.
Quelle: Eigene Erhebung 1993.

Die Unterschiede sind offenkundig: Während die meisten Beschicker einen halben Tag oder mehr Zeit auf dem Markt verbrachten, hielten sich die meisten Marktbesucher nur kurze Zeit auf dem Markt auf.

Der Markt zählte bis zu 6.000 Besucher. Der Tagesumsatz lag bei ca. 80.000 Yuan. Es gab keine großen Unterschiede zwischen den verschiedenen Markttagen. Dennoch bestanden beträchtliche Schwankungen im Jahresverlauf. Die Abbildung 21a zeigt den Jahresverlauf des periodischen Markthandels in Jinji: Im allgemeinen ist der Herbst die Hauptsaison für den periodischen Markthandel, weil nach der Ernte vor allem die Bauern dringend ihre Produkte auf dem Markt absetzen müssen. Andererseits haben die Bauern auch Zeit, die Märkte zu besuchen. Hingegen ist der Sommer die schwächste Saison für den Markthandel. Geringe Marktbeteiligung und Angebotsmangel verursachen den niedrigen Monatsumsatz des periodischen Handels von April bis Juli.

Die Tatsache, daß zufällige Faktoren den periodischen Markthandel stark beeinflussen, wird in Jinji bestätigt. Der Monatsumsatz im August 1992 war z. B. im Vergleich zum Vormonat um 22% zurückgegangen. Grund dafür waren Unwetter gerade an den vier Markttagen. Der Rückgang von April bis Juli 1993 wurde, abgesehen von dem allgemeinen Trend im Sommer, zum Teil auch durch Zufallsfaktoren verursacht: a) ständige Umzüge des Textilienmarktes hatten negativen Einfluß auf den Markthandel von Kleidern und Kleiderstoffen; b) der Bau des neuen Marktgebäudes und dadurch die Belästigung durch den Staub und Schmutz hatten den gewöhnlichen Markthandel von Gemüse und Obst sowie gekochtem Fleisch stark behindert; und c) ein Gerücht über vergiftetes Fleisch löste im Mai 1993 eine Panik bei den Käufern aus.

3.3.4.2 Struktur des Markthandels und der Vermarktung lokaler Produkte

An Markttagen sind in Jinji verschiedene Teilmärkte zu unterscheiden. Auf dem Marktplatz im Südosten des *zhen*-Ortes überwiegen Agrarprodukte sowie Haus- und Lasttiere, während die Industrie- und Handwerksprodukte, Fleisch, Reparaturen und andere Dienstleistungen entlang verschiedener Teilabschnitte auf beiden Seiten der Hauptstraße angeordnet sind. Bei der Verteilung der Stände ist auf dem Markt oft eine kleinräumliche Konzentration zu beobachten.

Bei der Erhebung wurden insgesamt 834 Stände auf dem periodischen Markt untersucht. Struktur des Angebotsspektrums war folgende: Agrarprodukte 54,9%, Industrieprodukte 33,9%, Handwerk und private Dienstleistungen 9,7%.

Nach Angaben des lokalen VAfIH lag der Tagesumsatz des gesamten periodischen Handels während unserer Untersuchungsperiode im Juli/August 1993 bei ca. 65.000 Yuan. Davon stammten 50,3% aus dem Handel mit Agrarprodukten, 27,4% aus dem Handel mit Industrieprodukten, 4,1% aus Handwerksprodukten und 15,4% aus dem Handel mit Haus- und Lasttieren.

148 *Regionale ländliche Marktsysteme*

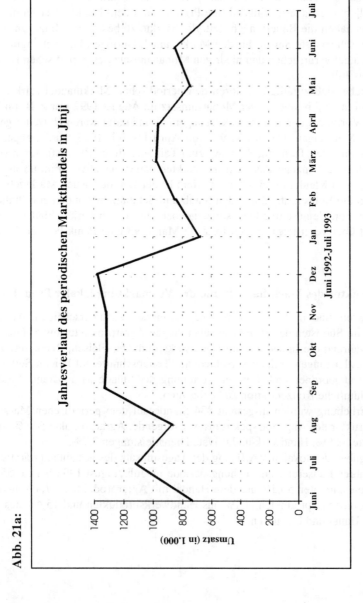

Abb. 21a: Jahresverlauf des periodischen Markthandels in Jinji

Quelle: Monatsberichte des Verwaltungsamtes (VAfIH) in Jinji 1992-1993.

Abb. 21b:

Quelle: Eigene Erhebung am 8. August 1993.

Der überproportionale Anteil von Agrarprodukten im Angebotsspektrum und beim entsprechenden Marktumsatz weist darauf hin, daß der periodische Markt bei der Vermarktung lokaler Produkte eine zentrale Rolle spielt. Jinji ist ein wichtiges Teilgebiet der landwirtschaftlichen Produktionsbasen in der Stadt Wuzhong bzw. in der Tiefebene von Yinchuan. Knapp die Hälfte der Fläche der Gemeinde von Jinji wird ackerbaulich genutzt. Dabei spielt der Weizen-, Reis-, Mais- und Sojabohnenanbau die Hauptrolle. Gemüse- und Obstanbau sowie Viehzucht sind im Rahmen der bäuerlichen Wirtschaft ebenfalls von großer Bedeutung. 40-70% der landwirtschaftlichen Erzeugnisse, je nach Anbauprodukten, werden durch den staatlichen Ankauf und privaten Markthandel vermarktet.

Der staatliche Ankauf beschränkt sich gemäß dem Vertrag zwischen dem dörflichen Einwohnerkomitee bzw. dem Staat und den individuellen Haushalten auf Getreide und Pflanzenöl. Der Ankaufspreis wird vom Staat festgelegt. Angesichts der zunehmenden Differenzen zwischen dem rigiden Ankaufspreis und dem instabilen Marktpreis hat kürzlich der Staat entsprechende Maßnahmen ergriffen. Inzwischen wurden z. B. der sogenannte „geschützte Ankaufspreis" und „zusätzliche Subventionen zum Ankaufspreis" eingeführt. Staatlicher Ankaufspreis und aktueller Marktpreis kurz vor unserer Untersuchungsperiode im Juli 1993 werden in Tabelle 35 dargestellt.

Tabelle 35: Vergleich der staatlichen Ankaufspreise und der Marktpreise für Getreide in Jinji

Angebot	Klasse	Geschützter Ankaufspreis (Yuan / kg)	Subvention (Yuan/kg)	Marktpreis (Yuan/kg)	Unterschied (Yuan/kg)
Weizen	1	0,686	0,084		
	2	0,668	0,084		
	3	0,650	0,084		
	4	0,632	0,084		
	5	0,614	0,084		
	durchschn.	0,650	0,084	0,68	0,054
Reis*	1	0,74	0,0728		
	2	0,72	0,0728		
	3	0,70	0,0728		
	4	0,68	0,0728		
	5	0,66	0,0728		
	durchschn.	0,70	0,0728	1,16	-0,3872
Mais	1	0,432	0,084		
	2	0,420	0,084		
	3	0,420	0,084		
	durchschn.	0,408	0,084	0,64	-0,136

Anmerkung: * Der Ankaufspreis von Reis bezieht sich auf ungeschälten Reis; hingegen handelt es sich bei dem Marktpreis um geschälten Reis. Zum Vergleich wird hier 0,7 : 1 umgerechnet.

Quelle: 1) Bericht der Ankaufsstation für Getreide in Jinji.
2) Bericht des Verwaltungsamts für Industrie und Handel in Jinji.

Der Unterschied zwischen dem Ankaufspreis und dem Marktpreis für Getreide war zum Zeitpunkt unseres Besuches gering. Weizen wurde vom Staat sogar zu einem Preis aufgekauft, der 7,9% über dem Angebotspreis auf dem freien Markt lag. Die Preise für Reis und Mais waren auf dem freien Markt 50% bzw. 27% höher als in der staatlichen Getreidestation.

Mit der Produktion von Getreide allein hat man keine Aussichten, reich zu werden. Trotzdem sind 70% der ländlichen Arbeitskräfte an den Ackerbau gebunden, und 89% der Felder stehen unter Getreidekulturen, weil die Bauern bzw. die bäuerlichen Haushalte vertragsmäßig verpflichtet sind, jedes Jahr bestimmte Getreidemengen an den Staat abzugeben bzw. zu verkaufen. Mit dem Handel von Getreide erzielt man auf dem ländlichen Markt wenig Profit, weil der Preis früher vom Staat grundsätzlich sehr niedrig festgelegt wurde und heute noch hauptsächlich durch den staatlichen Aufkauf gelenkt wird. Für Bauern bietet der ländliche Markt nur die Möglichkeit, die überschüssigen Produkte auf dem freien Markt abzusetzen. Es ist jedoch selten, daß Bauern selbst ihr überschüssiges Getreide auf dem freien Markt anbieten. Meistens werden die Produkte von Zwischenhändlern aufgekauft und wieder verkauft. Der Handel mit Getreide spielt auf dem periodischen Markt in Jinji eine geringe Rolle. Sein Umsatzvolumen machte im Juli 1993 nur knapp 2% des gesamten Marktumsatzes aus; hingegen betrugen die Anteile von Gemüse und Obst ca. 12% bzw. 7%.

3.3.4.3 Charakteristika der Marktteilnehmer auf dem Markt von Jinji

Von mehr als 800 Ständen und über 5.000 Besuchern am Markttag konnten 181 Marktbeschicker und 122 Marktbesucher direkt auf dem periodischen Markt in Jinji befragt werden. Gut zwei Drittel der befragten Marktbeschicker und der Marktbesucher waren männlich. Altersmäßig bildeten die 21-30jährigen die größte Gruppe, bei den Kunden waren es über 35% und bei den Händlern sogar über 40%.

Das Bildungsniveau von Markthändlern war durchschnittlich höher als das der lokalen Bewohner. 49,2% der Händler gaben an, daß ihre Schulausbildung die untere Mittelschule erreicht habe. 24,3% haben die Grundschule besucht; 16,0% die obere Mittelschule und einige sogar die Fachschule/Hochschule absolviert. 9,9% beherrschten wenige oder keine Schriftzeichen und waren somit Analphabeten. Hierzu im Gegensatz steht das Ausbildungsniveau der Bevölkerung nach dem Jahrbericht 1993 von Jinji: 35,7% und 28,6% haben die Grundschule bzw. untere Mittelschule besucht, 9,1% haben die obere Mittelschule und Fachschule bzw. Hochschule absolviert; 26,6% waren Analphabeten oder Halbalphabeten.

Ca. 93% der befragten Händler besaßen einen ländlichen *hukou* und waren bzw. sind gleichzeitig Bauern. 6% hatten einen städtischen *hukou* und der *hukou* von 1% war ungeklärt. 90% der Befragten besaßen eigenes Vertragsland unter dem Produktions-verantwortlichkeitssystem mit einer durchschnittlichen Größe von 7 mu (0,467 ha) pro Haushalt. Die durchschnittliche Haushaltsgröße der Markthändler betrug rund 5 Personen.

Etwa 36% der Händler sahen ihre Tätigkeit auf dem Markt als Hauptberuf an, und 64% haben sie als „Teilzeitarbeit" oder „Nebenberuf" bezeichnet. 25% gaben an, ausschließlich eigene Erzeugnisse anzubieten. Dagegen bezogen 75% der Anbieter ihre Waren aus fremder Herkunft. Darunter stammten ca. 80% der Waren aus den Großhandelsmärkten in städtischen Marktzentren, während 20% der Produkte von einzelnen Produzenten aufgekauft wurden.

Weil nicht an allen Markttagen der gleiche Umsatz zu erzielen ist, wurden bei der Befragung drei Werte des Tagesumsatzes eingetragen, nämlich der Höchst-. Mittel- oder Niedrigstwert. Entsprechend sind auch drei Werte des Reingewinns zu unterscheiden (vgl. Abb. 22a).

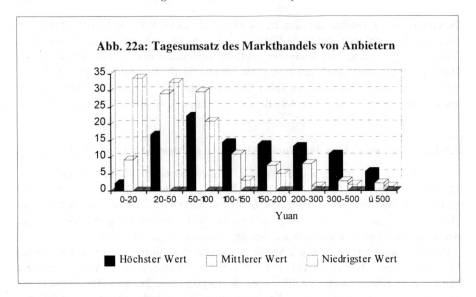

Quelle: Eigene Erhebungen 1993.

Höchster Wert: Nur für wenige Anbieter liegt der Höchstwert unter 50 Yuan, aber für sehr viele zwischen 50-150 Yuan. Das sind hauptsächlich die Gemüse- und Obsthändler, in den folgenden Kategorien ergaben sich jeweils etwa 12-15%, und für einige (nämlich 5%) lag der Höchstwert sogar über 500 Yuan, so etwa für die Textilhändler, Fleischverkäufer und Tierhändler.

Mittlerer Wert: Bei den Mittelwerten zeigte sich die Tendenz noch stärker. Der mittlere Umsatz lag für etwa zwei Drittel der Händler unter 100 Yuan. Nur für sehr wenige (2%) lag der mittlere Tagesumsatz über 500 Yuan.

Niedrigster Wert: Ein Drittel der Händler erwirtschaftete als niedrigsten Tagesumsatz weniger als 20 Yuan, ein weiteres Drittel 21-50 Yuan; insgesamt waren über 85% schon bei Tagesumsätzen von unter 100 Yuan nach Hause gegangen.

Tabelle 36 zeigt die Verteilung der Reingewinne an einem Markttag. Die häufigsten Werte des Tagesgewinns konzentrieren sich im Bereich von null bis 30 Yuan. Offenkundig sind diese Angaben niedriger als die tatsächlichen Gewinne. Die meisten Befragten verschwiegen die wahren Gewinne und gaben einen sehr niedrigen Wert an. Die Abweichung schien groß zu sein, war aber während der kurzen Erhebungszeit in Jinji nicht zu bestimmen. Über 80% der Befragten gaben an, weniger als 30 Yuan an Tagesgewinn zu erzielen. Nach unseren Beobachtungen konnte ein großer Anteil der Anbieter, besonders die Textil- und Tierhändler, Tagesgewinne von mehr als 80 Yuan erzielen.

Tabelle 36: Reingewinne des periodischen Markthandels in Jinji (in %)

Reingewinn (Yuan)	0-10	10,1-20	20,1-30	30,1-40	40,1-60	60,1-80	80,1-100	>100
Höchster Wert	16,5	24,1	16,5	15,9	9,4	7,1	4,1	6,5
Mittlerer Wert	33,7	34,3	12,8	6,4	6,4	2,3	2,3	1,7
Niedrigster Wert	73,7	13,8	4,6	3,3	2,6	0,7	0,7	0,7

Anmerkung: Zahl der Befragten: 181.
Quelle: Eigene Erhebungen.

Auch die Höhe des monatlichen Einkommens wurde in der Regel verschwiegen. Es ist bekannt, daß ein hauptberuflicher Markthändler mehr als ein nebenberuflicher verdient. Aber genaue Angaben waren nicht zu bekommen. Auch das lokale Steuer- und Verwaltungsamt kannte nur grobe Schätzungen für das Einkommensniveau der Markthändler, die lediglich auf einem geschätzten Marktumsatz basierten. Nach unserer Befragung ergab sich, daß die Hälfte der Marktbeschicker monatlich 50 - 300 Yuan verdiente, während die andere Hälfte 300 bis 1.000 Yuan pro Monat erzielte.

Auf die Frage nach der Zufriedenheit mit der Tätigkeit auf dem Markt gaben 63% der Händler die Antwort „unzufrieden". 34% der Befragten waren jedoch „zufrieden" und 3% verweigerten die Antwort. Als Begründung für die Unzufriedenheit gaben die meisten die unzureichende Infrastruktur und zu hohe Marktgebühren an. Hingegen waren aber 88% der Marktbesucher „zufrieden" und nur 12% „unzufrieden" mit dem Einkauf auf dem periodischen Markt. Als Begründung für ihre Unzufriedenheit gaben Marktbesucher an, daß die gekaufte Menge nicht mit der erhaltenen übereinstimmte oder der Warenqualität nicht vertraut werden könnte. Häufig wurde auch beklagt, daß der Warenpreis zu hoch wäre.

3.3.4.4 Der Kundenbereich und das Verkäufergebiet von Jinji

In den vorherigen Fallstudien wurde bereits darauf hingewiesen, daß zwischen dem Kundenbereich und Verkäufergebiet eines Marktes erhebliche Unterschiede bestanden. Aufgrund der Befragung kann man genau die Herkunft der Marktbesucher und Marktbeschicker erfahren und damit den Radius des Kundenbereiches bzw. des Verkäufergebietes feststellen.

Abb. 22b zeigt die Reichweite und den jeweiligen Anteil der Marktbeschicker bzw. Marktbesucher in Jinji. Man sieht, daß die äußerste Reichweite der Marktbeschicker erheblich größer ist als die der Marktbesucher, weil es hier kaum noch Marktbesucher gibt, die aus mehr als 50 li Entfernung zum Markt von Jinji kommen.

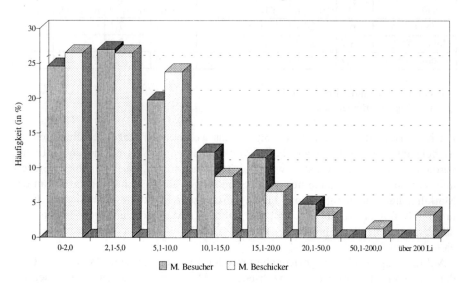

Abb. 22b: Anteil der Marktbeteiligten nach Reichweite

■ M. Besucher □ M. Beschicker

Was die Reichweite der Markthändler betrifft, fällt auf, daß 4,4% von ihnen aus einer Entfernung von über 50 li kamen, einige sogar aus über 200 li. An dieser Stelle muß darauf aufmerksam gemacht werden, daß bei der Abgrenzung des Verkäufergebiets das Aktionsgebiet und das ursprüngliche Herkunftsgebiet der Verkäufer unterschieden werden müssen. Das Aktionsgebiet bezieht sich auf den Aktionsraum, in dem alle Marktbeschicker täglich leben und arbeiten. Es wird hier als das „primäre Verkäufergebiet" bezeichnet. Im Fall von Jinji z.B. ist die äußerste Reichweite des primären Verkäufergebiets ca. 35 li und die durchschnittliche Reichweite des primären Verkäufergebiets beträgt 7 li. Die oben erwähnten Markthändler (4,4%), die aus Gebieten außerhalb des primären Verkäufergebiets kommen, üben ihre Markttätigkeiten in Jinji oder auf benachbarten Märkten aus. Sie kehren selten nach Hause zurück und haben meistens auch einen Wohnsitz direkt am Marktort oder in der Umgebung von Jinji. Bei der Umgrenzung des primären Verkäufergebiets sollte dieser Anteil der Händler abgezogen werden, weil die große Entfernung zwischen dem Marktort und ihrem Heimatort nicht gleichbedeutend mit der Aktionsreichweite ihrer Tätigkeit war. Im Gegensatz zum primären Verkäufergebiet wurde mit der Kategorie des „sekundären Verkäufergebiets" die ursprüngliche Herkunft der Händler erfaßt, wenn sie außerhalb der Aktionsreichweite lag. Die durchschnittliche Reichweite des sekundären Verkäufergebiets des Marktes in Jinji erreichte 93 li.

Bei der Untersuchung der traditionellen Märkte im Kreis Zouping/Shandong unterschied Yang Ching-kun (1944) einen primären und einen sekundären Kundenbereich: „a primary area including nearby villages attending the market regularly or at least frequently, and a secondary area encompassing villages further away where people come to the market only occasionally for items hard to obtain in their own neighbourhood markets".[121] Die Größe der primären und sekundären Kundenbereiche war allerdings bei unserer Untersuchung in Jinji nicht zu bestimmen.

3.3.4.5 Der periodische Markt und die ländliche Entwicklung in Jinji

In den vergangenen Jahren hat der periodische Markthandel in Jinji erheblich zugenommen. 1992 erreichte der gesamte Umsatz des periodischen Markthandels 11,3 Mill. Yuan gegenüber 3,5 Mill. 1987. Die jährliche Wachstumsrate betrug im Durchschnitt 26%.

In dem gleichen Zeitraum von 1987 bis 1992 wurden insgesamt 940.000 Yuan Marktgebühren und 580.000 Yuan Marktsteuer auf dem periodischen Markt in Jinji erhoben. Die Marktgebühren wurden zur Gänze an das Verwaltungsamt (VAfIH) des Kreises Wuzhong abgeführt, während alle erhobenen Marktsteuern den Einnahmen der Staatskasse zuflossen. Allerdings hat Jinji es doch noch geschafft, eine neue, geschlossene Marktanlage aufzubauen. Die Millionen-Investition wurde allein von dem VAfIH des Kreises geleistet. Zum Zeitpunkt unseres Besuches 1993 entstanden am Marktort die neuen Marktgebäude. Die Infrastruktur des periodischen Marktes wird sich nach der Fertigstellung der neuen Anlage verbessern.

Nach Angaben des Rural Social and Economic Survey Team des Statistikamts der Landstadt Wuzhong betrug 1992 das Nettoeinkommen in Jinji 836 Yuan pro Kopf. Die Konsumstruktur der bäuerlichen Haushalte zeigt, daß 75% des Einkommens für die Deckung des Grundlebensbedarfs ausgegeben wurde. Für die überwiegend ländliche Bevölkerung waren die lokalen Märkte die wichtigsten regelmäßigen Besuchs- und Einkaufsorte. Die Befragung der Marktbesucher ergab, daß 46% von ihnen den periodischen Markt in Jinji jeden Markttag besuchten, 42% oft und 12% gelegentlich. Die große Mehrheit der Befragten erwarb ihren gesamten Bedarf auf dem lokalen Markt und auf dem nahen Zentralmarkt von Wuzhong.

Ungefähr 300 Individualwirtschaftende, die aus dem *zhen*-Ort bzw. aus den Dörfern der Umgebung stammten, waren auf dem Markt tätig. Sie beschäftigten sich mit Ladenverkauf, Reparaturen, Gaststätten und sonstigen Dienstleistungen. Die Funktion des Marktes als einem wichtigen Auffangbecken der überschüssigen ländlichen Arbeitskräfte wird im Zug der Intensivierung des Markthandels zunehmen.

Wie nahezu alle ländlichen Gebiete in China, so hat auch Jinji in den letzten Dekaden einen rapiden Industrialisierungsprozeß erlebt. Bis Ende 1992 gab es 17 Gemeinde- und dörfliche Betriebe und 325 individuelle und kooperative Betriebe, von denen die meisten in den letzten drei Jahren errichtet wurden. Die ländliche Industrie änderte die Struktur der traditionellen Agrarwirtschaft und förderte den Wohlstand

---

[121] Yang Ching-kun, 1944, S. 14.

der Agrargesellschaft. Aber es gab zunehmende Probleme bei der Beschaffung der Rohstoffe und dem Absatz der Produkte. Langfristig gesehen, hängt die Entwicklung der ländlichen Industrie auch von den ländlichen Märkten in Jinji ab.

3.4 Periodische Märkte in der Provinz Hebei

Die nordchinesische Provinz Hebei besteht aus zwei deutlich unterscheidbaren Teilen. Im Norden und Westen finden sich die Gebirgszüge des Yanshan und Taihangshan, die alle über 1.000 m hoch sind. Das mittlere und südliche Hebei befindet sich in der nordchinesischen Ebene, die meist unter 50 m ü. d. M. liegt. Zwischen nördlichen Gebirgen und südlicher Ebene liegt die Stadt Beijing, die früher (vor 1949) mit Hebei eine Provinz bildete. Nach der Gründung der VR China wurden die Stadt Beijing und deren Nachbarstadt Tianjin aus dem Provinzverband herausgelöst und zu selbständigen Verwaltungseinheiten im Range von Provinzen erhoben. Dadurch ging die flächenmäßige Geschlossenheit Hebeis verloren. Die gesamte Provinzfläche beträgt 190.000 km² und die Einwohnerzahl 62,7 Mill. (1992).

Diese nordchinesische Küstenprovinz ist durch folgende Merkmale gekennzeichnet: hohe Bevölkerungsdichte (330 EW/km²), eine starke ländlich-agrarische Prägung (85% Einwohner leben in Dörfern, 60% der Beschäftigten arbeiten in der Landwirtschaft) und - bezogen auf den Landesdurchschnitt - mittleres Entwicklungsniveau. Mit rd. 1276 Yuan ist das Pro-Kopf-Volkseinkommen der Provinz Hebei auf Platz 15 unter den 30 Provinzen Chinas und liegt knapp unter dem Landesdurchschnitt von 1401 Yuan.

Obwohl die Provinz Hebei unter dem unmittelbaren Einfluß der Großmetropolen Beijing und Tianjin steht, konzentriert sich die moderne Industrie hauptsächlich in den Städten, die meist entlang der Eisenbahnlinien gelegen sind. In den ausgedehnten ländlichen Gebieten, dem sogenannten „Schatten" der Großstädte, dominiert weiterhin die Landwirtschaft. Über 3000 periodische Märkte sind die wichtigsten Verbindungspunkte zwischen dem Land und den Städten bzw. zwischen der Landwirtschaft und der Industrie. Zugleich gelten sie als die wirtschaftlichen, gesellschaftlichen und kulturellen Zentren des ländlichen Raums.

Um die periodischen Märkte und ihre räumlichen Systeme in den ländlichen Gebieten der Provinz Hebei darzustellen, werden Untersuchungen auf verschiedenen Ebenen durchgeführt. Bei der Auswahl der Untersuchungsgebiete und Beispielmärkte geht es in erster Linie darum, ob sie als repräsentativ für die Provinz Hebei gelten können. Dazu werden die Präfektur Shijiazhuang und der ihr unterstehende Kreis Jinzhou bzw. der *zhen*-Ort Zongshizhuang ausgewählt und schwerpunktmäßig untersucht. Zum Vergleich und zur Erklärung der historischen Entwicklung periodischer Märkte werden auch Nachbarkreise, darunter z.B. der Kreis Dingzhou in der Präfektur Baoding, einbezogen. Im wesentlichen liegt das Schwergewicht der Untersuchung auf der Hebei-Ebene, durch die die Großregion der nordchinesischen Ebene repräsentiert werden soll.

3.4.1 Das Dorf und der periodische Markt: Entwicklung in ländlichen Gebieten

Hebei ist uraltes chinesisches Bauernland. Besonders der mittlere und südliche Teil der Provinz, der als „Hebei-Ebene" bezeichnet wird, ist dank seiner günstigen natürlichen Bedingungen und der umfangreichen Bewässerungs- und Regulierungsarbeiten am Hai-he und am unteren Huang-he das wichtigste Agrargebiet in Nordchina.

Seit Tausenden von Jahren ist die Ebene dicht bevölkert. Die Bauern beschäftigen sich traditionell mit dem Ackerbau. Sie leben in Dörfern.

> The village is truly a fundamental unit of conmunity organization, an individual settlement, which performs important economic functions. ...But the village is not an economic unit wherein the acquisition of production tools and raw materials, the disposal of products and the procurement of consumption goods not produced in the family are carried on. ...The rich contents and extensive activities of periodic markets show beyond doubt that economic cooperation has extended far beyond the village limit. And the almost universal existence of periodic markets throughout rural districts in the North China throws weight on this case[122].

Die Archivkarte (Karte 17 im Anhang) zeigt ein typisches Bild der Dörfer und des zentralen periodischen Marktes der traditionellen chinesischen Agrargesellschaft während der Ming- und Qing-Dynastie. Der periodische Markt liegt im *zhen*-Ort von Zhuanlu im Kreis Dingzhou, ca. 70 km nördlich von der Provinzhauptstadt Shijiazhuang entfernt. Sechs Dörfer waren unmittelbar in seiner Umgebung gelegen, zwei weitere Dörfer (Tongfeng cun, Nanyan cun) etwas weiter von Zhuanlu entfernt.

Die abgebildeten dörflichen Siedlungen waren während der Qing-Dynastie noch relativ klein. Nach der Kreischronik[123] gab es im Jahr 1848 insgesamt 375 Dörfer (einschl. fünf *zhen*) im Kreis Dingzhou, von denen zwei Drittel weniger als 100 Familien hatten. Die größten Dörfer zählten bis zu 300 Familien (vgl. Tab. 37).

Tabelle 37: Dorfgröße im Kreis Dingzhou um 1848

Zahl der Familien	Zahl der Dörfer	Anteil (in %)
0-24	45	12,0
25-49	90	24,0
50-99	122	32,5
100-149	65	17,4
150-199	35	9,3
200-299	18	4,8
Gesamt	375	100

Quelle: *Dingzhou Zhi*, Vol. 6, 1848.

---

[122] Yang Ching-kun, 1944, S. 30.
[123] *Dingzhou zhi*, Vol. 6, 1848.

Wegen des rapiden Bevölkerungswachstums vergrößerten sich die Siedlungen in erheblichem Maß. Zugleich nahm die Zahl der Dörfer bzw. der *zhen* zu. Nach der Untersuchung von S. D. Gamble[124] gab es 1930 im Kreis Dingzhou insgesamt 443 Dörfer und zehn *zhen*. Die Dorfgröße wurde bereits im Jahr 1928 von Z. G. Zhang[125] schwerpunktmäßig untersucht. Seine Arbeit, basierend auf Stichproben von 100 Dörfern, war zu folgendem Ergebnis gekommen: Der Anteil der Dörfer, die jeweils weniger als 100 Familien umfaßten, ging von 68% auf 28% zurück; ca. zwei Drittel der Dörfer zählten 100 bis 400 Familien und einige große Dörfer/*zhen* sogar bis zu 800 Familien (siehe Tab. 38).

Tabelle 38: Dorfgröße im Kreis Dingzhou 1928

Zahl der Familien	Zahl der untersuchten Dörfer	Anteil (in %)
0-49	12	12
50-90	16	16
100-199	27	27
200-299	20	20
300-399	20	20
400-499	2	2
500-599	1	1
600-699	1	1
700-799	1	1
Gesamt	100	100

Fallzahl: 100 Dörfer.
Quelle: Zhang Zhegui, Yanjing-Universität 1928.

Der heutige Stand der Dorfgröße wird vom Geographischen Institut der Universität Hebei in demselben Kreis weiter verfolgt und untersucht. Die Zahl der Familien in den größten Dörfern erreichte 1981 mehr als 1.500 (siehe Tab. 39).

Tabelle 39: Dorfgröße im Kreis Dingzhou 1981

Zahl der Familien	Zahl der Dörfer	Anteil (in %)
<200	118	27,0
200-400	151	34,8
400-600	90	20,8
600-800	47	10,8
800-1.000	11	2,5
1.000-1.500	14	3,2
>1.500	3	0,7
Gesamt	434	100

Quelle: Hebei-Universität 1981.

---

[124] S. D. Gamble, 1954, S. 4.
[125] Li Monbai, Fenghua, 1985, S. 5-6.

Die Kreisfläche hat sich im letzten Jahrhundert kaum verändert. 1990 umfaßte der Kreis 1.273 km², gegenüber 1.243 km² im Jahr 1930. Dennoch verdoppelte sich die Einwohnerzahl (1992: 1,06 Mill. gegenüber 1930: 408.300 EW).
Über die periodischen Märkte in diesem Kreis gibt es unterschiedliche Angaben. In der Kreischronik wurden zwei periodische Märkte in der Kreisstadt und zehn weitere Marktorte in ländlichen Gebieten erwähnt. Gamble (1930, S. 4) wies in einer Untersuchung darauf hin, daß sich im Kreis Dingzhou ca. 83 periodische Märkte befanden. Er nannte aber nicht die genauen Ortsnamen und Markttage. Man weiß nicht, ob die historische Aufzeichnung der periodischen Märkte vollständig ist oder die Angabe von Gamble stimmt. Es wäre allerdings sehr unwahrscheinlich, daß sich die Zahl der periodischen Märkte von 12 um 1848 auf 83 im Jahr 1930 erhöht hat.

Ein japanischer Forscher, H. Ishihara, „analysed the relevant data for Hebei Province in Northern China in more than 300 gazetteers in several libraries in Japan". Er behauptete: „a) the number of periodic markets and the density increased; b) the number of market days also increased; und c) the trend for market days per market place exists but it is not so pronounced (in fact, it decreased after later Qing period)".[126]

Tabelle 40: Indikatoren der periodischen Märkte in der Provinz Hebei

Periode	Ming-Dynastie (1368-1662)	Frühe Qing-Dynastie (1663-1795)	Späte Qing-Dynastie (1796-1911)	Minguo-Zeit (1912-1948)
Anzahl der Märkte	8,7 (14)	11,3 (95)	14,5 (65)	21,0 (46)
Dichte der Märkte (pro 100 km²)	0,95 (14)	1,44 (92)	1,71 (64)	2,50 (46)
Markttage in 10-Tage-Marktwoche	21,0 (9)	26,0 (68)	37,9 (56)	47,7 (39)
Markttage pro Markt in 10-Tage-Marktwoche	2,12 (9)	2,56 (68)	2,65 (56)	2,43 (39)
Bevölkerungs-Zahl (in 1.000)	37,8 (13)	86,5 (26)	173,2 (60)	191,6 (43)
Bevölkerungsdichte (pro km²)	36,3 (13)	101,6 (26)	176,8 (59)	225,4 (43)
Einwohner pro Markt (in 1.000)	5,1 (13)	8,9 (26)	16,0 (60)	16,4 (43)

Anmerkung: Die nicht eingeklammerten Zahlen sind Durchschnittswerte aller Kreise, von denen verfügbare Daten vorlagen; in Klammern ist die Zahl dieser Kreise angegeben.
Quelle: H. Ishihara 1976, 1976, S. 8-9.

---

[126] H. Ishihara, 1976, S. 8-9.

Provinz Hebei 161

Diese Angaben und die auf sie basierenden Interpretationen sind sehr fraglich:
- In Hebei befinden sich über 140 Kreise/Städte. Zwischen den Kreisen besteht ein großer Unterschied hinsichtlich der Fläche, der Bevölkerung und der periodischen Märkte. Die durchschnittlichen Werte, die in den jeweiligen Zeitabschnitten zufällig aus Angaben der einzelnen Kreise berechnet werden, sind theoretisch und praktisch nicht miteinander vergleichbar.
- Für eine historische Längsschnittanalyse muß ein klar definiertes Untersuchungsgebiet zugrunde gelegt werden. Für einzelne Kreise sollte man auch die Angaben vorsichtig interpretieren. Vor allem muß in den Kreischroniken überprüft werden, ob sich die Grenzen der Kreise im Laufe der Zeit verändert haben. Angesichts der ungleichen Raumeinheiten und unbestimmten Untersuchungsgebiete waren offenbar die Datenangaben von Ishihara nicht vergleichbar und damit die Interpretation zweifelhaft.
- Ishihara beobachtete, daß die Zahl der Markttage pro Markt von der Ming- bis zur Qing-Dynastie zunahm. Allerdings ging sie in dem nächsten Zeitabschnitt von der späten Qing- bis zur Republik-Zeit zurück. Er erklärt das als Folge der Entstehung der zahlreichen neuen Märkte: „Newly established markets generally meet with lower frequencies than the average."[127] Diese Behauptung steht mit den oben erwähnten zwei Aspekten im Zusammenhang. Sie kann jedoch nicht durch weitere empirische Untersuchungen belegt werden.

Der Verfasser untersucht den Kreis Jinzhou, der ca. 300 km südlich von Beijing und 50 km östlich der Provinzhauptstadt Shijiazhuang liegt, und geht davon aus, daß sich die periodischen ländlichen Märkte - sowohl ihre Anzahl als auch die Markttage - innerhalb eines langen Zeitraums während der Qing-Dynastie (1700-1911) bis zum Vorabend der VR China in Nordchina nicht sehr verändert haben. Seit Anfang der 80er Jahre erlebt der periodische Handel einen Aufschwung. Zugleich nimmt die Zahl der periodischen Märkte zu (siehe Tab. 41).

Zur historischen Entwicklung der periodischen Märkte im Kreis Jinzhou sind folgende Aspekte besonders zu erwähnen:

1. In der Kangxi-Ära (1662-1722) befanden sich im Kreis Jinzhou bereits vier *zhen* und 53 Dörfer. Die meisten Dörfer umfaßten einige „natürliche Dörfer". Die Anzahl der natürlichen Dörfer erreichte um 1700 im Kreis Jinzhou ca. 213. An allen *zhen*-Orten wurden große periodische Märkte abgehalten, während in 14 Dörfern kleine periodische Märkte stattfanden.

2. Ende der Qing-Dynastie (1900-1911) gab es in Jinzhou 224 Dörfer. Die Ortsnamen waren identisch mit den natürlichen Dörfern um 1700. Während der Republik-Zeit (1912-1948) blieb die Zahl der Dörfer konstant. Die Zahl der *zhen* wurde im Laufe der Zeit verdoppelt. Trotzdem ging die Zahl der periodischen Märkte von 18 um 1700 auf 17 um 1928 zurück.

---

[127] Nach G. Rozman, 1982, S. 100.

Tabelle 41: Periodische Märkte und Markttage im Kreis Jinzhou 1700-1992

Marktorte	1700	1927	1992
Jinzhou	2-7-4-9****	4-9****	2-7-4-9****
Donglizhuang	1-6***	1-6***	1-6**
Zongguangzhuang	4-9***	4-9***	2-7-4-9***
Gudi	2-7*	5-10***	
Mayu	3-8*		5-10***
Zhoutou	5-10*	5-10***	5-10**
Dashangcun	1-6*	1-6*	1-6*
Hetou	3-8*	3-8*	3-8**
Wuqiu	2-7*	2-7***	2-7*
Hanzhuang	4-9*	4-9*	1-6*
Dongsilü	2-7*	2-7*	
Xisilü	3-8*		
Houcheng	3-8***	3-8***	3-8*
Xiaoqiao	1-6***	1-6***	1-6***
Niepan	2-7*	5-10*	
Donghetou	2-7*	2-7*	
Dongzhuosu	3-8*	3-8***	3-8**
Pengzhao	5-10*		
Leichen	5-10*	5-10***	
Gengzhuang		5-10*	Gehört jetzt zum Nachbarkreis
Zhoujiazhuang		2-7*	
Yinli			2-7**
Yangjiayin			5-10**
Taoyuan			3-8**
Chenjiazhuang			4-9**
Huaishu			1-6**
Qidi			5-10**
Taincun			5-10**
Kongmuzhuang			3-8*
Zhaolanzhuang			3-8*
Xitan			3-8*
Dongping			3-8*
Beikou			3-8*
Lüjiayin			3-8*
Dongcao			2-7*
Xiwang			4-9*
Changyin			3-8*
Longquangu			1-6*
Guangqian			3-8*
Nansi			5-10*
Guangcan			5-10*

Anmerkung: * Dorfmarkt, ** Periodischer Markt am Gemeindeort, *** Periodischer Markt am Zhenort, **** Periodischer Markt in der Kreisstadt.
Quelle: 1) *Jinzhou zhi* (1700 in der Kangxi Ära), 2) *Jinxian zhi* (1927), 3) Eigene Erhebung 1993.

3. Nach der Gründung der VR China 1949 wurde der Kreis Jinzhou umstrukturiert. Die Gemeinde Gengzhuang im Norden gehört seit 1961 nicht mehr zum Kreis Jinzhou. 1990 untergliederte sich der Kreis Jinzhou in vier *zhen*, 16 Gemeinden und insgesamt 224 Dörfer. Nach offiziellen Angaben gab es 1993 20 periodische Märkte. Nach unseren eigenen Untersuchungen gab es jedoch 1993 im Kreis Jinzhou 32 periodische Märkte. Es handelte sich um eine Vielzahl von Kleinmärkten, die fast durchweg in Dörfern stattfanden und nicht in der amtlichen Statistik erfaßt wurden.

4. Das Kreisverwaltungsgebiet hat sich in den vergangenen Jahrhunderten leicht geändert. Nach den Kreischroniken lag um 1700 die nördliche Kreisgrenze jenseits des Flusses Hutuo; 1927 befand sich die Grenze in der Flußmitte und 1961 wurde die Grenze wegen der Abtrennung der Gemeinde Gengzhuang von Norden nach Süden verschoben. Die übrigen Kreisgrenzen sind im Laufe der Zeit unverändert geblieben. Das gesamte Kreisgebiet hat sich im Zeitraum von der Qing-Dynastie bis zur Gegenwart um ca. 3% verkleinert.

3.4.2 Das traditionelle Marktsystem: Ausgangssituation und Veränderung

Das traditionelle ländliche Marktsystem stimmt zum großen Teil mit dem ländlichen Siedlungssystem überein: Die Hauptmärkte befinden sich ausschließlich in den Kreisstädten; die großen *zhen*-Orte sind meist Mittelmarktzentren; in großen Dörfern bzw. Gemeindeorten liegen die Standard- bzw. Kleinmärkte.

Früher hatten die periodischen Märkte in der Kreisstadt eine einzigartige Position. Sie lagen in der Kreisstadt auf verschiedenen Plätzen. Üblicherweise befanden sich die periodischen Märkte vor den Stadttoren. Die Kreisstadt Jinzhou z.B. hatte bereits um 1700 in der frühen Qing-Dynastie fünf periodische Märkte, nämlich Gongping, Fengle, Fucheng, Yongkang und Xiangming. Davon waren zwei in der Kreisstadt und drei außerhalb der Stadtmauer gelegen (siehe Abb. 23). Die Markttage waren unterschiedlich angeordnet. Großmärkte fanden am 4. und 9. Tag pro xun außerhalb der Kreisstadt statt, während die Kleinmärkte im Rhythmus 2-7 pro xun innerhalb der Stadt abgehalten wurden. An dieser raum-zeitlichen Organisation hat sich bis Ende der Qing-Dynastie nichts geändert.

Die unten abgebildete Übersichtskarte zeigt die ursprüngliche Form der Kreisstadt Jinzhou in der kaiserlichen Zeit. Die Stadt wurde nach den traditionellen Gesetzen der Geomantik ausgerichtet und in Form eines Quadrats angelegt. Es gab drei Stadttore im Süden, Osten und Westen, im Norden fehlte zwar ein Stadttor, dennoch bestand nominell ein Torbogen. Die Großmärkte befanden sich jeweils vor den drei Stadttoren. Der Grund dafür, daß die Großmärkte außerhalb der Stadtmauer stattfanden, ist in erster Linie in der Stadtsicherheit zu suchen.

Abb. 23: Übersichtskarte der periodischen Märkte in der Kreisstadt Jinzhou 1700-1935

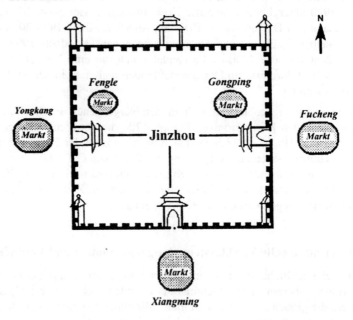

Quelle: *Jinzhou zhi* 1700, 1915, 1928, 1935.

Eine ähnliche Organisation der periodischen Märkte in den traditionellen Kreisstädten ließ sich überall in Nordchina beobachten. In der alten ummauerten Kreisstadt Zouping in der Nachbarprovinz Shandong z.B. fand sich auch ein nördliches Stadttor (siehe Karte 18 im Anhang). „Die Stadt hat vier Tore im Osten, Westen, Süden und Norden. Vor jedem Stadttor befindet sich ein Markt. Allerdings liegt der südliche Marktplatz etwas weiter von dem Südtor entfernt. In der Kreischronik[128] des Kreises Zouping aus dem Jahr 1695 wird berichtet, daß die Markttage zwischen verschiedenen Märkten untereinander vereinbart werden."

Diese eigenartige Organisation hat sich im Laufe der Zeit gründlich geändert. In der Kulturrevolution (1966-1976) wurden die alten Stadtmauern abgerissen, um den sogenannten „Stadt-Land-Unterschied" zu beseitigen. Die traditionelle Stadtlandschaft ist allmählich verschwunden und die historischen Kreisstädte verloren ihre eigene Identität. Heute sind die alten Stadtmauern nur in vereinzelten Ruinen teilweise erkennbar. Die traditionellen Märkte sind zwar in den meisten Fällen in den Kreisstädten geblieben, wenn auch an anderer Stelle. In Jinzhou z.B. befindet sich heute der periodische Markt auf einem großen Platz im Süden der Kreisstadt.

---

[128] *Zoupingxian zhi* (in Kangxi-Ära), Vol. 2. Verwaltung: Stadt, Straße und Markt, S. 2, 1695.

Neben dem periodischen Markt entwickelte sich in den letzten Dekaden der stationäre Handel besonders in den Kreisstädten. Dadurch hat sich ihre Stellung als Hauptmarkt in den regionalen Marktsystemen stark erhöht. Die zunehmende zentralörtliche Marktfunktion hat einen erheblichen Einfluß auf die periodischen Märkte im Umland ausgeübt. Im Kreis Jinzhou z.b. wird deutlich, daß vier traditionelle Märkte (Gudi, Zhoujiazhuang, Dongsilü und Leichen), die sich in unmittelbarer Nähe der Kreisstadt befanden, im gegenwärtigen regionalen Marktsystem verschwunden sind. Es zeigt sich die Tendenz, daß sich im Laufe der Zeit mit zunehmender Bedeutung des Hauptmarktes und steigender Erreichbarkeit der Kreisstadt die räumliche Distanz zwischen der Kreisstadt und den benachbarten ländlichen Märkten vergrößert. In Jinzhou z.b. war 1927 die kürzeste Distanz etwa 4 km, bis 1993 stieg sie auf 7,5 km an.

Die Veränderung des gesamten regionalen Marktsystems im Kreis Jinzhou ist offensichtlich: Die ländlichen Märkte waren während der Qing-Dynastie und Republik-Zeit regelmäßig über das ganze Gebiet verstreut; heute gibt es gewisse Konzentrationen (vgl. Karten 19, 20 und 21): Im zentralen Bereich dominiert der Hauptmarkt der Kreisstadt; im Süden und Norden konzentrieren sich die periodischen ländlichen Märkte. Zugleich zeigt sich eine starke Vermehrung der periodischen ländlichen Märkte in der vergangenen Dekade. Die meisten davon sind dörfliche Kleinmärkte (siehe auch Tab. 41).

3.4.3 Merkmale und Hierarchie der periodischen Märkte: Am Beispiel der Präfektur Shijiazhuang in der Provinz Hebei

Die Darstellung der traditionellen Märkte im Kreis Jinzhou weist darauf hin, daß das regionale System von verschiedenen Märkten unterschiedlicher Stufen gebildet wird. Unter normalen Umständen kann man ohne Problem in einem Landkreis den Hauptmarkt und die übrigen Märkte unterscheiden. Allerdings besteht die Schwierigkeit darin, ländliche Märkte der unteren Stufe zu klassifizieren, d.h. zwischen Mittelmarktzentren und Standardmärkten bzw. zwischen Standard- und Kleinmärkten zu unterscheiden. Mit der quantitativen Analyse kann man dieses Problem zum Teil lösen. Die Großregion der Präfektur Shijiazhuang wird dazu als Testgebiet untersucht.

Die Präfektur Shijiazhuang ist in 13 Landkreise untergliedert, einschließlich des Kreises Jinzhou. Die gesamte Fläche beträgt 10.900 km² und nimmt damit 5,8% der Provinzfläche ein. Die gesamte Einwohnerzahl erreichte im Jahr 1992 ca. 5,28 Mill. Das waren 8,4% der gesamten Bevölkerung in der Provinz. In der Präfektur befinden sich heute insgesamt 238 periodische ländliche Märkte. Von diesen konzentrieren sich 84% auf neun Kreise, die in der Ebene liegen, und 16% auf weitere vier Kreise, die im Gebirge liegen. Die Marktdichte nimmt vom westlichen Gebirge nach Osten zur Ebene stark zu (vgl. Tabelle 42).

Zur Analyse der 238 periodischen Märkte im oben aufgezeigten Testgebiet werden vier Variablen ausgewählt, nämlich die Höhe des Jahresumsatzes, die durchschnittliche Zahl der Besucher bzw. der Verkäufer (= Stände) je Markttag sowie die Fläche der Marktplätze. Angesichts der Abweichungen einiger Sonderfälle wird das statistische Verfahren der Gruppenanalyse in mehreren Schritten durchgeführt. Drei wichtige Gruppen können identifiziert werden. Zur ersten Gruppe zählen 15 Märkte, davon sind 13 Hauptmärkte in Kreisstädten. Die zweite Gruppe besteht aus 32 Märkten, die regional von großer Bedeutung sind. Die dritte Gruppe ist die Hauptgruppe, in der sich 80% aller Märkte befinden. Die wichtigsten Merkmale periodischer Märkte in den verschiedenen Gruppen werden in Tabelle 43 festgehalten:

Die Unterschiede zwischen diesen drei Gruppen sind offenkundig. Die erste Gruppe weist die höchsten Werte auf. Die Großmärkte liegen meist in den Kreisstädten. Sie sind die Märkte mit der höchsten Stufe in den regionalen Marktsystemen.

In Gruppe 2 liegen die durchschnittlichen Werte wesentlich unter denen der ersten Gruppe, aber erheblich über denen der letzten Gruppe. Die Märkte dieser Gruppe sind in den regionalen Marktsystemen regionale Marktzentren der mittleren Stufe.

Die große Mehrheit der periodischen Märkte ist der unteren Stufe zuzuordnen. Die Märkte in Gruppe 3 sind relativ klein. Sie sind nur von lokaler Bedeutung. Die meisten von ihnen, die sogenannten „Standardmärkte", liegen in den Gemeindezentren. Ein Teil der Märkte, die oft als „Kleinmärkte" bezeichnet werden, befinden sich auch in Dörfern. Allerdings sind diese beiden Markttypen schwer zu unterscheiden.

Zwischen den verschiedenen Gruppen periodischer Märkte sind die Markttage zwar unterschiedlich, aber der Unterschied ist nicht so groß, wie man erwarten könnte. Die Großmärkte in der ersten Gruppe finden meist häufiger als neunmal im Monat statt. Es gibt aber auch einige Großmärkte, die in Kreisstädten liegen und alle 5 Tage abgehalten werden. Die Märkte in der zweiten und dritten Gruppe haben im Monat fast die gleiche Zahl von Markttagen. Sie finden in der Regel sechsmal im Monat gemäß dem chinesischen Mondkalender statt. Die wichtigsten Markttage sind 1-6, 2-7, 3-8, 4-9 und 5-10 nach dem 5-Tage-Rhythmus. Die einzelnen Formen der Markttage und die Anzahl der Märkte werden ausführlich in Tabelle 44 gezeigt.

Zusammenfassung: Das traditionelle periodische Marktsystem in dem uralten Bauernland der nordchinesischen Ebene besteht weiter. Untersuchungen im Kreis Jinzhou haben gezeigt, daß die Zahl der Märkte in dem langen Zeitraum von 1700 bis 1927 stagnierte, obwohl sich die Einwohnerzahl vervielfachte. Die quantitative Analyse der insgesamt 238 Märkte in der Präfektur Shijiazhuang weist darauf hin, daß über 80% der Märkte der unteren Stufe des hierarchischen Marktsystems zuzuordnen sind. Nahezu in allen von ihnen findet der Markt zweimal pro *xun* statt. Große Märkte höherer Stufe liegen ausschließlich in den Land- oder Kreisstädten. Sie haben zwar mehrere Markttage, dennoch zeigt sich nur ein geringer Unterschied zwischen Gruppe 2 und Gruppe 3. Es gibt allerdings keinen einzigen Beweis, daß neu eingerichtete Märkte weniger Markttage haben, wie Skinner (1964) und Ishihara (1976) behaupten.

Tabelle 42: Anzahl der periodischen Märkte nach Kreisen in der Präfektur Shijiazhuang

Kreise	Jinzhou	Xinji	Sheng-ze	Wuji	Gao-cheng	Zhao-xian	Xinle	Gaoshe	Yuanyi	Zha-huang*	Ping-shan*	Lin-shiu*	Xin-tang*
Fläche (km²)	619	951	301	500	836	675	625	222	681	832	2.613	1.069	961
Einwohnerzahl (in 1.000)	488	602	244	461	700	512	412	169	356	212	436	299	389
Bevölkerungsdichte (pro km²)	788	633	811	922	837	759	660	761	523	255	167	280	405
Anzahl der Märkte	30	43	7	22	42	29	15	7	6	5	13	9	10
Dichte der Märkte (pro 100 km²)	4,8	4,5	2,3	4,4	5,0	4,3	2,4	3,2	0,9	0,6	0,5	0,8	1,0
Durchschn. Radius des Einzugsgebiets (in km)	2,6	2,7	3,7	2,7	2,5	2,7	3,6	3,2	6,0	7,3	8,0	6,2	5,5
Einwohnerzahl pro Markt (in 1.000)	16,3	14,0	34,9	21,0	16,7	17,7	27,5	24,1	60,8	42,4	33,5	33,2	38,9

Anmerkung: * Kreise, die im Gebirge liegen.
Quelle: 1) *Economic & Statistical Yearbook of Hebei 1993*.
2) Eigene Erhebungen 1993.

Tabelle 43: Merkmale periodischer Märkte in der Präfektur Shijiazhuang nach drei Gruppen

	Anzahl der Märkte	Durchschn. Größe der Marktplätze (ha)	Durchschn. Zahl der Besucher je Markttag	Durchschn. Zahl der Stände je Markttag	Marktumsatz im Jahr (in 1.000 Yuan)	Durchschn. Zahl der Markttage im Monat
Gruppe 1	15	5,79	84.600	3.028	24.550	9,23
Gruppe 2	32	1,31	21.100	443	3.934	6,27
Gruppe 3	191	0,35	5.600	250	633	6,05

Quelle: Eigene Erhebungen 1993.

Tabelle 44: Die Formen der Markttage im 10-Tage-Xun-System nach dem Mondkalender und die Anzahl der periodischen Märkte unterschiedlicher Stufen in der Präfektur Shijiazhuang

Markttage (pro xun)	Anzahl der Märkte	Davon: Z-Märkte	M-Märkte	K-Märkte
1-6	34	2	3	29
2-7	37	1	7	29
3-8	52	1	9	42
4-9	40	0	4	36
5-10	47	3	6	38
1-5	2	0	0	2
3-7	4	0	1	3
3-9	1	0	0	1
1-4-7	1	0	0	1
2-5-8	1	0	0	1
2-6-9	1	0	0	1
3-5-9	1	0	0	1
3-6-9	1	0	0	1
4-7-10	1	0	0	1
1-6-3-8	1	1	0	0
2-4-6-8	2	0	0	2
1-6-4-9	2	2	0	0
2-7-4-9	4	2	2	0
1-3-5-7-9	1	1	0	0
2-4-6-8-10	2	2	0	0
täglich	3	0	0	3
Gesamt	238	15	32	191

Anmerkung: Z-Märkte beziehen sich auf die Zentralmärkte in der ersten Stufe des Marktsystems; M-Märke beziehen sich auf die Mittelmarktzentren in der zweiten Stufe, und K-Märkte sind die Standard- bzw. Kleinmärkte in der dritten Stufe des Marktsystems.
Quelle: Eigene Erhebungen 1993.

3.4.4 Der Beispielmarkt von Zongshizhuang im Kreis Jinzhou

Als Fallstudie wurde der periodische Markt von Zongshizhuang in der Präfektur Shijiazhuang bzw. im Kreis Jinzhou ausgewählt und vor Ort im September/Oktober 1993 untersucht. Die Untersuchung umfaßte folgende vier Hauptaspekte: die Entwicklung des periodischen Marktes, die Funktionen des periodischen Handels, das räumliche Verhalten der Marktbeteiligten und die Abgrenzung des Marktgebietes.

Provinz Hebei 169

3.4.4.1 Die Entwicklung des periodischen Marktes von Zongshizhuang

Der Marktort Zongshizhuang befindet sich im Süden des Kreises Jinzhou, 21 km südlich von der Kreisstadt entfernt. Weiter südlich liegt der Kreis Ningjin, westlich der Kreis Zhaoxian und im Osten der Kreis Xinji. Deswegen hat dieser Ort eine richtige „Straßenkreuzung". So nannte man auch während der Ming- und Qing-Dynastie (1368-1911) das Dorf „Shizhilu". Der Marktort Zongshizhuang, der heute als *zhen*-Ort (Landstadt) bezeichnet wird, entstand erst im Jahr 1941 durch die Zusammenlegung von zwei Dörfern, nämlich „Zongguanzhuang" und „Shizhilu". Der Ortsname „Zong-shi-zhuang" ist eine Abkürzung der Ortsnamen der beiden Dörfer.

Die Lage an der Straßenkreuzung ist der wichtigste Standortfaktor für die Entstehung des periodischen Marktes von Zongshizhuang. Seit Beginn seiner Geschichte ist dieser Ort das größte Marktzentrum im Süden des Kreises Jinzhou.

Der erste Bericht über den periodischen Markt in Zongshizhuang fand sich in der Kreischronik[129] von Jinzhou im Jahr 1700. Vermutlich existierte dieser Markt schon lange vorher. Während der frühen Qing-Dynastie bis Ende der Republik-Zeit fand der periodische Markt regelmäßig an den Tagen 4-9 im Monat statt. Kurz nach der Gründung der VR China verdoppelte sich die Zahl der Markttage. Es wurde festgelegt, daß große Märkte an den Tagen 4-9 und kleine Märkte an den Tagen 2-7 im Monat stattfinden. 1952 wurde auf die Kleinmarkttage (2-7) verzichtet. Die Großmarkttage (4-9) wurden allerdings bis zum Jahr 1966 beibehalten. In der Kulturrevolution (1966-1976) wurde zwar nominell der Markt zwar in Zongshizhuang an den Tagen 1-6 im Monat abgehalten, praktisch wurde der periodische Privathandel jedoch unterbrochen. Erst im Jahr 1979 wurde der periodische Markt wiederhergestellt. Der Marktort erhielt daher die überlieferten Markttage (2-7-4-9) zurück, die nach wie vor gemäß dem traditionellen Mondkalender berechnet werden.

Außerdem fand früher am 29. Mai jedes Jahres das Tempelfest in Zongshizhuang statt. Es war zugleich immer der größte Jahrmarkt, der aber während der Kulturrevolution (1966-1976) verboten wurde. Nach der Rehabilitation ist der Jahrmarkt zwar seit 1980 wiedereingeführt, er findet aber an einem anderen Tag (17. Sept.) unter dem Namen *Herbstmesse* in Zongshizhuang statt.

3.4.4.2 Merkmale des periodischen Marktes von Zongshizhuang

Die folgende Übersichtskarte zeigt die Struktur des periodischen Marktes in der Landstadt Zongshizhuang. Der Markt umfaßt sechs Teilmärkte, die durch ihr Angebot unterscheidbar sind. Die verschiedenen Teilmärkte befinden sich direkt auf den Straßen oder auf offenen Plätzen. Mit 2,8 ha Gesamtmarktfläche und 5,4 Mill. Jahresumsatz ist der periodische Markt von Zongshizhuang neben dem Zentralmarkt in der Kreisstadt der zweitgrößte Markt im Kreis Jinzhou.

---

[129] *Jinzhou Zhi*, Vol. 2 „Markt", S. 4, 1700.

Karte 22: Übersichtskarte des periodischen Marktes bzw. Zhenortes von Zongshizhuang 1993

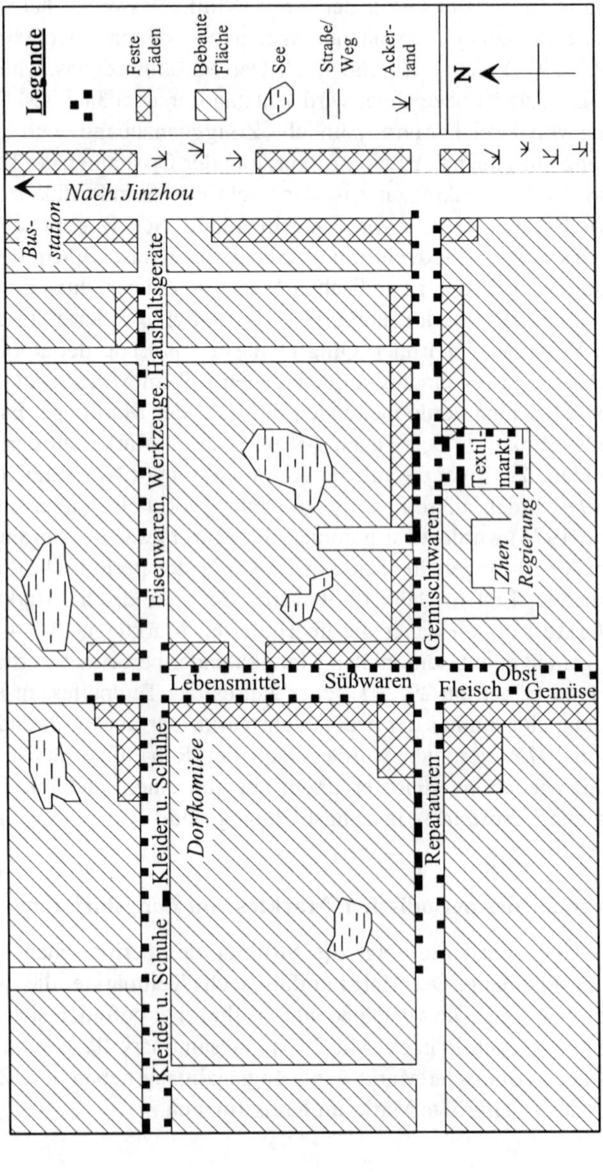

In Zongshizhuang findet heute der periodische Markt an den Tagen 2-7-4-9 pro *xun* statt, getrennt nach kleinen Märkten (2-7) und großen Märkten (4-9). Auf den kleinen Märkten sind nur einige Dutzend Anbieter, während sich auf den großen Märkten mehrere hundert Stände einfinden. Nach Angaben von VAfIH gab es an Markttagen durchschn. 820 feste Stände und 300 freie Stände sowie 25.000 Besucher. Unsere Untersuchung im Sept./Okt. 1993 ergab allerdings, daß in Zongshizhuang die Zahl der Stände bei den großen Märkten zwischen 400 und 600 und bei den kleinen Märkten zwischen 50 und 100 lag.[130]

Es zeigt sich erstens, daß die Zahl der Stände von Markt zu Markt unterschiedlich ist. Sie ist während eines kleinen Marktes sehr gering. Das heißt, daß der kleine Markt bei dem periodischen Markthandel in Zongshizhuang nur eine untergeordnete Rolle spielt. Zweitens bestehen zwischen den verschiedenen großen Märkten ebenfalls Unterschiede. Der Markt am 29. Sept. 1993 z.B. schien wesentlich größer als der am 4. Okt. d.J. zu sein. Dies ist dadurch zu erklären, daß der erste der genannten Tage nach dem chinesischen Mondkalender (14. 08. 1993) gerade einen Tag vor dem traditionellen chinesischen Mondfest lag und für viele Bauernfamilien der Besuch des periodischen Marktes daher notwendig war. An diesem Markttag konnte man beobachten, daß an den Süßwarenständen, die hauptsächlich Mondkuchen anboten, besonderer Andrang herrschte. Nach dem Mondfest ging die Zahl der Süßwarenstände stark zurück.

Das Warenangebot auf dem periodischen Markt ist ganz eindeutig auf landwirtschaftliche Produkte ausgerichtet: An 64% der Stände wurden landwirtschaftliche Produkte angeboten, insbesondere frisches Gemüse und Obst; 27% entfielen auf Industrieprodukte; die verbleibenden 9% der Stände verteilten sich auf Handwerksprodukte und Dienstleistungen.

Neben dem periodischen Markt befinden sich im Marktort noch zahlreiche täglich geöffnete Geschäfte und Dienstleistungsunternehmen. Bei der Untersuchung wurden insgesamt 55 Einzelhandels- bzw. Großhandelsgeschäfte und 52 Restaurants, Hotels, Fotografen, Friseursalons und andere Dienstleistungen erhoben. Es handelte sich überwiegend um private Betriebe (95%). Nur fünf wurden zu den staatlichen und kollektiven Betrieben gezählt. Die Zahl der Beschäftigten erreichte im Jahr 1993 273, und der gesamte Umsatz lag bei 2,3 Mill. Yuan - weniger als die Hälfte des Umsatzvolumens des periodischen Marktes 1993.

---

[130] Der Grund, warum die erhobene Zahl wesentlich kleiner als die offizielle Angabe war, könnte zu diesem Zeitpunkt unserer Untersuchung vielleicht mit einem Sonderfall erklärt werden. Am 28. 09. 1993 ereignete sich bei der Ölförderung in einem Bohrloch, das sich ca. 15 km westlich von Zongshizhuang entfernt in dem Nachbarkreis Zhaoxian befand, ein schwerer Unfall. Innerhalb eines 8-10 km großen Radius um die Unfallstelle mußten etwa 300.000 Einwohner zeitweilig evakuiert werden. Bis zu unserer geplanten Marktuntersuchung in Zongshizhuang befanden sich noch zahlreiche Menschen auf der Flucht. Trotzdem wurde der periodische Markt in Zongshizhuang wie gewohnt fortgesetzt.

Tabelle 45: Anzahl der Stände auf dem periodischen Markt nach Markttagen

Angebot	Anzahl der Stände auf dem Kleinmarkt (27. Sep. 1993)	Anzahl der Stände auf dem Großmarkt (29. Sep. 1993)	Anzahl der Stände auf dem Großmarkt (4. Okt. 1993)
Getreide		2	10
Gemüse	26	186	159
Obst	8	84	50
Lebensmittel	2	38	9
Gewürze	3	12	11
Fleisch	4	18	9
Geflügel		10	6
Gebratenes Hühnerfleisch		6	3
Haustiere		7 (Einheiten)	5 (Einheiten)
Rattengift		1	3
Zigaretten	2	12	14
Papier		2	4
Haushaltsartikel		17	11
Landwirtschaftliche Werkzeuge		8	5
Kurzwaren		15	10
Kleider	15	47	64
Kleiderstoffe	6	15	12
Schuhe	7	46	44
Fahrradreparatur		5	5
Uhrenreparatur		1	1
Schlüsseldienst		1	1
Beaufsichtigter Fahrradparkplatz		5	5
Gesamt	73	538	441

Quelle: Eigene Erhebungen 1993.

Allerdings gibt es enge Beziehungen zwischen dem periodischen Markt und dem permanenten Handel. Die meisten Läden sind zwar täglich geöffnet, doch hängt ihr Umsatz wesentlich von den periodischen Märkten ab. An Nicht-Markttagen ist der Marktort wie ausgestorben. Angesichts des geringen Betriebs sind offenbar viele private Läden, Gaststätten und Hotels etc. nur zeitweise geöffnet. Dagegen ist es an Markttagen ganz anders. Die Straßen sind an diesen Tagen voll von Besuchern. Viele Ladenbesitzer nutzen diese Gelegenheit und bauen zusätzlich eigene Stände vor den Läden auf, um mehr Kunden zu gewinnen. Für fast alle Läden, ausgenommen einige Apotheken, sind die Markttage die wichtigsten Geschäftstage. Nach Befragungen erzielen sie über 80% des Umsatzes an den Markttagen.

Man kann beobachten, daß manche Produkte, darunter z.B. Gemüse, Geflügel, Haus- und Lasttiere, normalerweise nur auf dem periodischen Markt angeboten werden. Andere Produkte, vor allem Lebensmittel, werden hauptsächlich in festen Läden gekauft. Es handelt sich um unterschiedliche Angebotsspektren, obwohl viele Produkte, die in permanenten Läden erhältlich sind, auch auf dem periodischen Markt angeboten werden. Allerdings ist auf dem periodischen Markt das Angebot vielfältiger und der Preis flexibler.

Zusammenfassend läßt sich feststellen, daß der Markt von Zongshizhuang ein typischer periodischer Markt ist wie Tausende von periodischen ländlichen Märkten in der nordchinesischen Ebene. Bei den regelmäßig stattfindenden periodischen Märkten sind große Markttage (4-9) und kleine Markttage (2-7) zu unterscheiden. Angesichts seiner geringen Marktaktivität spielt der Kleinmarkt beim periodischen Markthandel eine untergeordnete Rolle. Neben periodischen Märkten sind zahlreiche permanente Läden im Marktzentrum angesiedelt. Der periodische Markt und die permanenten Geschäfte sind funktionell miteinander verbunden.

3.4.4.3 Funktionen des periodischen Marktes in Zongshizhuang

Die wirtschaftlichen Funktionen des periodischen Marktes werden in folgenden Punkten erfaßt: 1) Versorgung der ländlichen Bevölkerung mit Gütern und Dienstleistungen; 2) Absatz der lokalen Produkte; 3) Steigerung des bäuerlichen Einkommens; 4) Arbeitsbeschaffung außerhalb des landwirtschaftlichen Sektors.

Im allgemeinen übernehmen die freien Märkte (periodische Märkte), die privaten Läden und die kollektiven Einzelhandelsbetriebe der Absatz- und Versorgungsgenossenschaft (AVG) die Aufgabe der Versorgung der Bevölkerung in den ländlichen Gebieten. Im Laufe der vergangenen Jahre bekamen die AVG-Einzelhandelsbetriebe immer stärker Konkurrenz von dem privaten Markthandel und stehen offenbar vor dem Bankrott. Als Reformmaßnahme wurden die AVG-Betriebe in Zongshizhuang per Vertrag an private Kaufleute verpachtet. Allerdings hat sich ihre schwierige Lage wegen der raschen Entwicklung der privaten Wirtschaft nicht wesentlich geändert. Man beobachtete, daß die Kaufhallen der AVG in Zongshizhuan fast leer waren und daß sich dieser Handelszweig nach wie vor in einer starken Krise befindet. Hingegen erlebt der private Handel einen Aufschwung. Im Vergleich der Jahre 1989 und 1991 ergab sich, daß jedes Jahr allein die Steuereinnahmen aus dem periodischen Markt um 25% stiegen.[131]

In Tabelle 46 wird gezeigt, wie sich die Versorgungsmöglichkeiten für die ländliche Bevölkerung bezüglich 44 ausgewählter Produkte bzw. Warengruppen des Grundbedarfs gestalten. Die Bauern können aus ihrer eigenen Erzeugung nur einen geringen Anteil des Lebensbedarfs decken. Die meisten Güter müssen sie entweder auf dem periodischen Markt oder in festen Läden kaufen. Allerdings kaufen sie nicht

---

[131] Bericht vom Steueramt in Zongshizhuang 1993.

Tabelle 46: Versorgungsmöglichkeit mit Grundbedarfsgütern für die ländliche Bevölkerung

Sorte	Eigene Erzeugung	Periodischer Markt	Permanente Geschäfte
Getreide	+	+	+
Gemüse	+	+	-
Obst	+	+	+
Fleisch	-	+	+
Geflügel	+	+	-
Fisch	-	+	-
Tierfutter	+	+	+
Saatgut	-	+	+
Gewürze	+	+	+
Speiseöl	-	+	+
Salz	-	-	+
Zucker	-	-	+
Sojasoße	-	-	+
Alkohol	-	-	+
Konserven	-	-	+
Tee	-	+	+
Zigaretten	-	+	+
Tabak	-	+	-
Süßwaren	-	+	+
Geschenke	-	+	+
Papier u. Bücher	-	+	+
Spielzeug	-	+	+
Stoffe	-	+	+
Schuhe	-	+	+
Körperpflegemittel	-	+	+
Uhren	-	+	+
Schmuck	-	+	+
Fahrräder	-	-	+
Fernsehgeräte	-	-	+
Radio	-	-	+
Musikkassetten	-	+	+
Eisen- u. Blechwaren	-	+	+
Körbe u. Matten	-	+	+
Porzellan	-	+	+
Baumaterial	-	+	+
Landw. Geräte	-	+	+
Pestizide	-	-	+
Chem. Düngemittel	-	-	+
Rattengift	-	+	-
Trad. Arzneimittel	-	+	+
Kohle	-	+	-
Holz	-	+	-
Devotionalien	-	+	-

Anmerkung: „+" bezieht sich auf die bestehende Versorgungsmöglichkeit;
„-" bedeutet keine Versorgungsmöglichkeit unter normalen Umständen,

jeden Tag, sondern normalerweise an den Markttagen ein. Dieses Verhalten wurde durch eine im Herbst 1993 in Zongshizhuang durchgeführte Kundenbefragung bestätigt: 31% der Befragten gaben an, daß sie den Markt ausschließlich an großen Markttagen aufsuchten; 41% besuchten den Markt nur gelegentlich; 25% kamen selten auf den Markt, die verbleibenden 3% aber jeden Markttag.

Der periodische Markt und die permanenten Geschäfte können gemeinsam den gesamten Bedarf der ländlichen Bevölkerung decken. Allein könnten im gegenwärtigen chinesischen Handelssystem weder der private Markthandel noch die staatlichen bzw. kollektiven Geschäfte die Versorgung der ländlichen Bevölkerung vollständig leisten. Die wichtigsten agrarischen Produktionsmittel, z.B. Pestizide und chemische Düngemittel, dürfen allerdings nicht frei auf dem periodischen Markt angeboten werden.

Der periodische Markt hat nicht nur Versorgungsfunktion, sondern auch Absatzfunktion. Die Umfrage bei 158 Marktbeschickern zeigte, daß 61% der Befragten auf dem periodischen Markt in Zongshizhuang ihre eigenen Erzeugnisse anboten. 93% der Marktbeschicker hatten einen ländlichen *hukou*. Von dieser Gruppe waren 66% hauptberuflich weiterhin in der Landwirtschaft tätig.

Allerdings konnte sich die Absatzfunktion des periodischen Marktes infolge der sogenannten sozialistischen Marktwirtschaft nicht voll entfalten. Ein Beispiel dafür ist der einheitliche Aufkauf der Baumwolle durch die staatlichen Betriebe. Baumwolle ist nach Getreide in dieser Region das zweitwichtigste lokale Produkt. Für die Haushaltseinkünfte war sie traditionsgemäß sogar noch wichtiger als Getreide. Die Bauern dürfen die Baumwolle auch heute nicht nach eigenen Wünschen auf dem Markt frei absetzen, sondern sie müssen sie an eine staatliche „Baumwollstation" verkaufen, die allerdings im Marktort liegt. Merkwürdigerweise muß sich die lokale Textilfabrik ihre Rohbaumwolle erst über bürokratische Umwege beschaffen. Es gibt keine direkte Verbindung zwischen der lokalen Fabrik und den lokalen Produzenten, obwohl sich die Fabrik mitten in dem bekannten Baumwollanbaugebiet befindet.

Der periodische Markt bietet den Bauern – mit Ausnahme von Baumwolle und Getreide – die Möglichkeit, landwirtschaftliche Erzeugnisse und Nebenprodukte frei abzusetzen. Dadurch können Bauern nebenberuflich etwas verdienen. Dieses Teileinkommen ist in amtlichen Statistiken und Berichten kaum nachgewiesen, weil es nicht vollständig erhoben werden kann. Nach Befragungen von zehn Gemüsehändlern, die ausschließlich eigene Produkte auf den periodischen Märkten anboten und nebenberuflich im periodischen Handel tätig waren, ergab sich, daß der Marktgewinn mindestens ein Drittel ihres gesamten Einkommens ausmachte.

Die Bedeutung des periodischen Marktes für die Arbeitsbeschaffung im ländlichen Raum ist offensichtlich. Bis 1993 wurden in Zongshizhuang bereits 482 Personen als Individualwirtschaftende im tertiären Sektor angemeldet, zwei Drittel davon im Handelsbereich. Eine Umfrage auf dem periodischen Markt ergab, daß 34% der Marktbeschicker ganz auf die periodischen Märkte angewiesen waren. Sie verdienten ca. 365 Yuan im Monat, demgegenüber hatten Bauern auf dem Land monatlich ein durchschnittliches Einkommen von 232 Yuan.

3.4.4.4 Das räumliche Verhalten der Marktbeteiligten

Auf dem periodischen Markt in Zongshizhuang konnten am 4. Oktober 1993 insgesamt 158 Händler und 154 Kunden befragt werden. Das waren etwa 1/3 der Marktbeschicker und 2% der Marktbesucher.

Die befragten Marktbeteiligten wurden zuerst nach ihrer Herkunft unterschieden. Bei den Marktbesuchern kamen 70% aus dem Ort selbst, 20% aus anderen Gemeinden/*zhen* im Kreis Jinzhou und die verbleibenden 10% aus den Nachbarkreisen in der Provinz Hebei. Die Herkunft der Marktbeschicker teilte sich wie folgt auf: 45% stammten aus dem *zhen* selbst, 37% aus anderen Gemeinden/*zhen*, 18% aus den Nachbarkreisen in der Provinz und 1,3% aus Ferngebieten außerhalb der Provinz Hebei.

Tabelle 47: Herkunft der Kunden und Händler auf dem Markt in Zongshizhuang (in %)

Herkunft	Händler	Kunden
(A) Im *zhen*-Ort bzw. *zhen*-Verwaltungsgebiet	44,9	70,1
(B) Andere *zhen*/Gemeinden im Kreis	37,3	19,5
(C) Außerhalb des Kreises, aber in der Provinz	16,5	10,4
(D) Andere Provinzen	1,3	0,0
Gesamt	100,0	100,0

Anmerkung: Zahl der befragten Kunden: 154, Händler 158.
Quelle: Eigene Erhebung 1993.

Die Tabelle zeigt, daß die meisten Händler und Kunden in Zongshizhuang und seiner Umgebung lebten. Die meisten Besucher konnten in weniger als einer Stunde Fußmarsch den Markt erreichen. Allerdings kamen wenige Leute tatsächlich zu Fuß. Die meisten benutzten eigene Fahrräder.

Die Transportkosten waren deswegen kaum nennenswert. 92% der befragten Händler hatten keinerlei Ausgaben für den Transport. Dafür waren die Ausgaben für Marktgebühren für die Händler auf dem periodischen Markt viel wichtiger. Der Untersuchung zufolge mußte jeder Markthändler monatlich ca. 28 Yuan Marktgebühren an das lokale Verwaltungsamt für Industrie und Handel (VAfIH) in Zongshizhuang entrichten.

Unserer Befragung zufolge konnten die Händler durchschnittlich rund 55 Yuan Tagesumsatz auf dem periodischen Markt in Zongshizhuang erzielen, davon ca. 18 Yuan als Reingewinn. Die Werte des Tagesumsatzes schwankten von Markttag zu Markttag. 96 Yuan war der höchste Wert, während der niedrigste Wert nur 29 Yuan betrug. Entsprechend lagen die Reingewinne bei 30 bzw. bei 10 Yuan.

Tabelle 48: Verkehrs- oder Transportmittel von Kunden bzw. Händlern (%)

Verkehrs- u. Transportmittel	Kunden	Händler
1) zu Fuß	10,4	3,2
2) mit dem Fahrrad	80,5	73,4
3) per Bus/Minibus	2,6	3,8
4) mit der Bahn	0,0	1,9
5) mit dem Lastwagen/Traktor	6,5	17,1
6) sonstiges Verkehrmittel	0,0	0,6
Gesamt	100,0	100,0

Anmerkung: Zahl der befragten Kunden: 154, Händler 158.
Quelle: Eigene Erhebung 1993.

Abbildung 24 zeigt die Aufteilung des Tagesumsatzes und der Reingewinne in verschiedene Stufen. Der Tagesumsatz verteilte sich von 10 bis 149 Yuan ziemlich gleichmäßig. Dabei lag der Anteil der Händler in allen Umsatzstufen bei 15-20%. Hingegen waren die Tagesgewinne überwiegend niedrig: Ca. 45% Händler verdienten weniger als 10 Yuan an einem normalen Markttag; nur vereinzelte Händler (ca. 5%) konnten mehr als 40 Yuan Tagesgewinn erzielen.

Offenkundig konnten die meisten Händler mit so geringen Tagesgewinnen ihr Geschäft nicht allein vom periodischen Markt in Zongshizhuang abhängig machen. 84% der befragten Händler gaben an, daß sie neben dem Markt von Zongshizhuang noch mehrere Nachbarmärkte aufsuchten. Nachstehende Zahlen zeigen, wieviel Prozent der Händler noch auf weiteren Märkten verkauften: 31% besuchten einen weiteren Markt, 35% zwei weitere Märkte, 12% drei weitere Märkte, 4% vier weitere Märkte und 2% sogar fünf weitere Märkte. Nach unseren Untersuchungen konnten verschiedene Beschickungsmöglichkeiten nach Marktrotationen bzw. Marktringen festgestellt werden (siehe Abb. 25a).

Die Befragungen wiesen große Unterschiede im raum-zeitlichen Verhalten der verschiedenen Markthändler auf. Die Gemüsehändler z.B. waren überwiegend Selbstproduzenten und Selbstvermarktende. Sie suchten vor allem die Märkte auf, die in der Nähe ihrer Wohnorte lagen und folgten räumlich sehr begrenzten Marktringen. Weil die in der Nähe gelegenen Märkte meist sehr klein und für den schnellen Absatz des Frischgemüses nicht geeignet waren, mußten die Anbieter weitere Großmärkte aufsuchen. Dabei ging es den Gemüsehändlern nicht in erster Linie um maximale Gewinne, sondern um schnelle Absatzmöglichkeiten. Dagegen wanderten die Textilhändler innerhalb sehr viel größerer geschlossener Marktringe (vgl. Abb. 25b und c). Für sie war der maximale Gewinn das oberste Ziel. Deswegen mußten sie im Laufe der Marktwoche möglichst viele Märkte beschicken. Darüber hinaus waren die meisten von ihnen motorisiert im Gegensatz zu den Gemüsehändlern, die per Fahrrad oder zu Fuß reisten.

3.4.4.5 Das Marktgebiet in Zongshizhuang

Der periodische Markt ist der reguläre Treffpunkt von Händlern und Kunden. Seine sozioökonomischen Funktionen sind Resultat der Partizipation der Bevölkerung, die in dem Marktort und seiner Umgebung lebt.

> Periodic market in this sense is a unit of cooperation consisting of a center and a definite geographic area around it wherein resides the main body of cooperating population.[132]

D.h., man kann ein Marktzentrum nicht isoliert ohne das dazugehörige Marktgebiet erfassen.

In Karte 23 wird das Marktgebiet von Zongshizhuang im Maßstab 1:10.000 dargestellt. Im Zentrum liegt der Mittelmarkt Zongshizhuang. Sein Marktgebiet wird vereinfacht durch einen Ring dargestellt, obwohl es sich nach Kartierung von genauen Angaben der befragten Marktbesucher um eine vieleckige Form handelt. Der erste Ring ist das Ergänzungsgebiet mit einem Radius von 4,35 km (8,7 li). Bei diesem Wert handelt es sich um einen durchschnittlichen Abstand zwischen dem Marktplatz und den Wohnorten der Marktbesucher. Die absoluten Entfernungen liegen zwischen null und 30 km (siehe auch Abb. 26).

Der zweite Ring ist das Verkäufereinzugsgebiet mit einem Radius von 5,45 km (10,9 li). Dabei handelt es sich um durchschnittliche Werte der Herkunftsdistanzen. Die Aktionsreichweite kann aber bis zu 85 km erreichen (vgl. Abb. 26).

Man erkennt auf der topographischen Karte, daß sich im Ergänzungsgebiet des Marktes von Zongshizhuang noch sechs weitere Märkte befinden, darunter ein Standardmarkt und fünf Kleinmärkte. Der durchschnittliche Abstand zwischen den fünf Kleinmärkten beträgt 1,9 km und zwischen den Standardmärkten 3,3 km.

Yang Ching-kun untersuchte die periodischen Märkte im Kreis Zouping der Provinz Shandong und wies darauf hin, daß „the mean radius of service areas of ten basic markets is 1,3 miles (1,8 km), with an average deviation of 0,14 miles. The mean radius for eighteen intermediate markets *(Standardmärkte)* is 2,5 miles (3,1 km), with an average deviation of 0,2".

Vergleicht man beide Ergebnisse miteinander, so sind die Werte erstaunlicherweise fast identisch. Offenkundig besteht eine große Ähnlichkeit bei der Organisation periodischer Märkte in der Großregion der nordchinesischen Ebene. Allerdings hat Yang kein überzeugendes methodisches Verfahren bei der Abgrenzung der Ergänzungsgebiete benutzt. Den Durchschnittsradius der Ergänzungsgebiete hat er sehr wahrscheinlich einfach nur mit dem durchschnittlichen Wert der räumlichen Abstände zwischen den periodischen Märkten in gleicher Rangstufe berechnet, weil sich nach allgemeiner Erfahrung die Ergänzungsgebiete der Standard- bzw. Kleinmärkte selten überschneiden.

---

[132] Yang Ching-kun, 1944, S. 13.

Abb. 24:

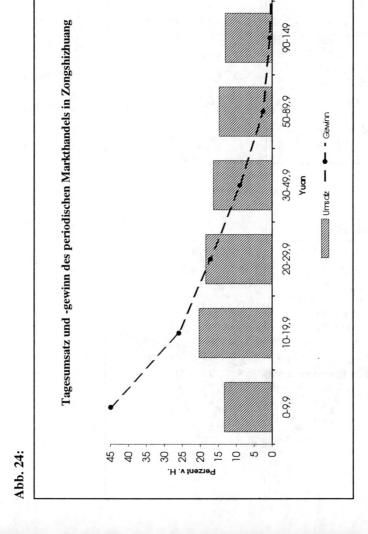

Tagesumsatz und -gewinn des periodischen Markthandels in Zongshizhuang

Quelle: Eigene Erhebungen 1993.

180 Regionale ländliche Marktsysteme

Abb. 25: **Wanderung zwischen benachbarten Märkten nach Marktrotationen von mobilen Händlern**

a) Gesamt

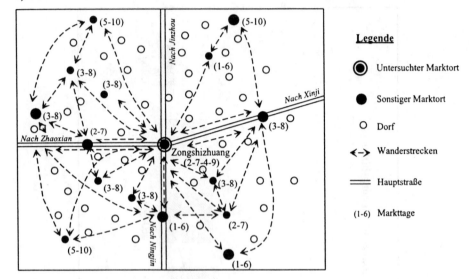

b) Gemüsehändler

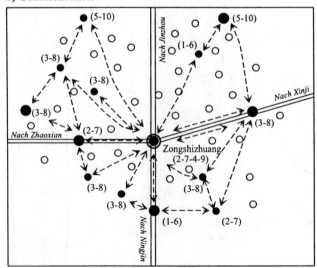

c) Textilhändler

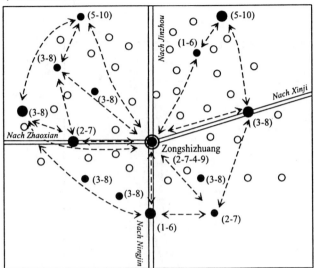

Quelle: Eigene Befragung 1993.

Zusammenfassend läßt sich feststellen, daß der Beispielmarkt von Zongshizhuang den traditionellen Charakter periodischer ländlicher Märkte in der Provinz Hebei bzw. der nordchinesischen Ebene repräsentiert. Als ein Mittelmarktzentrum hat er seit langem vier Markttage pro xun: in seiner Funktion als Standardmarkt die kleinen Markttage 1-7 und als Mittelmarktzentrum die großen Markttage 4-9. Als eine Folge der Entwicklung des periodischen Markthandels sind zahlreiche permanente Läden im Marktzentrum entstanden. Die Geschäfte der permanenten Läden sind aber hauptsächlich von dem periodischen Markt abhängig. Die Marktfunktionen werden jedoch durch den staatlichen Aufkauf der lokalen Produkte Baumwolle und Getreide bzw. dem planmäßigen Verkauf wichtiger landwirtschaftlicher Produktionsmittel stark eingeschränkt.

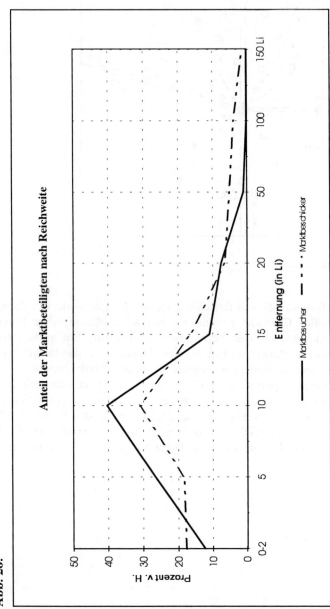

Abb. 26: Anteil der Marktbeteiligten nach Reichweite

3.5 Die ländlichen Märkte im Kreis Wuxi/Jiangsu

Von den periodischen Märkten in Nordchina unterscheiden sich die ländlichen Märkte in Südchina und besonders in Südostchina erheblich. Dort dominiert in den Marktorten das permanente Geschäft. Die periodisch stattfindenden Märkte existieren schon lange nicht mehr. Jedoch finden sich heute in Südchina ländliche Morgenmärkte[133], deren Charakter und Funktionen mit den periodischen Märkten in Nordchina in etwa vergleichbar sind, wenn sie auch weder das Ausmaß noch die Bedeutung für die lokale Bevölkerung wie die periodischen Märkte in Nordchina erreichen. Das bedeutet allerdings nicht, daß die ländlichen Märkte in Südchina unterentwickelt sind. Im Gegenteil, dort sind die ländlichen Märkte stärker spezialisiert. Sie befinden sich in einer höheren Entwicklungsstufe. Die Versorgungsfunktion für den Alltagsbedarf wird allerdings hauptsächlich von stationären Geschäften übernommen.

In diesem Abschnitt versuchen wir, die ländlichen Morgenmärkte im Kreis Wuxi/Jiangsu darzustellen. Wir gehen davon aus, daß der gegenwärtige Stand der ländlichen Märkte im Kreis Wuxi wahrscheinlich in der Zukunft typisch sein wird für viele tausend periodische Märkte in China.

3.5.1 Kennzeichen der ländlichen Entwicklung im Kreis Wuxi

Der Kreis Wuxi liegt im städtischen Verdichtungsraum „su-xi-chang" (Suzhou-Wuxi-Changzhou). In den vergangenen fünfzehn Jahren hat der Kreis Wuxi einen starken Industrialisierungsprozeß erlebt, der sich vor allem an drei Tendenzen erkennen läßt:

1. Die jährlichen Wachstumsraten des Bruttoproduktionswertes von Industrie und Landwirtschaft und die des Pro-Kopf-Volkseinkommens lagen mit 30% bzw. 24% (1980-1992) wesentlich höher als die entsprechenden Durchschnittswerte der Provinz (18% bzw. 14%) und des gesamten Landes (17% bzw. 15%).

2. In der Wirtschaftsstruktur dominiert die Industrie, deren Anteil an dem Bruttoproduktionswert von Landwirtschaft und Industrie 1992 ca. 97% gegenüber 72% im Jahr 1980 erreichte. Die Industrie wird von ländlichen Unternehmen dominiert, die 1992 92% des gesamten industriellen Produktionswerts auf sich vereinigten.

3. Über 60% aller Arbeitskräfte sind in ländlichen Industrieunternehmen tätig. Der Anteil der Beschäftigten in der Landwirtschaft (einschl. Fisch- und Bewässerungswirtschaft) beträgt nur 18%. Vergleichsweise gab es in der Provinz Jiangsu insgesamt 36 Mill. Beschäftigte, von denen 27% in der Industrie und 49% in der Landwirtschaft tätig waren.

---

[133] Im Unterschied zu periodischen Märkten werden die ländlichen Märkte im Kreis Wuxi als „Morgenmärkte" bezeichnet, weil sie in der Regel täglich am frühen Morgen stattfinden.

Dieser außergewöhnlich rasche Industrialisierungsprozeß führte nicht gleichzeitig zu einem nennenswerten Verstädterungsprozeß. Die Verstädterungsrate[134] stieg von 4,2% 1978 auf 11,6% 1992 und liegt ziemlich weit unter dem Provinzdurchschnitt (21,2%) bzw. Landesdurchschnitt (22,4%)[135], Die jährliche Wachstumsrate der städtischen Bevölkerung (8%) ist wesentlich geringer als der ländliche Industriezuwachs von 34% (1978-1992).

Die geringe Verstädterungsrate ist Folge der Industrialisierung im ländlichen Raum selbst. Dieser Weg wird von Fei Xiaotong[136] als vorbildlich beschrieben: „Bauern verlassen das Land, aber nicht ihre Heimat." Rund 5.206 ländliche industrielle Betriebe befinden sich in Dörfern, vor allem in den Landstädten *(zhen)*. Durchschnittlich liegen in jedem Gemeindezentrum 28 Gemeindebetriebe und in jedem Dorf sieben Dorfbetriebe. Die überwiegende Mehrheit der Beschäftigten arbeitet zwar in den Fabriken, wohnt jedoch zu Hause. In den Landstädten leben nur ca. 35% der gesamten Bevölkerung.

Ein weiteres Kennzeichen für die ländliche Entwicklung im Kreis Wuxi ist, daß die Landstädte eine weitgehend städtische Infrastruktur erhalten. Die gesamte bebaute Fläche der Landstädte betrug 1992 40 km² gegenüber knapp 14 km² im Jahr 1978. Die Dynamik speist sich allerdings nicht aus dem ländlichen Handel, sondern aus der ländlichen Industrialisierung. Beispielsweise wurde auch der an die Wasserkanäle und Flüsse gebundene Verkehr fast vollständig von einem dichten Straßennetz ersetzt, an das alle Dörfer angebunden sind. Triebkraft dieser Entwicklung ist weniger der ländliche Handel als vielmehr die ländliche Industrialisierung.

3.5.2 Entwicklung des Privathandels im Kreis Wuxi

Seit der kaiserlichen Zeit gehören das südliche Gebiet der Provinz Jiangsu und das nördliche Gebiet der Provinz Zhejiang zu den entwickeltsten Gebieten Chinas. Das alte chinesische Sprichwort „Im Himmel ist das Paradies, auf der Erde Suzhou und Hangzhou" bezieht sich auf diese fruchtbaren Gebiete. Die Stadt Wuxi, ca. 60 km westlich der Stadt Suzhou gelegen, war bereits in der Song-Dynastie (1127-1279) als Marktzentrum landesweit bekannt. Von der späten Ming- bis zum Ende der Qing-Dynastie (1573-1911) galt Wuxi als einer der vier bekanntesten Reismärkte in China. Nach lokaler Aufzeichnung[137] befanden sich 1888 in der Stadt Wuxi mehr als 80 Läden speziell für Reis; 1936 war die Zahl der großen Läden für Reis auf 191 angestiegen. 1949 erreichte sie 233.

---

[134] Gemessen an dem Anteil der städtischen Einwohner an der gesamten Bevölkerung.
[135] Die niedrige Verstädterungsrate ist sicherlich auch dadurch verursacht, daß der Kreis Wuxi 1993 keine eigene Kreisstadt hatte.
[136] Zhou Erliu & Zhou Yulin, 1991, S. 35-37.
[137] *Zhongguo shangye baike quanshu (Handelslexikon von China)*, 1993, S. 509.

Im Umland der Stadt Wuxi existierten um 1127 in der Song-Dynastie fünf Markttorte, die bereits als *jizhen* (*market towns*) bezeichnet wurden, nämlich: Luqu, Lushe, Yuqi, Ganlu und Yangjian. 1936 befanden sich im Kreis Wuxi insgesamt 73 Marktorte. Zahlreiche stationäre Läden waren in sämtlichen Marktorten angesiedelt. Nach lokalen Aufzeichnungen gab es 1936 im Kreis Wuxi insgesamt 2.820 Läden, 476 Gaststätten und 764 Dienstleistungsbetriebe. Rund 8.200 Beschäftigte waren im Handels- und Dienstleistungsbereich tätig. 1948 befanden sich im Kreis Wuxi 3745 Läden, 582 Gaststätten und 904 Dienstleistungsbetriebe. Die Zahl der Beschäftigten erreichte über 10.600 Personen.

Nach der Gründung der VR China wurde dieses bestehende private Handelsnetz schrittweise von staatlichen und kollektiven Handelsorganisationen übernommen. Auf dem Land wurden An- und Verkauf allmählich von der „Versorgungs- und Absatzgenossenschaft" (VAG) organisiert. 1953 begann die „Bewegung der sozialistischen Umgestaltung" des Privathandels. Die privaten Läden wurden vergenossenschaftlicht und die privaten Händler versetzt. Die meisten wurden aufs Land geschickt. 1954 hatte der Staat den einheitlichen Ankauf bzw. Absatz von Getreide und Baumwolle durchgesetzt. Daher verlor der private Handel mit Reis und Bekleidungsstoffen seine Existenz. Die Zahl der ansässigen Händler ging von 3.546 im Jahr 1953 auf 1662 1955 stark zurück. Anfang 1956 wurde im Kreis Wuxi aller Privathandel zum „Kooperativhandel" umgestaltet. Ländliche Märkte wurden dabei entweder verboten oder eingeschränkt.

Erst 1978 wurde offiziell der Privathandel wieder zugelassen. Daraufhin wurden die ländlichen Märkte neu eröffnet. Seitdem hat sich die Zahl der privaten Läden im Vergleich mit der am Vorabend der VR China mehr als verdoppelt. Allerdings betrug der private Handel nur noch etwa 14% des gesamten Einzelhandelsumsatzes; der größte Anteil des Einzelhandelsumsatzes kam aus dem kollektiven bzw. staatlichen Handel (64%, 22%).

Das Angebotsspektrum des Privathandels veränderte sich stark im Laufe der Zeit. In den 30er Jahren waren die privaten Geschäfte vornehmlich vom Reishandel geprägt. Heute überwiegt der Privathandel von Lebensmitteln, Textilien und Stoffen sowie von elektronischen Geräten. Die Ladengeschäfte, in denen früher Devotionalien angeboten wurden, sind offenbar seit langem so gut wie verschwunden. Statt dessen wurden zahlreiche Geschäfte für moderne technische Produkte, darunter z.B. elektronische Haushaltsgeräte, elektronische Uhren und Spielzeug, Fotokopien etc., eingerichtet. Bei Reparaturbetrieben handelt es sich heute immer mehr um solche für Fahrzeuge und elektronische Geräte. Die alte Kultur des traditionellen Teehauses, das früher besonders charakteristisch für den ländlichen Markt war, verschwindet mehr und mehr.

Regionale ländliche Marktsysteme

Tabelle 49: Entwicklung des privaten Handels im Kreis Wuxi 1936-1992

Private Betriebe	1936	1948	1965	1992
Alltagswaren	106	165	489	608
Altwaren (Ankauf)	-	5	-	32
Anstrichfarbe	23	17	1	218
Bäder	7	10	5	-
Bambusartikel	21	44	-	18
Baumwolle	9	8	-	5
Bücher	-	31	-	28 (einschl. Zeitungen, Magazine, etc.)
Chines. Medikamente	220	260	168	5
Eisenwaren	5	3	-	-
Elektriker	-	-	-	205
Elektrowaren	-	-	3	232
Fisch	-	-	78	788
Fleisch	274	359	-	540
Fotografen	15	22	26	55
Fotokopierservice	-	-	-	16
Friseure	210	288	384	676
Futter	15	12	12	-
Garn	6	8	-	-
Gaststätten	476	582	400	1.721
Geflügel & Eier	1	1	-	50
Gemüse	-	-	-	1.210
Getreide (Reis)	302	675	-	35 (einschl. Weizen, Mais, etc.)
Grabbeigaben	37	46	-	-
Holz	69	78	40	-
Hotels	26	28	23	60
Kalk	27	29	-	-
Kerzen	13	22	-	-
Kfz-Mechaniker	-	-	-	555
Kleider u. Stoffe	205	257	66	1.005
Kohle	2	3	-	-
Kokon (Ankauf)	139	145	-	-
Konserven	526	658	23	280
Laternen	1	1	-	-
Möbel	69	87	-	94
Obst	3	5	-	705
Öl, Salz und Sojasoße	29	21	261	-
Papier u. Schreibwaren	11	31	39	-
Porzellan	59	65	-	19
Rattanartikel	1	3	-	-
Rote Schminke	1	1	-	-

(Fortsetzung Tab. 49)

Private Betriebe	1936	1948	1965	1992
Ruder	3	4	-	-
Särge	24	17	-	-
Schnitzereien	3	9	-	22
Schuhmacher	81	108	-	-
Sojabohnenquark	138	195	-	393
Süßwaren	164	212	47	
Tee	-	4	2	-
Teehaus	408	406	225	-
Theater	7	4	-	-
Uhrmacher	5	18	-	152
Weizenmehl	4	4	-	-
Werbungsdesign	-	-	-	1
Westl. Medikamente	-	2	18	-
Ziegel	11	25	-	-
Zigaretten u. Alkohol	177	316	131	2.890 (einschl. Süß- u. Gemischtwaren)
Sonstige	127	63	432	1.353
Total	4.060	5.231	2.873	14.071

Anmerkung: Die Zahl der Betriebe 1993 bezieht sich auf die Zahl der Individualwirtschaftenden.
Quelle: Zusammenfassung verschiedener Berichte über Privatwirtschaft im Kreis Wuxi 1936-1992.

Durch die Wiedereinführung des Privathandels wird das Versorgungssystem wesentlich verbessert. Der von 1956 bis 1978 auf dem Verteilungssektor vorherrschende Kollektiv- bzw. Staatshandel war durch ein mangelhaftes Angebot gekennzeichnet.

> The distribution of goods according to a central plan poses a problem for which there is no satisfactory solution, because the authority neither possesses all necessary information nor is it in the position to supervise in detail the execution of directives. As there are no direct links between producers and consumers, the output of enterprises is not related to market demand, but to the estimates or calculations of consumer demand by planning departments.... As a result, the composition of commodities, the quality of goods or the design are by no means in line with current market conditions.[138]

Nach 1978 hat sich der Privathandel aktiv am Versorgungssystem beteiligt. Obwohl statistisch gesehen der Anteil des privaten Marktumsatzes am gesamten Einzelhan-

---

[138] W. Taubmann und U. Widmer, 1987, S. 332.

delsumsatz im Kreis Wuxi noch klein ist, beleben die privaten Händler bzw. ländlichen Märkte durch ihre „Ergänzungsfunktion" den kollektiven und staatlichen Handel. Tatsächlich dient der Privathandel heute nicht mehr als „Ergänzung", sondern als „Ersatz" für den kollektiven und staatlichen Handel.

3.5.3 Charakterisierung und Klassifikation der ländlichen Märkte

Fei Xiaotong[139] verweist auf die Unterschiede zwischen den periodischen Märkten *(jishi)* in Subei (Nord-Jiangsu) und den permanenten Märkten *(jizhen)* in Sunan (Süd-Jiangsu) und belegt die räumliche Disparität bei der sozioökonomischen Entwicklung in der Provinz Jiangsu.

Subei und Sunan befinden sich in einer unterschiedlichen Entwicklungsphase. Subei ist ziemlich unterentwickelt. Die periodischen Märkte üben immer noch eine starke Anziehungskraft auf die Bauern aus. Dazu folgender Volksreim:

Der periodische Markt ist ein Magnet, der Bauern anzieht. Bauern pflügen das Feld, denken aber alle an den Markt.
Sie arbeiten zwar noch auf dem Feld, aber ihr Herz befindet sich bereits auf dem Markt.
Nach dem Besuch des Marktes im Osten gehen sie anschließend zum Markt im Westen.
Den ganzen Tag beschäftigen sie sich nur mit dem Markt.
Sie kaufen hier etwas ein und verkaufen es dort wieder. Dadurch verdienen sie sieben oder acht Yuan pro Tag.

In Sunan ist die Situation ganz anders. Am Marktort befinden sich vor allem stationäre Geschäfte. Periodische Märkte sind verschwunden. Jedoch kann man auch beobachten, daß Bauern auf den ländlichen Märkten eigene Erzeugnisse direkt den Konsumenten anbieten. Solche Märkte werden als *nongmao shichang (rural trade markets)* bezeichnet (Fei Xiaotong, 1985, S. 84).

Die ländlichen Morgenmärkte sind durch folgende Merkmale gekennzeichnet:

1. Die Märkte finden in der Regel am frühen Morgen statt. Gegen acht Uhr geht der Markt zu Ende. Einige Märkte werden jedoch nachmittags erneut abgehalten, weil viele Leute ihre Einkäufe nach ihrer Arbeit erledigen müssen.
2. Auf den Märkten werden hauptsächlich Lebensmittel, vor allem Gemüse, Obst, Fleisch, Fisch, Geflügel, Getreide usw. angeboten. Die Märkte können als „Gemüsemärkte" bezeichnet werden, obwohl mehr als Gemüse angeboten wird.
3. Die Märkte befinden sich entweder in Marktgebäuden oder in Markthallen mit offenen Seiten.

---

[139] Fei Xiaotong, 1985, S. 75-114.

4. Die Zahl der festen Stände ist wesentlich höher als die der freien Stände. Das bedeutet, daß die Anbieter auf dem Markt überwiegend hauptberuflich tätig sind. Der Kreis Wuxi zählt insgesamt 42 ländliche Morgenmärkte, von denen sich 35 in den Gemeindezentren und sieben in anderen „market towns" befinden (vgl. Karte 24). Die erstgenannten Märkte werden nach ihrer Größe (Höhe des Jahresumsatzes und der Marktgebühren, Zahl der festen und freien Stände) in drei Gruppen eingeteilt. Die letztgenannten Märkte werden dagegen nicht aufgeführt, weil für sie keine vollständigen Daten vorliegen, vermutlich weil sie wesentlich kleiner sind. Deswegen werden diese sieben Märkte zusätzlich als Gruppe 4 in Tabelle 50 einbezogen.

Tabelle 50: Ländliche Märkte nach Gruppen im Kreis Wuxi

Klassifikation	Zahl der Märkte	Ortsnamen der Märkte
Gruppe 1	3	Lushe, Huanzhuang, Yuqi
Gruppe 2	7	Quanzhou, Xinan, Yanjiao, Gangxia, Yangjia, Dongjiang, Yangshi
Gruppe 3	25	Shitangwan, Huli, Zhangjing, Qianjiao, Changan, Luqu, Dongting, Ganlu, Houzhai, Meichun, Dongbeitang, Anzhen, Xuelang, Basi, Xizhang, Dangkou, Yangshan, Outang, Nanquan, Donghutang, Chajiao, Hongsheng, Honjiao, Shuogang, Fangqian
Gruppe 4	7	Zhaimen, Langxia, Yanjiajiao, Zhangshe, Qinxiang, Beiqifang, Cunlei

Tabelle 51: Indikatoren ländlicher Märkte in verschiedenen Gruppen

Indikatoren	Gruppe 1	Gruppe 2	Gruppe 3	Gruppe 4
Anzahl der Märkte	3	7	25	7
Durchschn. Größe des Marktplatzes (ha.)	1,24	0,32	0,36	0,07
Durchschn. Jahresumsatz (in Mill. Yuan)	3,8	1,2	0,8	0,02
Marktgebühren pro Markt (in 1000 Yuan)	233	124	70	3,2
Zahl der festen Stände pro Markt	376	142	161	22
Zahl der freien Stände pro Markt	180	106	77	24
Durchschn. Bevölkerungszahl des *zhen* (in 1000)	48.0	35.3	27.9	-
Durchschn. Fläche des *zhen*	40	35	26	-
Durchschn. Zahl der Dörfer	21	19	16	-
Durchschn. Distanz zwischen dem Marktort und der Stadt Wuxi (in km)	15,7	10,9	7,6	6,0

Quelle: Eigene Erhebung 1993.

Gruppe 1 besteht aus drei Märkten. Sie sind nicht mehr die ländlichen „Gemüsemärkte" im engeren, sondern „comprehensive markets" im erweiterten Sinne. Der Markt Yuqi z.B. ist ein großer Marktkomplex, in dem mehrere Teilmärkte (Markt für Agrarprodukte, Markt für städtische Produkte, Kulturzentrum etc.) unterschieden werden können. Die 1988 neu erbaute Markthalle umfaßt eine Grundfläche von 26.000 m². Mehr als 500 feste Stände finden sich in der Markthalle, die täglich mehrere tausend Besucher zählt. Am traditionellen Tempelfest (3. März und 20. April nach dem Mondkalender) kommen sogar bis zu 150.000 Besucher. Der gesamte Marktumsatz erreichte im Jahr 1992 36 Mill. Yuan.

In Gruppe 2 befinden sich sieben Märkte. Im Unterschied zu den Märkten in der ersten Gruppe sind diese Märkte viel stärker auf landwirtschaftliche Produkte ausgerichtet. Neben den landwirtschaftlichen Produkten wird eine Vielzahl von Gütern angeboten. Der Markt Yangshi ist z.B. deutlich in zwei Bereiche für landwirtschaftliche und nichtlandwirtschaftliche Produkte aufgeteilt. Die beiden Teilmärkte haben jeweils 3.000 m² Verkaufsfläche.

Die Märkte in Gruppe 3 vertreten die große Mehrheit der ländlichen Märkte im Kreis Wuxi bzw. in Südostchina. Die Märkte finden täglich frühmorgens auf geschlossenen Plätzen statt. Auf den Märkten werden hauptsächlich landwirtschaftliche Produkte, vor allem Gemüse, Obst, Fleisch, Fisch, Geflügel, Getreide, Gewürze etc., angeboten. Der Charakter und die Funktionen sowie die Bedeutung der Märkte in dieser Hauptgruppe werden anschließend an einem Beispielmarkt in der Landstadt Dongting detailliert dargestellt.

In Gruppe 4 finden sich sieben Kleinmärkte. Besonders bemerkenswert ist, daß sich die Kleinmärkte in dieser Gruppe oft auch in „marktet towns" finden, was darauf hinweist, daß sich in einer Gemeinde/*zhen* neben dem Hauptmarktort vielleicht noch andere Marktorte befinden. Dies ist sehr charakteristisch für den Kreis Wuxi bzw. für Südostchina. Allein der Kreis Wuxi hat 73 Marktorte (*market towns*). Durchschnittlich gibt es etwa zwei „market towns" pro Gemeinde. Die Gemeinde Xuelang hat sogar fünf „market towns". Es gibt in der „market town" einige Läden, aber nicht unbedingt einen „Markt". Die Gemeinde Xuelang z.B. hat nur einen Frühmarkt, der im Gemeindezentrum stattfindet.

Zusammenfassend läßt sich feststellen, daß in den sozioökonomisch hoch entwikkelten südostchinesischen Gebieten, wie z.B. im Kreis Wuxi, wegen der Dominanz der permanenten Geschäfte die ländlichen Märkte schrumpfen und sich auf besondere Angebote spezialisieren. Oft dienen sie nur als lokale „Gemüsemärkte". Die Größe der ländlichen freien Märkte steht allerdings kaum im Zusammenhang mit der Siedlungsgröße der „market towns".

3.5.4 Fallstudie: Der Markt von Dongting

Der *zhen* Dongting, ca. 5 km östlich von der Stadt Wuxi gelegen, gehört nicht nur zu den führenden *zhen* des Kreises Wuxi, sondern er gilt auch in der Provinz Jiangsu

Abb. 27: Übersichtskarte des Morgenmarktes Dongting

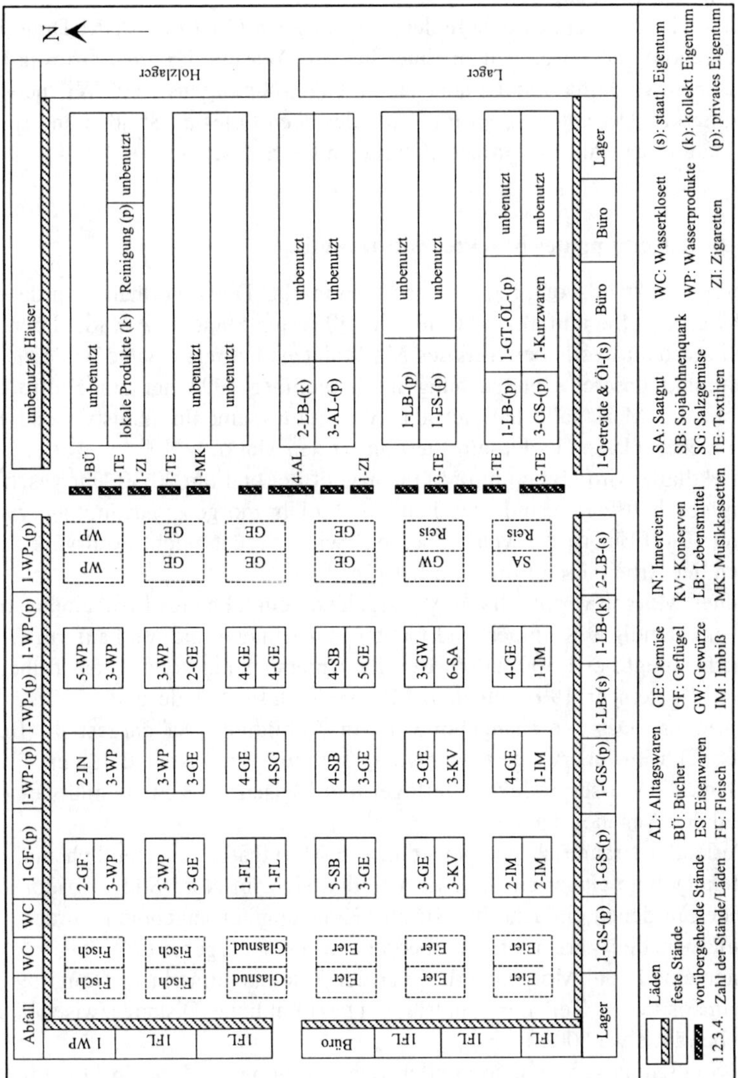
N
Holzlager
Lager
unbenutzte Häuser
Abfall
WC
Büro
Lager
1-Getreide & Öl-(s)
Läden
feste Stände
vorübergehende Stände
1.2.3.4. Zahl der Stände/Läden
AL: Alltagswaren
BÜ: Bücher
ES: Eisenwaren
FL: Fleisch
GE: Gemüse
GF: Geflügel
GW: Gewürze
IM: Imbiß
IN: Innereien
KV: Konserven
LB: Lebensmittel
MK: Musikkassetten
SA: Saatgut
SB: Sojabohnenquark
SG: Salzgemüse
TE: Textilien
WC: Wasserklosett
WP: Wasserprodukte
ZI: Zigaretten
(s): staatl. Eigentum
(k): kollekt. Eigentum
(p): privates Eigentum

Quelle: Eigene Erhebungen 1993.

als Musterbeispiel für eine gelungene ländliche Entwicklung und Industrialisierung. Da er als künftiger Kreissitz ausgewählt wurde, wurde Dongting in den letzten fünf Jahren massiv ausgebaut. Der *zhen* umfaßt 29,3 km² Gesamtfläche, auf der knapp 40.000 Einwohner leben.

Der ländliche Morgenmarkt befindet sich im *zhen*-Ort (Landstadt) Dongting. Er besteht eigentlich aus zwei Teilen: Einer liegt im Westen des *zhen*-Ortes auf einem geschlossenen Marktplatz und findet jeden Tag frühmorgens statt. Wir nennen ihn „Morgenmarkt". Der andere liegt im Osten des *zhen*-Ortes an Straßen und findet am späten Nachmittag statt. Er wird als „Feierabendmarkt" bezeichnet.

3.5.4.1 Beschreibung des Marktes von Dongting

Der Morgenmarkt in Dongting ist der Hauptmarkt. Die Markthalle wurde erst im Jahr 1989 erbaut. Sie umfaßt 7.000 m² mit 150 festen Ständen. Am Rand der Markthalle und auf dem westlichen Teil des Marktplatzes befinden sich 52 Läden, die bis zum Zeitpunkt unserer Untersuchung im September 1993 nur zur Hälfte benutzt wurden. In der Markthalle hat sich das Verwaltungsamt für Industrie und Handel (VAfIH) niedergelassen und kontrolliert direkt den Markt.

Die Markthalle wird täglich um 5:00 Uhr geöffnet und um 20:30 Uhr geschlossen. Die Hauptgeschäftszeiten sind zwischen 6 und 9 Uhr morgens; nachmittags zwischen 15:30 und 17:00 Uhr ist der Markt ebenfalls wieder recht belebt, weil viele Arbeiter noch nach der Arbeit ihren Einkauf erledigen.

Am frühen Morgen vermittelt das Marktgelände ein lebhaftes Erscheinungsbild. Es herrscht ein ständiges Kommen und Gehen von Kunden und Verkäufern. Die Zahl der Besucher liegt bei 1.500-2.000. Bei der Untersuchung konnten am frühen Morgen des 6. September 1993 auf dem Markt 158 feste Stände und 75 freie Stände gezählt werden. Das Warenangebot wird in Abbildung 28a dargestellt. Bei dem Angebotsspektrum überwiegen landwirtschaftliche Produkte, darunter über die Hälfte Gemüse; Wasserprodukte, Geflügel und Fleisch machen ebenfalls einen großen Anteil des Angebotes aus.

Der Verkauf ist räumlich geregelt, d.h. die Markthalle ist eigentlich nur für Lebensmittelangebote eingerichtet. Jedoch finden sich im Nord-Süd-Korridor zahlreiche Stände, an denen einfache industrielle Konsumgüter angeboten werden. Solche Stände sind von den Verkäufern vorübergehend selbst aufgebaut.

Im Unterschied zum Morgenmarkt liegt der Feierabendmarkt in Dongting an den Straßen im östlichen Teil der Landstadt. Die räumliche Distanz zwischen beiden Märkten beträgt etwa 600 Meter.

Dieser Straßenmarkt war ursprünglich der traditionelle Markt in Dongting. 1989 wurde der Markt in die neue Markthalle verlegt. Geblieben ist allerdings immer noch die Gewohnheit der Marktbeschicker, den alten Standort aufzusuchen, d.h. der Markt ist spontan organisiert. Täglich findet er nachmittags zwischen 16 und 18 Uhr statt.

Die Zahl der Stände liegt bei 100-120. Alle Stände sind freie Stände. Das Angebotsspektrum wird nach eigenen Erhebungen in Abbildung 28b dargestellt.

Abb. 28a:

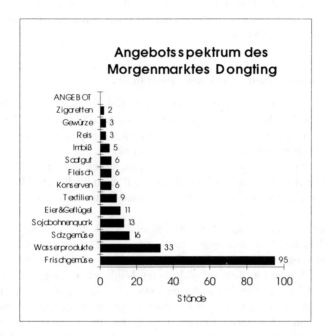

Quelle: Eigene Erhebung am 6. Sept. 1993.

Abb. 28b:

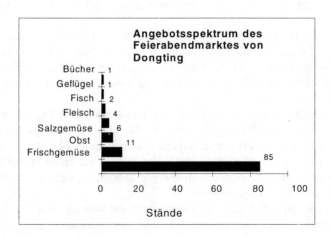

Quelle: Eigene Erhebung am 7. Sept. 1993.

Das relativ einfache Angebotsspektrum weist darauf hin, daß der Feierabendmarkt hauptsächlich für das Abendessen der nichtländlichen Bewohner eingerichtet wurde. Die Verkäufer sind vorwiegend Selbstvermarktende, die meistens direkt aus dem Umland kommen. Sie haben relativ kleine Stände, die einfach nebeneinander auf dem Boden aufgebaut werden. Der Wert der Warenbestände jedes einzelnen Anbieters liegt nur bei 30-100 Yuan.

3.5.4.2 Sozioökonomische Merkmale der Händler

Auf dem Markt in Dongting konnten bei unserer Untersuchung im September 1993 124 Händler und 145 Kunden befragt werden, darunter 98 Händler und 111 Kunden auf dem Morgenmarkt und die übrigen auf dem Feierabendmarkt. In der Auswertung sind allerdings die beiden Gruppen zusammengefaßt.

Rund 82% der befragten Händler waren hauptberuflich auf dem Markt tätig. Das war der höchste Anteil der beruflichen Händler auf allen ländlichen Märkten, die wir 1993/94 in verschiedenen Gebieten in sechs chinesischen Provinzen untersucht haben.

71% der Händler kamen aus Dongting selbst, 8% aus den Nachbargemeinden innerhalb des Kreises, 11% aus anderen Kreisen innerhalb der Provinz und die verbleibenden aus Ferngebieten außerhalb der Provinz. Die Heimatgemeinden der Händler liegen durchschnittlich ca. 40 km vom Marktort entfernt. Allerdings wohnten die Händler, die aus den Ferngebieten kamen, meistens mit ihren Familienangehörigen direkt im Marktort Dongting. Entweder mieteten sie ein Zimmer bei den Bauernfamilien in der näheren Umgebung oder sie übernachteten am Marktplatz. Deswegen war die tatsächliche Reichweite des Herkunftsgebietes der Händler (des primären Verkäufergebietes) viel kleiner als die des sekundären Verkäufergebietes. Der durchschnittliche Radius des primären Verkäufergebietes lag in Dongting nur bei 6,2 km.

Etwa 20% der befragten Markthändler gaben an, daß sie eigene Erzeugnisse auf dem Markt anböten. Die meisten von ihnen waren nebenberufliche Händler bzw. Bauern. Die hauptberuflichen Händler waren vorwiegende Zwischenhändler. Von ihren Waren stammten 90% aus den Großhandelsmärkten und 8% direkt aus eigenem Anbau.

Im Durchschnitt konnten die Verkäufer auf dem Markt einen Tagesumsatz von ca. 150 Yuan erzielen, der Gewinn betrug etwa 30 Yuan. Allerdings waren die Tagesumsätze und die daraus resultierenden Tagesgewinne bei den verschiedenen Händlern sehr unterschiedlich. Darüber hinaus gab es für jeden Händler gute und schlechte Geschäftstage. Bei den Abbildungen handelt es sich um die Mittelwerte der Tagesumsätze bzw. Tagesgewinne.

Abbildung 29 zeigt, daß sich der Tagesumsatz im Bereich zwischen 51 und 150 Yuan konzentriert. Ein kleiner Anteil (3,2%) der Verkäufer, die ausschließlich Fleisch anboten, konnte jedoch einen Tagesumsatz von 500 bis zu über 1.000 Yuan

Abb. 29:

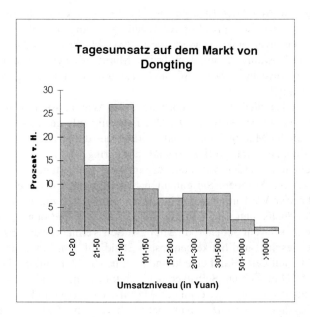

Abb. 30:

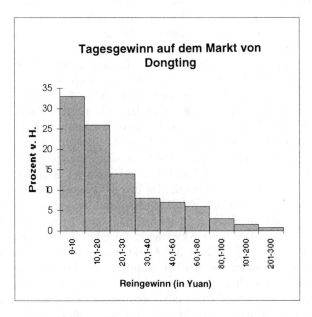

Quelle: Befragungen am 7. Sept. 1993.

erzielen. Der größte Anteil der Tagesgewinne lag bei 0-20 Yuan. 20% der Verkäufer konnten jedoch 40-80 Yuan pro Tag verdienen. Allerdings belegte die Befragung, daß nicht die Fleischverkäufer, sondern die Fischverkäufer das höchste Monatseinkommen hatten. Obwohl sie auf dem freien Markt arbeiteten, waren alle sechs Fleischverkäufer Angestellte der VAG und bezogen einen festen Lohn von 800-1.000 Yuan monatlich.

Die Kosten der Händler umfassen normalerweise Warenkosten, Transportkosten, Marktgebühren und die Marktsteuer. Der Untersuchung zufolge ergibt sich, daß nach den Warenkosten die Marktgebühren und Marktsteuer die größten Unkosten für die Markthändler sind. Die Transportkosten sind sehr gering.

Die Marktgebühren werden von dem zuständigen Verwaltungsamt für Industrie und Handel (VAfIH) erhoben. Sie enthalten Standgebühr, Lizenzgebühr und Verwaltungsgebühr. Zur Verdeutlichung nehmen wir als Beispiel einen Gemüsehändler. Es gibt zwei Möglichkeiten: Ein Gemüsehändler kann mit und ohne Lizenz verkaufen. Ohne Lizenz ist er ein Selbstproduzent bzw. Selstvermarktender. Er macht gelegentlich kleine Geschäft und hat keinen festen Stand auf dem Markt. In diesem Fall muß er jedes Mal auf dem Markt eine kleine Summe (0,5-2 Yuan) direkt an die Mitarbeiter des VAfIH entrichten. Selbstverständlich tut das niemand freiwillig. Es gibt oft ein Katz- und Maus-Spiel zwischen den Marktbeschickern und Beamten.

Ein Gemüsehändler mit Lizenz ist hauptberuflich auf dem Markt tätig. Er muß sich zuerst bei dem VAfIH registrieren lassen. Die Überprüfung durch das VAfIH dauert ein bis zwei Wochen. Nach der Genehmigung erhält er einen Gewerbeschein, der jeweils langfristig (für fünf Jahre) oder kurzfristig (für ein Jahr) ausgestellt wird. Nach Ablauf der Gültigkeit kann er bei dem VAfIH erneuert werden. Aller lings muß für die Lizenz 430 Yuan pro Jahr bezahlt werden. Diese Gebühren umfassen folgende Posten: Baukosten, Aufforstungsabgabe, Erziehungsgeld, Familienplanungs-Gebühren. Außerdem muß der Händler gleichzeitig noch 40 Yuan Gebühren für Hochwassermaßnahmen, 60 Yuan für den Lebensmittel-Fonds und 60 Yuan als Spende für den lokalen Fernsehsender bezahlen. Der Gemüsehändler bietet seine Waren täglich auf dem Markt an. Er muß einen eigenen festen Verkaufsstand haben. Die Miete des Verkaufsstandes beträgt pro Meter 66 Yuan pro Jahr.

Die Hauptbelastung für einen lizenzierten Gemüsehändler machen Verwaltungsgebühren und Marktsteuer aus. Der Händler unterliegt einer Besteuerung auf Basis einer Schätzung, und zwar müssen jeweils 2% und 5% des geschätzten Verkaufserlöses als Verwaltungsgebühren bzw. Marktsteuer abgeführt werden. Dafür sind das lokale Verwaltungsamt für Industrie und Handel (VAf IH) und das Steueramt zuständig. Allerdings brauchen die Selbstvermarktenden keine Steuer zu bezahlen.

Abbildung 31 zeigt die Verteilung der Marktgebühren und der Marktsteuer auf dem Markt von Dongting im Bereich von Null bis mehr als 300 Yuan pro Monat. Die Gemüsehändler bezahlen zwischen Null und 150 Yuan. Offenbar zahlen die Selbstproduzenten bzw. -vermarktenden am wenigsten, oft nur weniger als 30 Yuan im Monat. Die Fleischhändler entrichten die höchsten Marktgebühren und Marktsteuern, etwa von 450 bis 900 Yuan, die Fischhändler 105-250 Yuan, die Zigarettenhändler 180-200 Yuan, die Textilhändler 200-270 Yuan, die Alltagswarenverkäufer 100-300 Yuan, die Geflügelhändler 80-200 Yuan, die Reishändler 70-110 Yuan, die Obsthändler 30-90 Yuan, die Sojabohnenquarkverkäufer 30-45 Yuan.

Abb. 31:

Quelle: Eigene Erhebung 1993.

3.5.4.3 Kunden- und Händlerverhalten auf dem freien Markt

Im Unterschied zu den Händlern kam die absolute Mehrheit der Kunden aus dem *zhen* Dongting selbst. Der durchschnittliche Radius des Kundenbereiches (Ergänzungsgebietes) betrug nur 1,6 km. Die größte Reichweite lag bei 7,5 km. Über zwei Drittel der Befragten besuchten den Markt fast jeden Tag. Ein Drittel kamen gelegentlich. 74% der Kunden waren daran gewöhnt, am frühen Morgen den Einkauf zu erledigen. Über 90% der Kunden hielten sich auf dem Markt weniger als eine halbe Stunde auf.

Auf den Preis bezogen, zeigten die Kunden und Verkäufer unterschiedliches Verhalten. Die meisten Selbstvermarktenden hatten keine feste Vorstellung über den Preis. Sie wollten nur etwas verdienen, bevor sie nach Hause zurückkehrten. Deswegen schwankten ihre Preise. Ein typischer Fall: Ein selbstvermarktender Tomatenhändler z.B. verlangte von seinem Käufer ein Yuan für ein Kilogramm Tomaten. Der Käufer wollte nicht über den Preis verhandeln, er kaufte ein und bezahlte, anschließend nahm er noch zusätzlich einige Tomaten mit. Der Verkäufer protestierte, dennoch wollte er nicht auf dieses Geschäft verzichten.

Es gibt mehrere Erklärungen, warum der Käufer mehr Tomaten bekommen konnte. Sicherlich hatte der Tomatenverkäufer keine feste Preisvorstellung, und der Käufer hatte auch keine genaue Vorstellung über die angemessene Menge. Allerdings zeigt sich bei Männern und Frauen unterschiedliches Verhalten. Männer verlangen keine zusätzlichen Waren. Sie halten solche Aktionen für nicht vereinbar mit der Wahrung des „Gesichts". Kein Mann will wegen einiger Tomaten seine Selbstachtung verlieren. Frauen dagegen haben keine Vorbehalte. Sie halten das für angemessen und selbstverständlich.

Bei den hauptberuflichen Händlern sieht die Situation etwas anders aus. Sie haben eigene Vorstellungen über den Preis. Dieser Preis muß höher als der Ankaufspreis sein, um einen möglichst großen Gewinn zu erzielen. Bestimmte Gruppen von Händlern, die auf dem Markt die gleichen Waren anbieten, haben sich oft vorher untereinander verabredet, um einen gleich hohen Preis zu sichern. Der Unterschied der Preise ergibt sich dann hauptsächlich aus Unterschieden der Warenqualität.

Zusammenfassung: Der Markt von Dongting ist eigentlich ein lokaler Gemüsemarkt. Seine spezielle Versorgungsfunktion wird von den stationären Ladengeschäften zeitlich nicht wahrgenommen. Die meisten Verkäufer sind hauptberuflich auf dem Markt tätig. Sie kommen aus verschiedenen Regionen. Ein Teil der Händler stammt aus den Nachbarkreisen und -provinzen. Die Betriebskosten bestehen hauptsächlich aus den Marktgebühren bzw. der Marktsteuer. Die Kunden kommen ausschließlich aus dem Marktort und der näheren Umgebung. Auf dem Markt zeigen Kunden und Händler ein unterschiedliches Verhalten.

3.6 Die ländlichen Märkte im Kreis Acheng/Heilongjiang

Die nordostchinesische Provinz Heilongjiang ist erst vor kurzem wirtschaftlich erschlossen. Seit Anfang des 20. Jahrhunderts entstanden infolge der massiven Einwanderung größere städtische und ländliche Siedlungen. Die Zahl der Einwohner hat sich in den vergangenen fünfzig Jahren verdreieinhalbfacht. Dennoch liegt diese nördlichste Provinz Chinas mit einer Bevölkerungsdichte von 75 EW/km² weit hinter den übrigen Provinzen zurück.

Innerhalb der Provinz sind erhebliche Entwicklungsunterschiede zu verzeichnen. Die südlichen und mittleren Gebiete, die knapp 20% der gesamten Provinzfläche ausmachen und auf die sich 42% der gesamten Bevölkerung konzentrieren, sind das wirtschaftliche Kerngebiet der Provinz. Hier befindet sich die Provinzhauptstadt Harbin. Das nördliche Gebiet, das flächenmäßig doppelt so groß ist wie die südlichen und mittleren Gebiete zusammen, wird nur von knapp 10% der gesamten Bevölkerung besiedelt.[140] Die bewaldeten Bergländer im Norden sind überwiegend noch Erschließungsräume.

Unser Untersuchungsgebiet, der Kreis Acheng, liegt im Süden der Provinz, ca. 30 km südöstlich von der Provinzhauptstadt Harbin entfernt. Mit 84 km SN- und 75 km OW-Ausdehnung beträgt die Kreisfläche insgesamt 2.680 km². Der Kreis untergliedert sich in acht *zhen* und elf Gemeinden mit insgesamt 210 Dörfern. Aus den 625.000 Einwohnern ergibt sich eine Bevölkerungsdichte von 233 EW/km².

3.6.1 Die Erschließungsgeschichte und die Entwicklung der Marktorte im Kreis Acheng

Der Ortsname Acheng, ursprünglich „Aleichuka", stammt vom gleichnamigen Fluß. Da der Fluß Ashi He in diesem Gebiet mäandriert, wurde er früher als „Aleichuka" bezeichnet. Das bedeutet auf mandschurisch „ohrförmig". Der Name der alten Kreisstadt Aleichuka Cheng war von dem Flußnamen abgeleitet. *Cheng* bedeutet im Chinesischen „Stadt". Erst 1909 wurde der Kreis Acheng von der damaligen Qing-Regierung gegründet. Der Eigenname *Acheng* ist die Abkürzung von *Aleichuka-Cheng*.

Die Archäologen und Historiker weisen darauf hin, daß die ursprüngliche Bevölkerung bereits vor Zehntausenden von Jahren in dem Einzugsgebiet des Flusses *Aleichuka He* lebten.[141] Allerdings wurde die Region bis ins 17. Jahrhundert noch als Wildnis außerhalb der chinesischen Zivilisation bezeichnet. Während des 18. Jahrhunderts wurde *Aleichuka Cheng* als ein wichtiger militärischer Stützpunkt angelegt und aufgebaut, um die Herrschaft der Qing-Regierung über die einheimischen Völker zu sichern, besonders als die Russen bei ihrer Kolonisierung Sibiriens bis ins Amurbecken vordrangen.

---

[140] Tao Zhongxin, 1988, S. 271-353.
[141] Zhang Boquan, 1985, S. 14-50.

Ende 19. Jahrhunderts begann Rußland mit dem Bau der Transsibirischen Eisenbahn, die in China als „Mitte-Ost-Eisenbahn" bezeichnet wurde. Es erhielt von China das Recht, diese Bahn auf kürzestem Wege über das Territorium von Nordostchina zu verlegen. 1903 wurde diese Eisenbahn in Betrieb genommen.[142] Daraufhin wurden an dieser ostchinesischen Eisenbahn zahlreiche Bahnstationen eingerichtet, die sich schließlich zu städtischen Handelszentren und ländlichen Marktorten entwikkelten. Harbin, die Provinzhauptstadt, war z. B. vor dem Bau der Eisenbahn noch ein Fischerdorf. Nach 1903 wuchs Harbin als Verkehrsknotenpunkt rasch zu einer Stadt, die 1911 bereits 40.000 Einwohner zählte. 1949 erreichte die Bevölkerungszahl 780.000. Heute hat Harbin knapp 2,5 Millionen Einwohner.[143]

Die Stadt Acheng, das andere Beispiel, profitiert ebenfalls von der Eisenbahn. Als eine Station der ostchinesischen Eisenbahn hat die Stadt ihre traditionellen Funktionen wesentlich geändert. Die früher wichtigen Verteidigungsaufgaben wurden durch moderne Marktfunktionen ersetzt. Im Laufe der Zeit entwickelte sich Acheng zu einer Industriestadt. An der Bahnstrecke innerhalb des Kreises von Acheng wurde fast alle 10 km eine Station angelegt, die sich später zu einem großen Marktort (zhen-Ort) entwickelte. Es läßt sich daraus schließen, daß die ostchinesische Eisenbahn bei der Erschließung des nordostchinesischen Gebietes und bei der Entwicklung der städtischen und ländlichen Marktzentren eine fundamentale Rolle gespielt hat.

In diesem Zusammenhang stand ein wichtiger Faktor für die Entwicklung der Provinz Heilongjiang im Vordergrund, nämlich die massive Einwanderung während der ersten Hälfte dieses Jahrhunderts. Der Prozeß begann jedoch bereits am Ende des 19. Jahrhunderts. Während der 30er Jahre erreichte er den Höhepunkt. Millionen von Einwanderern aus Nordchina strömten nunmehr in den Nordosten. Sie gingen vorwiegend als Landarbeiter oder Pächter in die Landwirtschaft, fanden aber auch bei der Eisenbahn sowie in den neuen Bergbau- und Industriestätten Beschäftigung. Dieser Prozeß wurde wesentlich bedingt durch die schwierige wirtschaftliche Situation und die Notlage der Bevölkerung in den nordchinesischen Provinzen, vor allem in den Provinzen Shandong, Hebei und Henan, die Millionen Menschen zur Umsiedlung in andere Gebiete zwang.

Das Zielgebiet der Einwanderer waren vor allem von der Natur begünstigte Gebiete, d.h. das Land in der Ebene im Einzugsgebiet der Flüsse Songhua Jiang und Nen Jiang, daneben in den Flußtälern und -becken im östlichen Bergland sowie in einigen peripher gelegenen Bergbau- und Industriezentren. Nach historischen Aufzeichnungen[144] lebten in Heilongjiang während der Periode von 1800 bis 1860 rd. 450.000 Einwohner. Etwa 380.000 ha Bodenfläche wurde in diesem Zeitraum landwirtschaftlich erschlossen. Im Jahr 1912 zählte das Gebiet bereits 10 Mill. Einwohner. Über 4,6 Mill. ha Ackerfläche wurden bewirtschaftet. 1959 lag die Einwohner-

---

[142] H. Klausing, 1989, S. 237.
[143] *The Encyclopedia of Chinese Cities and Counties*, 1991, S. 267.
[144] Tao Zhongxin, 1988, S. 36-43.

zahl bei 17 Millionen, und die gesamte Ackerfläche betrug 7,2 Mill. ha.; 1991 erreichte die Einwohnerzahl knapp 36 Millionen. Die Ackerfläche umfaßte insgesamt 8,8 Mill. ha. Die große Bevölkerungsdynamik ergab sich allerdings nicht nur aus der Einwanderung, sondern auch aus dem natürlichen Bevölkerungswachstum. Im allgemeinen wurde vor 1970 das Bevölkerungswachstum hauptsächlich durch die massive Einwanderung verursacht, nach 1970 durch die hohe natürliche Wachstumsrate.

Als eines der beliebtesten Zielgebiete für die Einwanderer stand der Kreis Acheng im Vordergrund. Angesichts seiner günstigen natürlichen Voraussetzungen wurde der Kreis Acheng innerhalb eines kurzen Zeitraums von 1910 bis 1950 schnell verdichtet. Die Marktzentren entstanden vor allem in Verwaltungszentren und an Bahnstationen.

3.6.2 Verteilung und Merkmale der ländlichen Märkte im Kreis Acheng

Wie schon ausgeführt, gilt die ostchinesische Eisenbahn als die wichtigste Entwicklungsachse im Kreis Acheng. Große Märkte befinden sich ausschließlich in den Orten, die entlang der Eisenbahnlinie liegen. Die anderen Märkte konzentrieren sich auf die nordöstlichen Gebiete, die natur- und verkehrsmäßig relativ günstig sind. Die räumliche Verteilung der ländlichen Märkte wird in Karte 25 (im Anhang) dargestellt.

In dem regionalen Marktsystem des Kreises Acheng dominiert der Zentralmarkt in der Kreisstadt. Etwa die Hälfte der Handelseinrichtungen im ganzen Kreis konzentriert sich in der Kreisstadt Acheng. Rund 80% der gesamten Umsätze des Kreises werden auf dem Zentralmarkt getätigt.

Nach historischen Aufzeichnungen befanden sich allein in der Kreisstadt Acheng Anfang der Republik-Zeit (1912-1948) sechs Märkte: Getreide-, Gemüse-, Pferde-, Brennholz-, Stroh- und Arbeitsmarkt. Die letzten drei Märkte wurden im Laufe der Zeit geschlossen. Die ersten beiden Märkte existierten weiter, aber sie wurden an einem Platz zusammengelegt. Wie üblich bei Viehmärkten, wurden sie an den Stadtrand verlegt.

Heute befinden sich in der Kreisstadt sieben Spezialmärkte. Am bedeutendsten ist der Hauptmarkt, der in Acheng als „Handelsstadt" bezeichnet wird. Der Viehmarkt am Stadtrand ist der größte Markt für Hausrinder innerhalb der Provinz Heilongjiang.

In den ländlichen Gebieten des Kreises Acheng befinden sich zehn ländliche Märkte. Davon ist der Markt von Yuquan am größten. Dieser Markt wurde bei unseren Untersuchungen als Beispielmarkt ausgewählt und im folgenden dargestellt.

3.6.3 Der Beispielmarkt von Yuquan

Der Marktort Yuquan wurde früher als *sanzhan* (die dritte Station) bezeichnet, weil er sich von Acheng aus gesehen an der dritten Bahnstation befand. Vor 1909 waren an diesem Ort nur vereinzelte Familien angesiedelt. Während der japanischen Besetzung in den 30er Jahren wurden die Bodenschätze in diesem Gebiet in großem Maß abgebaut. Daher wurden Geschäfte und ein Markt im Ortszentrum eingerichtet. 1936 wurde nördlich der Bahnstation eine Wasserquelle gefunden. Daraufhin wurde der Ort in „Yuquan" (reine Quelle) umbenannt.

Der heutige *zhen* Yuquan umfaßt neben dem *zhen*-Ort noch acht Dörfer, insgesamt 123,8 km². Die gesamte Bevölkerungszahl liegt bei ca. 46.000, von denen 74% am Marktort leben. Knapp 70% der Bevölkerung sind nichtlandwirtschaftlich tätig. Die räumliche Konzentration der Bevölkerung und der außergewöhnlich hohe Anteil der nichtlandwirtschaftlichen Einwohner erfordern ein entsprechendes Versorgungsnetz, das die täglichen Bedürfnisse der Bevölkerung deckt.

3.6.3.1 Beschreibung des Marktes von Yuquan

Zu diesem Versorgungsnetz gehören zahlreiche Geschäfte und ein freier Markt. Die Zahl der Läden und Dienstleistungsunternehmen erreicht nach unseren eigenen Erhebungen rund 270, die vorwiegend private Betriebe sind. Sie liegen verstreut an den Straßen des Marktortes, konzentrieren sich jedoch am Rand des Marktplatzes. Der freie Markt umfaßt ca. 400 Stände, davon sind die Hälfte feste Stände, die in der Regel von hauptberuflichen Händlern betrieben werden.

Tabelle 52: Das Angebotsspektrum des freien Marktes bzw. des stationären Handels in Yuquan

Der freie Markt		Die stationären Handels- u. Dienstleistungsbetriebe	
Angebot	Zahl der Stände	Angebot	Zahl der Betriebe
Gemüse	109	Lebensmittel/Getreide/Öl	51
Obst	18	Kleider und Schuhe	21
Getreide	17	Geschenkartikel u. Alltagswaren	11
Fleisch	20	Haushaltsartikel	12
Eier	7	Eisenwaren und Baumaterial	15
Fische	8	Reparatur v. Haushaltsgeräten	20
Gewürze	7	Friseure	37
Süßwaren	12	Schneidereien	39
Kleiderstoffe	91	Restaurants	28
Kurz- u. Gemischtwaren	51	Hotels	7
Imbißstände	5	Fotografen	4
Reparatur v. Schuhen	12	Spielhallen	9
Sonstiges	2	Sonstiges	19
Gesamt	359	*Gesamt*	273

Quelle: Eigene Erhebungen am 17. August 1994.

Der freie Markt findet täglich statt und dauert vom frühen Morgen bis zum Abend. Die „Periodizität", die als eines der wichtigen Kennzeichen für die ländlichen Märkte in vielen Gebieten Chinas gilt, existiert hier nicht. Grund dafür ist die hohe Nachfrage von mehr als 26.000 in der Landstadt lebenden, nichtlandwirtschaftlichen Einwohnern. Sie benötigen einen täglichen Markt für ihre Lebensmittelversorgung.

Tabelle 52 zeigt das Angebotsspektrum des freien Marktes und der stationären Geschäfte in der Landstadt Yuquan. Offenkundig überwiegen auf dem freien Markt die Agrarprodukte, hauptsächlich lokale Erzeugnisse, die zur Befriedigung des täglichen Bedarfs dienen. Bei den stationären Geschäften handelt es sich hingegen überwiegend um städtische Konsumgüter auswärtiger Herkunft. Die Funktionen von freiem Markt und stationären Geschäften sind unterschiedlich, aber eng miteinander verbunden.

3.6.3.2 Funktionen des freien Marktes in Yuquan

Gemeinsam bilden der freie Markt und die stationären Geschäfte ein Versorgungsnetz für die lokalen Bewohner, die am Marktort und in der Umgebung leben. Der freie Markt hat sich offenbar auf Lebensmittel, darunter frisches Gemüse, Obst, Fleisch, Getreide usw., spezialisiert. Für die meisten nichtlandwirtschaftlichen Bewohner in der Landstadt ist der freie Markt das wichtigste Einkaufszentrum ihrer Grundnahrungsmittel, die bei staatlichen oder kollektiven Handelseinrichtungen nicht in ausreichendem Maße angeboten werden. Dennoch finden sich am Marktort heute noch zahlreiche staatliche Getreideläden, die ursprünglich die städtische Bevölkerung mit Getreide und Öl versorgen sollten. Nach der Abschaffung der Lebensmittelbezugsscheine und der Freigabe der Preise für Getreide wird heute kaum noch bei solchen staatlichen Läden gekauft, weil dort die Waren nach jahrelanger Lagerung nicht mehr frisch sind. Man kauft lieber auf dem freien Markt frische Produkte, obwohl im allgemeinen dort die Preise etwas höher sind. Die Preisschwankungen z.B. von Getreide lagen zum Zeitpunkt unserer Untersuchung in Yuquan bei ca. 10%.

Für die ländliche Bevölkerung ist der freie Markt auch ein wichtiges Verkaufszentrum für landwirtschaftliche Erzeugnisse. Umfragen zufolge sind die meisten Produkte, wie Gemüse, Getreide, Fleisch und Eier, von Bauern in der Umgebung produziert worden. Obst wurde jedoch hauptsächlich aus Großhandelsmärkten der Großstadt von Harbin bezogen.

Auf dem freien Markt ist neben dem Lebensmittelverkauf das Angebot von Kleiderstoffen von Bedeutung. Für Bauern ist der Kauf von Fertigkleidung noch zu teuer. Zudem gibt es in den festen Läden nur eine geringe Auswahl an unterschiedlichen Konfektionsgrößen. Deshalb ist der Kauf von Stoffen und deren Verarbeitung durch lokale Schneider vorzuziehen. Es ist offensichtlich, daß jede Schneiderei in Yuquan viel zu tun hat. Dies steht offenbar mit dem günstigen Angebot von Kleiderstoffen auf dem freien Markt im Zusammenhang.

Neben den oben ausgeführten wirtschaftlichen Funktionen hat der freie Markt auch wichtige soziale Aufgaben. So z.B. bietet er Arbeitsplätze. Auf dem freien Markt in Yuquan waren 1994 täglich 253 private Händler beschäftigt, davon über zwei Drittel Frauen. Außerdem arbeiteten in den Ladengeschäften unmittelbar am Marktplatz noch zahlreiche ansässige Händler und Dienstleistende, darunter Verkäufer, Friseure, Schneider usw.

Besonders für die Menschen, die körperlich leicht behindert sind, ist der ländliche Markt die einzige Arbeitsmöglichkeit und Überlebenssicherung. Nach der Untersuchung auf dem freien Markt von Yuquan hatten alle zwölf Schuhmacher einen unterschiedlichen Grad von körperlicher Behinderung. Sie hätten in anderen Erwerbsbereichen keinen Arbeitsplatz bekommen. Der ländliche Markt stellte ohne Einschränkung für alle Marktbeschicker eine Einkommensmöglichkeit und Existenzsicherung dar.

3.6.3.3 Charakteristika der Marktteilnehmer

Von rund 350 Marktbeschickern und mehreren tausend Marktbesuchern konnten bei den standardisierten Interviews auf dem freien Markt in Yuquan insgesamt 156 Händler und 174 Kunden befragt werden.[145]

Ca. 78% der befragten Händler waren hauptberuflich auf dem Markt tätig. Sie kamen zumeist (ca. 80%) aus dem Marktort und besaßen einen sog. nichtlandwirtschaftlichen *hukou*. 22% der Händler betätigten sich nebenberuflich auf dem freien Markt. Sie stammten hauptsächlich aus der Umgebung und waren vorwiegend Bauern.

Nur noch einzelne Händler (ca. 5%) kamen aus den Nachbargemeinden oder Nachbarkreisen. Der durchschnittliche Radius des Herkunftsgebietes der Verkäufer betrug ca. 5,2 *li* (2,6 km), d.h. die Mehrheit der Händler wohnte im selben *zhen*-Gebiet und zwar am *zhen*-Ort oder in der nahen Umgebung.

Bei der Kundenbefragung zeigte sich eine ähnliche Situation. Rund 92% der Befragten gaben an, daß sie lokale Bewohner wären. Etwa 6% kamen aus den Nachbargemeinden und 2% aus den Nachbarkreisen. Der durchschnittliche Radius des Ergänzungsgebietes lag bei 5,6 *li* (2,8 km) und war damit etwas größer als der des Verkäufergebietes.

Über 70% der befragten Händler waren weiblich. Im Textilhandel auf dem Markt waren fast nur Frauen beschäftigt. Hingegen wurde der Verkauf von Fleisch ausschließlich von Männern betrieben. Die Dominanz der Frauen im freien Markthandel ist vor allem durch ihre schwierige Lage auf den lokalen Arbeitsmärkten zu erklären.

Bei der Kundenbefragung war das Verhältnis von Männern und Frauen fast gleich (48:52). Es gab keinen Beweis, daß Frauen den freien Markt bevorzugt besuchen.

---

[145] Die Befragungen wurden am 17. August 1994 am Marktort Yuquan durchgeführt.

Altersmäßig bildeten bei allen Marktteilnehmern die 26-30jährigen die größte Gruppe. Es folgten die 21-25- und 31-35jährigen. Es gab auch einen großen Anteil von jüngeren und älteren Leuten (siehe Abbildung 32). Der freie Markt wurde insgesamt von Menschen fast aller Altersstufen besucht.

Abb. 32:

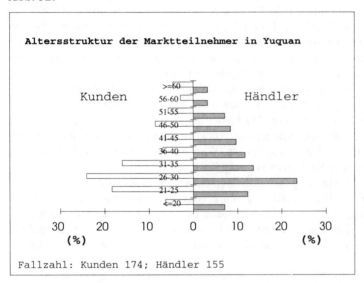

Quelle: Eigene Erhebungen 1994.

Im Durchschnitt verdienten die Händler auf dem freien Markt ca. 320 Yuan pro Monat, während die Marktbesucher durchschnittlich ein Nettoeinkommen von ca. 270 Yuan besaßen. Allerdings war das Einkommensniveau bei den einzelnen Händlern und Kunden sehr unterschiedlich. Bei den Händlern z.B. verdiente fast die Hälfte der Befragten weniger als 300 Yuan pro Monat; 33% hatten ein monatliches Einkommen von 300 bis 500 Yuan und 15% von 500 bis 800 Yuan. Einzelne Händler verdienten auch 800 bis 1.400 Yuan.

3.6.3.4 Der freie Markthandel und seine räumliche Organisation

Angesichts dieses niedrigen Einkommensniveaus besteht nach allgemeiner Theorie in der Region keine ausreichende Kaufkraft, um die Existenz eines täglichen Marktes zu sichern. Dennoch belegt der Markt von Yuquan, daß die hohe räumliche Konzentration der Bevölkerung am Marktort auch eine Akkumulation der Kaufkraft bedeutet. Darüber hinaus ist der stationäre Markt für eine große Zahl der nichtlandwirtschaftlichen Bewohner notwendig.

Auf dem täglichen Markt sind die Zahl der Händler und deren Tätigkeiten relativ gleichbleibend. Wie die ansässigen Händler in Ladengeschäften haben die meisten Marktbeschicker auf dem freien Markt feste Warenstände, die lokalen Vorschriften unterliegen. Es gab nach unseren Untersuchungen keinen Beweis, daß zwischen Yuquan und benachbarten ländlichen Märkten noch ambulanter Handel stattfand. Dennoch ist die Beziehung zu zentralen Märkten bzw. städtischen Marktzentren sehr intensiv. Bei den Befragungen in Yuquan zeigte sich, daß z.B. mehr als 90% der Kleiderstoffe aus der Großstadt Harbin bezogen wurden. Einige Händler gaben an, daß sie die Stoffe in den weiter entfernt liegenden Großstädten Dalian, Shenyang und Tianjin einkauften. Sie besuchten also saisonal oder gelegentlich die großen städtischen Marktzentren und sorgten somit für den Warenimport.

Die Haushalts- und Alltagswaren konnten auf dem Großhandelsmarkt in der Kreisstadt von Acheng gekauft werden. Gewürze, Saatgut, Fische und Süßigkeiten stammten zumeist vom zentralen Markt der Kreisstadt. Obst, darunter Bananen, Orangen, Äpfel und Birnen, erhielten die Händler ausschließlich auf den Großhandelsmärkten der Provinzhauptstadt Harbin. Wassermelonen wurden jedoch direkt in den Anbaugebieten der Nachbarkreise aufgekauft.

Gemüse und Getreide werden in der Region angebaut. Die Erzeugnisse werden zum Teil durch die Selbstvermarktung von Produzenten und zum anderen Teil über Zwischenhändler auf dem freien Markt angeboten. Es gab in Yuquan zwar eine ausreichende Menge von Angeboten in der Hauptsaison, aber in der Nebensaison fehlte eine ganze Reihe von Gemüsesorten, die aus Südchina importiert werden mußten.

Zusammenfassung: Im Vergleich zu den vorherigen Untersuchungsgebieten ist der Kreis Acheng in der Provinz Heilongjiang durch seine jüngere wirtschaftliche Erschließung gekennzeichnet. Der Bau der ostchinesischen Eisenbahn und die darauf folgende massive Zuwanderung waren die wichtigsten Faktoren für die Entstehung und Entwicklung der großen Marktorte in der Region.

Der freie Markt von Yuquan spielt bei der Versorgung der lokalen Bevölkerung mit Lebensmitteln und einfachen Haushaltswaren eine zentrale Rolle. Im Unterschied zu den permanenten Märkten im Kreis Wuxi/Jiangsu findet der Markt in Yuquan statt, weil dort eine hohe Bevölkerungskonzentration und ein großer Anteil von nicht in der Landwirtschaft tätigen Einwohner das niedrige Entwicklungsniveau und die nicht ausreichende Kaufkraft der Bevölkerung kompensieren konnten.

Abb. 33: Warenherkunft auf dem Markt von Yuquan

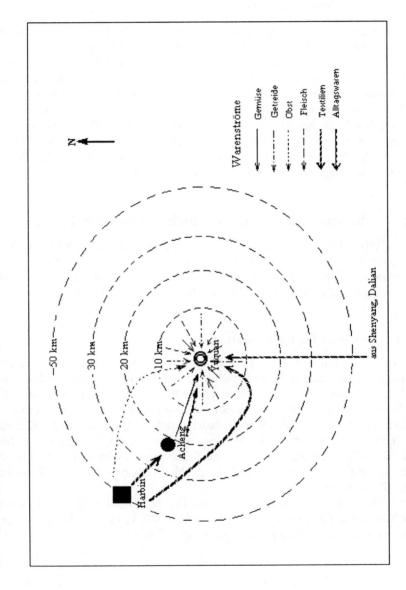

Quelle: Eigene Befragung 1994.

4 Das ländliche Marktsystem in China: Bewertung und Perspektiven

Die oben ausgeführten Fallstudien in verschiedenen Regionen Chinas zeigen ein recht vielfältiges Bild des ländlichen Marktsystems. In der Provinz Guizhou haben sich die periodischen Märkte im Laufe der vergangenen Jahrhunderte kaum geändert; in einigen Gebieten der Chengdu-Ebene verwandeln sich die traditionellen periodischen Märkte allmählich in tägliche Märkte; in Hebei und Ningxia sind die traditionellen Marktsysteme weitgehend erhalten; in Süd-Jiangsu hingegen sind die periodischen ländlichen Märkte schon lange verschwunden. Dort herrschen der stationäre Handel bzw. der tägliche Markt. Auch in Heilongjiang gibt es kaum noch einen Markt, der periodisch abgehalten wird. Dort haben sich die ländlichen Märkte jedoch noch nicht so weit entwickelt wie die in Südchina.

4.1 Charakterisierung der ländlichen Märkte in China

In den Fallstudien wurden bereits die wichtigsten Aspekte der ländlichen Märkte und des ländlichen Marktsystems auf der regionalen und lokalen, d.h. der Meso- bzw. Mikroebene analysiert. In diesem Abschnitt wird versucht, das ländliche Marktsystem in China auf der nationalen, d.h. der Makroebene, zu erfassen.

4.1.1 Größe der ländlichen Märkte

Mit Hilfe der Daten einer Untersuchung von 3.310 überdurchschnittlich großen Märkten, die in mehr als 1.100 Kreisen und kreisfreien Städten (einschl. der Kreisstädte) in 30 chinesischen Provinzen durchgeführt wurde,[146] kann ein großes Bild der ländlichen Märkte, vor allem der großen ländlichen Märkte, gezeichnet werden:

Etwa ein Drittel der großen Märkte, darunter fast alle Hauptmärkte der Kreisstädte, hat durchschnittlich mehr als 10.000 Besucher zu verzeichnen. Die größeren Marktorte zählen bis zu 100.000 Besucher. Der Tagesumsatz dieses oberen Drittels beläuft sich auf mehr als 40.000 Yuan, auf den größten Märkten erreicht der Tagesumsatz sogar über 600.000 Yuan.

Zwei Drittel der ländlichen Märkte haben hingegen weniger als 10.000 Besucher. Der Tagesumsatz beläuft sich hier auf 5.000-30.000 Yuan. Einzelne Märkte setzen sogar weniger als 5.000 Yuan am Tag um (siehe Tab. 53).

---

[146] Du Yong, Ge Jinghui: *Zhongguo jimao shichang daquan (Lexikon der periodischen Märkte in China)*, Hualin Verlag, 1993.

Charakterisierung

Tabelle 53: Größe der ländlichen Märkte in China nach Besucherzahl und Tagesumsatz (in %)

Anzahl der Besucher (Personen)	Anteil der Märkte	Tagesumsatz (Yuan)	Anteil der Märkte
		unter 5.000	4,1
unter 5.000	17,2	5.000-10.000	13,0
5.000-10.000	40,1	10.000-20.000	24,6
10.000-20.000	28,3	20.000-30.000	16,8
20.000-30.000	6,8	30.000-50.000	18,4
30.000-50.000	5,2	50.000-10.000	14,6
über 50.000	2,4	über 100.000	8,5
Gesamt	100,0	Gesamt	100,0
(n =	3.310)	(n =	3.310)

Anmerkung: Zahl der erhobenen Märkte: 3310
Quelle: Eigene Berechnungen auf der Grundlage des *Lexikons der periodischen Märkte in China*, 1993.

Es muß darauf aufmerksam gemacht werden, daß es sich bei der obigen Analyse hauptsächlich um diejenigen Märkte handelt, die in den Untersuchungsgebieten zu den mittleren und größeren zählen. Dieser Anteil umfaßt jedoch nur ca. 10% der gesamten Märkte, die in den Untersuchungsgebieten abgehalten werden. Das bedeutet offenkundig, daß sich die große Mehrheit der ländlichen Märkte auf der untersten Stufe der Marktgröße befindet. Die Verteilung der Größenausmaße ländlicher Märkte ergibt normalerweise eine typische Pyramidenform. Dies hat die Untersuchung unserer Fallstudien in Hebei und Guizhou bestätigt (siehe Abb. 34).

In der Provinz Guizhou erzielen über die Hälfte der 2.281 periodischen ländlichen Märkte einen Tagesumsatz von weniger als 5.000 Yuan; 21% der Märkte erzielen einen Umsatz, der zwischen 5.000 und 10.000 Yuan liegt; nur bei 3% der Märkte erreicht der Umsatz über 10.000 Yuan pro Markttag. Eine ähnliche Struktur wies die Analyse von 210 periodischen Märkten in der Präfektur Shijiazhuang der Provinz Hebei auf: Ca. 32% der Märkte hatten einen Tagesumsatz von weniger als 5.000 Yuan; 24% erzielten zwischen 5.000 und 10.000 Yuan; 16% zwischen 10.000-20.000 Yuan; 9% zwischen 20.000 und 30.000 Yuan; 8% zwischen 30.000 und 50.000 Yuan; 6% zwischen 50.000 und 100.000 Yuan; und 5% über 100.000 Yuan.

Abb. 34:

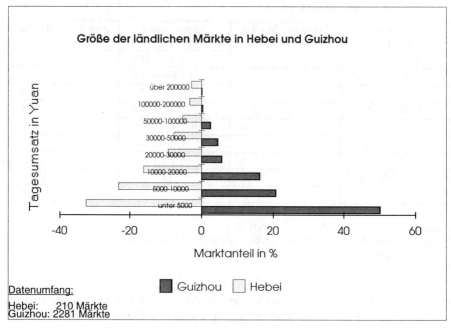

Quelle: Eigene Erhebungen 1993/94.

4.1.2 Die Markttage der ländlichen Märkte

Die Untersuchung der ländlichen Märkte in 1.100 Kreisen und kreisfreien Städten zeigt, daß knapp ein Drittel der ländlichen Märkte täglich und zwei Drittel periodisch abgehalten werden. Die täglichen Märkte konzentrieren sich hauptsächlich in den zwei südostchinesischen Provinzen Zhejiang und Jiangsu sowie in den nordostchinesichen Provinzen Heilongjiang, Jilin und Liaoning. Anzutreffen sind sie auch in zahlreichen großen Marktzentren und Kreisstädten anderer Provinzen. Die traditionellen periodischen Märkte herrschen weitgehend in den ausgedehnten ländlichen Gebieten vor, insbesondere in Nord-, Nordwest- und Südwestchina.

In China existieren sowohl die traditionellen Rhythmen der Markttage, die gemäß dem chinesischen Mondkalender bzw. traditionellen Tierkreis berechnet werden, als auch die modernen Rhythmen, die nach dem heutigen westlichen Kalender bzw. Wochensystem verlaufen. Dies wird in der folgenden Tabelle dargestellt:

Tabelle 54: Ländliche Märkte und Marktrhythmen in China

Marktrhythmen	Zeitsysteme	Marktanzahl	Marktanteil in %	jeweils pro Zeitsystem
Täglich	Nach westl. Kalender	1.071	32,4	**32,4**
5-Markttage pro *xun*	nach chin. Mondkalender	72	2,2	
	nach westl. Kalender	73	2,2	
4-Markttage pro *xun*	nach chin. Mondkalender	66	2,0	
	nach westl. Kalender	58	1,7	
3-Markttage pro *xun*	nach chin. Mondkalender	374	11,3	
	nach westl. Kalender	295	8,9	
2-Markttage pro *xun*	nach chin. Mondkalender	523	15,8	
	nach westl. Kalender	377	11,4	
1-Markttag pro *xun*	nach chin. Mondkalender	37	1,1	
	nach westl. Kalender	10	0,3	**56,9**
4-Markttage eines Kreises	nach 12-Zeichen des Tierkreises bzw. der „*Erdenzweige*"	2		
3-Markttage eines Kreises	nach 12-Zeichen des Tierkreises bzw. der „*Erdenzweige*"	5		
2-Markttage eines Kreises	nach 12-Zeichen des Tierkreises bzw. der „*Erdenzweige*"	102		
1-Markttag eines Kreises	nach 12-Zeichen des Tierkreises bzw. der „*Erdenzweige*"	1		**3,3**
4-Markttage pro Woche	nach 7-Tage-Wochensystem	1		
2-Markttage pro Woche	nach 7-Tage-Wochensystem	17		
1-Markttag pro Woche	nach 7-Tage-Wochensystem	226		**7,4**
insgesamt		3.310		**100**

Quelle: Eigene Berechnungen nach den Angaben des *Lexikons der periodischen Märkte in China*, 1993.

Die am häufigsten vorkommenden Marktrhythmen sind folgende:

1) 2 Markttage pro *xun*
   Diese Marktrhythmen finden sich in fast allen ländlichen Gebieten und haben einen Anteil von 27,2% bei allen untersuchten Märkten. Sie konzentrieren sich jedoch in der nordchinesischen Ebene, vor allem in den Provinzen Shandong, Hebei und Henan. Die häufigsten Formen der Markttage sind 1-6, 2-7, 3-8, 4-9, 5-10 pro *xun*.

2) 3 Markttage pro *xun*
   Die periodischen Märkte mit dem Rhythmus 3 Markttage pro *xun* befinden sich hauptsächlich an dem mittleren und unteren Lauf des Changjiang und am oberen Lauf des Huanghe, darunter z.B. in den Provinzen Sichuan, Hunan, Hubei, Jiangxi, Gansu, Ningxia, Shaanxi, Shanxi usw. Die häufigen Formen der Markttage sind 1-4-7, 2-5-8, 3-6-9 pro *xun*. Zusammen haben sie einen Anteil von 20,2%.

Tabelle 55: Periodische Märkte und Markttage in ausgewählten Untersuchungsgebieten

	Ningxia		Guizhou		Shijiazhuang/Hebei		Chengdu/Sichuan	
	Marktzahl	%	Marktzahl	%	Marktzahl	%	Marktzahl	%
1-Markttag pro *xun*	-	-	2	0,1	2	1,0	-	-
2-Markttage pro *xun*	6	3,8	853	37,4	176	83,8	50	14,3
3-Markttage pro *xun*	104	66,3	112	4,9	8	3,8	242	69,3
4-Markttage pro *xun*	1	0,6	-	-	10	4,8	-	-
5-Markttage pro *xun*	3	1,9	-	-	2	1,0	50	14,3
1-Markttag pro Woche	1	0,6	735	32,2	-	-	-	-
2-Markttage pro Woche	-	-	6	0,3	-	-	-	-
1-Markttag eines Tierkreises	-	-	2	0,1	-	-	-	-
2-Markttage eines Tierkreises	-	-	411	18,0	-	-	-	-
4-Markttage eines Tierkreises	-	-	3	0,1	-	-	-	-
Tägliche Märkte	42	26,8	157	6,9	12	5,6	7	2,1
Gesamt	157	100,0	2.281	100,0	210	100,0	349	100,0

Quelle: Eigene Erhebungen 1993/94.

3) 1 Markttag pro Woche
Diese Wochenmärkte liegen in China zumeist in Siedlungen von Industrie- und Bergbaugebieten. In der Provinz Liaoning und im Autonomen Gebiet Xinjiang z.B. gibt es zahlreiche periodische Märkte, die einmal pro Woche abgehalten werden. In der Provinz Guizhou, in der ebenfalls eine große Zahl periodischer Märkte nach dem 7-Tage-Rhythmus veranstaltet wird, gibt es noch eine andere Begründung: Der wichtigste Markttag ist Sonntag. Mehr als zwei Drittel der Wochenmärkte in China finden ausschließlich am Sonntag statt. Märkte, die diesem Rhythmus folgen, haben einen Anteil von 7,4%.

4) 2 Markttage eines 12-Tage-Tierkreises
Dieser traditionelle Marktrhythmus (= 3,3%) ist heute nur noch in den südwestchinesischen Provinzen Guizhou und Yunnan anzutreffen, vor allem in den von Minderheiten besiedelten Gebieten. Wie bereits in der Fallstudie aufgeführt,

existieren in der Provinz Guizhou insgesamt 388 periodische Märkte, deren Markttage nach wie vor gemäß dem chinesischen Tierkreis berechnet werden. Die wichtigsten Markttage des Tierkreises sind „Ratte-Pferd", „Büffel-Schaf", „Tiger-Affe", „Hase-Hahn", „Drache-Hund" und „Schlange-Schwein".

Um die oben erwähnten regionalen Unterschiede in China zu verdeutlichen, werden die Markttage aufgrund der Fallstudien in den jeweiligen Untersuchungsgebieten, nämlich Hebei in Nordchina, Ningxia in Nordwestchina, Sichuan und Guizhou in Südwestchina, in der Tabelle 55 zusammengefaßt.

Es zeigt sich, daß die periodischen Märkte in der Chengdu-Ebene der Provinz Sichuan und im Autonomen Gebiet Ningxia in der Mehrheit alle drei Tage stattfinden, während die Märkte in der nordchinesischen Ebene hauptsächlich alle fünf Tage abgehalten werden. Märkte der Provinz Guizhou werden äußerst uneinheitlich abgehalten: 37% der ländlichen Märkte finden alle fünf Tage statt; 18% der Märkte werden alle sechs Tage abgehalten und 32% sogar alle sieben Tage.

4.2 Räumliche Organisation der ländlichen Märkte

4.2.1 Die räumliche Verteilung und Entwicklungsunterschiede

Die ländlichen Märkte in China sind durch ihre große Anzahl und verschiedene räumliche Anordnung gekennzeichnet. Der gesamte Lebensraum des ländlichen China wird von einem kompletten Netz von rd. 66.000 ländlichen Märkten[147] lückenlos erfaßt. Im Durchschnitt findet im gesamten Land pro 145 km² ein Markt statt. Dennoch weist die räumliche Verteilung der ländlichen Märkte erhebliche Entwicklungsunterschiede auf, die auf jeder räumlichen Betrachtungsebene erkennbar sind.

Vor allem ist das allseits bekannte Ost-West-Gefälle zu nennen. In der östlichen Region, die ca. 14% der Landesfläche ausmacht, leben 41% der Gesamtbevölkerung Chinas. In dieser Region konzentrieren sich 41% der ländlichen Märkte. Die Dichte der ländlichen Marktorte beträgt hier 2,1 pro 100 km². Hingegen ist die westliche Region, die mehr als die Hälfte der Landesfläche umfaßt, nur von knapp einem Viertel der Bevölkerung besiedelt. In dieser Großregion befinden sich ca. 26% der ländlichen Märkte (vgl. Tabelle 56).

Um den Entwicklungsstand ländlicher Märkte aus verschiedenen Regionen vergleichen zu können, wird ein sog. „Entwicklungsindex" (E-Index) benutzt. Dieser ergibt sich aus dem Produkt von Marktdichte und durchschnittlichem Marktumsatz/ 10.000. Nach diesem Index liegen die ländlichen Märkte in der östlichen Region 13,5 weit über dem Landesdurchschnitt (2,88). Der „E-Index" in der mittleren Region liegt mit 2,21 leicht unter dem Landesdurchschnitt. In der westlichen Region

---

[147] *Zhongguo shichang tongji nianjian (Market Statistical Yearbook of China 1994).*

zeigen die ländlichen Märkte mit 0,7 (E-Index) eine weit unterdurchschnittliche Entwicklung.

Tabelle 56: Räumliche Entwicklungsunterschiede der ländlichen Märkte in den drei Großregionen

	Ost₁₎	Mittel₂₎	West₃₎	Gesamt
Flächenanteil in %	13,5	29,9	56,6	100,0
Bevölkerungsanteil in %	40,9	35,5	23,6	100,0
Bevölkerungsdichte E/km²	324,0	127,1	44,7	108,4
Volkseink./Kopf in Yuan	733,9	503,4	226,2	533,6
Marktdichte in 100 km²	2,11	0,75	0,32	0,69
Anteil der ländlichen Märkte in %	41,2	32,4	26,4	100,0
Anteil der Marktumsätze in %	63,0	22,9	14,1	100,0
Entwicklungsindex (E-Index)*	13,5	2,21	0,71	2,88

Anmerkung: 1) Beijing, Tianjin, Liaoning, Hebei, Shandong, Jiangsu, Shanghai, Zhejiang, Fujian, Guangdong, Hainan, Guangxi.
2) Heilongjiang, Nei Mongol, Jilin, Shanxi, Henan, Anhui, Hubei, Hunan, Jiangxi.
3) Ningxia, Gansu, Shanxi, Sichuan, Guizhou, Yunnan, Tibet, Qinghai, Xinjiang.
*) Entwicklungsindex (E-Index) = Marktdichte × durchschnittlicher Marktumsatz/10.000

Quellen: Taubmann 1989; *Zhongguo shichang tongji nianjian (Market Statistical Yearbook of China 1994)*.

Die Anwendung der Entwicklungsindizes zur Erklärung der Entwicklungsunterschiede ist auf der Provinzebene sinnvoll, weil mit der Marktdichte allein die räumlichen Entwicklungsunterschiede zwischen unterschiedlichen Provinzen nicht aufgezeigt werden können. So ergibt der Vergleich der Provinz Jiangsu mit der Provinz Henan, daß Jiangsu mit einer Marktdichte von 2,55 pro 100 km² noch hinter Henan (2,89 pro 100 km²) rangiert. Die Entwicklungsindizes jedoch zeigen, daß sich die ländlichen Märkte in Jiangsu in einem fortgeschritteneren Entwicklungsstadium befinden (Jiangsu: 17,5; Henan: 9,1).

Nach den Entwicklungsindizes können fünf Stufen räumlicher Entwicklungsunterschiede von ländlichen Märkten in China festgestellt werden (vgl. Karte 26): Auf der ersten Stufe befinden sich Zhejiang, Jiangsu, Guangdong, Shandong, Tianjin und Beijing; auf der zweiten Liaoning, Hebei, Henan, Anhui, Fujian und Hainan; auf der dritten Hunan, Hubei, Jiangxi und Sichuan; auf der vierten Stufe Jilin, Shanxi, Shaanxi, Ningxia, Guangxi, Guizhou und Yunnan; die übrigen Provinzen gehören zu der letzten Stufe. Räumlich verteilen sich diese fünf Entwicklungsstufen regelhaft von Ost nach West.

Auf der Kreis- und Lokalebene innerhalb einer Provinz können auch kleinräumige Entwicklungsunterschiede beobachtet werden. Die ländlichen Märkte sind zwar innerhalb der ländlichen Gebiete verstreut, sie konzentrieren sich jedoch in natur- und verkehrsmäßig relativ günstigen Gebieten, insbesondere in der Tiefebene. Die wichtigen Lagetypen der Märkte sind Becken-, Fluß-, Straßen-, Bergpaß- und Tallage.

Es besteht offenbar eine enge Korrelation zwischen räumlicher Verteilung von Märkten und der Bevölkerung. Der Grund ist offensichtlich: Die Märkte dienen in ihrer Hauptfunktion der Versorgung der Bevölkerung. Je dichter die Bevölkerung in einem Gebiet konzentriert ist, um so höher ist auch die Dichte der ländlichen Märkte. Bei der statistischen Analyse von 1.100 Kreisen und kreisfreien Städten ergab sich, daß offenkundig ein positiver Zusammenhang zwischen der Marktdichte und der Bevölkerungsdichte (mit einem Korrelationskoeffizenten von 0,613) besteht. Wenn man den Entwicklungsstand der ländlichen Märkte in den jeweiligen Untersuchungsgebieten berücksichtigt, zeigt die Analyse, daß die Bevölkerungsdichte mit dem Entwicklungsindex noch stärker korreliert (mit einem Korrelationskoeffizenten von 0,701). Man kann somit festhalten, daß die räumliche Verteilung und der Marktumsatz der ländlichen Märkte hauptsächlich von der jeweiligen Bevölkerungsdichte abhängig sind.

Ein zweiter Faktor, der für die räumlichen Entwicklungsunterschiede ländlicher Märkte verantwortlich ist, ist die ungleichmäßige Verteilung der Kaufkraft und des Einkommens der Bevölkerung. Die Spannweite der ländlichen Kaufkraft in den Landkreisen reicht von weniger als 100 Yuan bis zu mehr als 2.000 Yuan/Kopf. Der Durchschnitt betrug im Jahr 1990 510 Yuan pro Kopf. Ca. 63% der Landkreise in China lagen unter diesem Durchschnitt. Das unterschiedliche Niveau der ländlichen Kaufkraft nach Kreisen wird in Abbildung 35 dargestellt.

Unerwartet ist jedoch, daß die räumliche Verteilung der Kaufkraft mit der räumlichen Verteilung der ländlichen Märkte nicht übereinstimmt. Die Karte zeigt, daß sich die Kreise mit einer überdurchschnittlichen Kaufkraft nicht nur in den ostchinesischen Küstengebieten, sondern auch in den sehr dünn besiedelten Grenzgebieten konzentrieren. Hier treten u.a. die Kreise in den Berggebieten des großen und kleinen Xingan sowie Changbaishan in Nordostchina hervor sowie Kreise in der nördlichen Hochebene der Inneren Mongolei und im Nordwesten des Autonomen Gebietes Xinjiang. Die Verteilung des bäuerlichen Nettoeinkommens weist eine ähnliche Struktur auf. Eine Erklärung hierfür aus eigenen Erkenntnissen kann nicht geliefert werden. Angeblich sind nomadische Viehhalter ausschlaggebend, die ohnehin nicht zu vergleichen sind mit den Bauern im Osten und in der Mitte Chinas.

Der dritte Faktor, der die räumliche Verteilung der ländlichen Märkte beeinflußt, ist der Verkehr. Unsere Fallstudien in verschiedenen ländlichen Gebieten haben gezeigt, daß sich die ländlichen Märkte und Marktorte vor allem an Flüssen, an Straßen und an Eisenbahnlinien konzentrieren. Im Kreis Acheng/Heilongjiang z.B., hat die ostchinesische Eisenbahn bei der Entwicklung der ländlichen Märkte und Marktorte eine zentrale Rolle gespielt. Heute befinden sich die großen Marktzentren in Acheng ausschließlich an den Bahnlinien.

Abb. 35

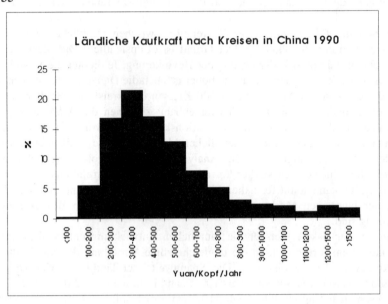

Anmerkung: 1) Fallzahl: 2.095
2) Über die Kreise im Autonomen Gebiet Tibet liegen keine Daten vor.
Quelle: Eigene Berechnung nach „Wirtschaftsindikatoren nach Kreisen in China" 1990.

4.2.2 Das zentralörtliche Marktsystem und seine raum-zeitliche Organisation

Das zentralörtliche Marktsystem läßt sich in vier Stufen gliedern: Zentralmärkte, Mittelmärkte, Standardmärkte und Kleinmärkte. Diese Hierarchie trifft auch in hohem Maß auf das ländliche Siedlungssystem zu, d.h. die Zentralmärkte liegen normalerweise in den Kreisstädten, die Mittelmärkte am häufigsten in großen *zhen*-Orten, die Standardmärkte meistens in Gemeindezentren und die Kleinmärkte in großen Dörfern. Je größer die Ortschaften, desto bedeutender die Märkte.

Dennoch zeigen unsere Fallstudien, daß bei der Anordnung der hierarchischen Marktsysteme große Unterschiede bestehen. In dem Autonomen Gebiet Ningxia befinden sich innerhalb des Siedlungssystems viele Kreisstädte, die höchstens als Mittelmarktzentren angesehen werden können; in der Provinz Hebei gibt es zahlreiche Kleinmärkte auf der Dorfebene; im Kreis Guanghan der Provinz Sichuan sind dagegen fast keine Kleinmärkte der vierten Stufe zu finden. Die Anzahl der ländlichen Märkte differiert von Region zu Region. Im Kreis Zunyi/Guizhou befinden sich 85 periodische Märkte, von denen 15 Mittelmärkte, 33 Standardmärkte und 37 Kleinmärkte sind; im Kreis Wuzhong/Ningxia gibt es nur drei Märkte, von denen einer als Zentralmarkt und zwei als Standardmärkte bezeichnet werden können.

Tabelle 57 zeigt die Reichweite der Ergänzungsgebiete, die unterschiedlichen Stufen zuzuordnen sind. Es handelt sich um die durchschnittlichen Werte, die bei der Kundenbefragung in vier Untersuchungsgebieten gewonnen wurden. Im Kreis Jinzhou z.B. liegt der durchschnittliche Radius des Ergänzungsgebietes für den Zentralmarkt bei 14 km, für die Mittelmärkte bei 4,0-4,5 km, für die Standardmärkte bei 2,5-3,0 und für die Kleinmärkte bei 1,5-2,0. Die Unterschiede zwischen den verschiedenen Marktstufen sind offenkundig:

Tabelle 57: Die durchschnittliche Reichweite der Ergänzungsgebiete nach Untersuchungsgebieten (in km)

	Kreis Wuxi/Jiangsu	Kreis Jinzhou/Hebei	Kreis Wuhong/Ningxia	Kreis Zunyi/Guizhou
Zentralmarkt	K	7,0	8,5-10,0	K
Mittelmarkt	4,5-5,0	4,0-4,5	K	6,0-6,5
Standardmarkt	2,5-3,0	2,5-3,0	4,5-5,0	4,5-5,0
Kleinmarkt	1,0-1,5	1,5-2,0	K	3,0-3,5

Anmerkung: K: Keine Märkte dieser Stufe im Kreisverwaltungsgebiet.
Quelle: Eigene Erhebungen 1993/94.

Unterschiede bestehen auch bei Märkten gleicher Stufe in verschiedenen Gebieten. Im Gebirge ist offenbar das Einzugsgebiet auf der gleichen Stufe größer als in der Ebene: Der Markt von Xinzhou in der Provinz Guizhou z.B. hat einen durchschnittlichen Radius beim Kundeneinzugsbereich von 6,0 km gegenüber Zongshizhuang in der Provinz Hebei von 4,3 km. Die beiden Märkte liegen zwar in unterschiedlichen Gebieten, sind jedoch der gleichen Stufe im regionalen Marktsystem zuzuordnen.

Die räumliche Organisation des zentralörtlichen Marktsystems ist durch seine regelhafte raum-zeitliche Anordnung gekennzeichnet. Das Prinzip der raum-zeitlichen Organisation besteht darin, die mögliche Konkurrenz eines benachbarten periodischen Marktes zu vermeiden, damit die Marktbeschicker im Verlauf einer Marktwoche möglichst mehrere Märkte besuchen können. Dennoch zeigt die Untersuchung, daß sich in einer Region die zeitliche Abfolge der Standardmärkte komplementär zu den Markttagen der Märkte höherer Stufe verhält, in deren Einflußgebiet sie liegen, d.h., zwischen Mittelmarktzentren und ihren zugehörigen Standardmärkten dürfen keine zeitlichen Konflikte entstehen. Es hat sich aber gezeigt, daß verschiedene Standardmärkte oft an denselben Markttagen stattfinden. Diese zeitliche Zuordnung im hierarchischen Marktsystem hat dazu geführt, daß die allgemeine Aussage der sog. „spatio-temporal synchronization" (Hill und Smith 1972), die als Grundannahme der Analyse der Organisation des periodischen Marktsystems fungiert, praktisch nicht aufrechtzuerhalten ist.

Diese zyklisch stattfindenden, aufeinander abgestimmten, hierarchisch angeordneten periodischen Märkte ermöglichen einen fast optimalen Waren- und Menschenfluß in ländlichen Gebieten. Dies haben die Fallstudien immer wieder bestätigt.

4.3 Charakteristika der Marktteilnehmer

4.3.1 Sozioökonomische Charakteristika der Marktteilnehmer

In den Fallstudien wurden auf der Grundlage der Marktbefragungen in unterschiedlichen ländlichen Gebieten ausführliche Analysen über die Marktbeschicker und Marktbesucher durchgeführt und bereits vorgestellt. Im folgenden wird versucht, die wichtigen Ergebnisse der Befragungen zusammenzustellen:

1) Geschlecht:
   Von insgesamt 2.637 befragten Marktteilnehmern (Besucher und Beschicker) sind knapp zwei Drittel männlich und ein Drittel weiblich. Die Untersuchung gibt keinen besonderen Hinweis darauf, warum die ländlichen Märkte von Männern oder von Frauen bevorzugt werden. Der Markt von Yuquan ist eine Ausnahme. Dort überwiegen Frauen (70% der Marktbeschicker) auf dem täglichen Markt.

2) Altersstruktur:
   Die ländlichen Märkte werden von der Bevölkerung fast aller Altersstufen besucht. An der Altersstruktur zeigt sich, daß die große Mehrheit der Marktbesucher im Alter zwischen 21 und 50 Jahren ist. Die meisten von ihnen sind Haushaltsvorstände. Es gibt jedoch auch jüngere und ältere Besucher. Für sie bedeuten ländliche Märkte nicht nur einen Ort zur Deckung des täglichen Bedarfs, sondern auch ein Vergnügungs- und Freizeitzentrum.

3) Herkunft:
   Nach der Befragung sind über 60% der Marktteilnehmer einheimische Besucher, d.h. sie kommen aus demselben Marktort oder aus der Umgebung innerhalb des Verwaltungsgebietes der Gemeinde/*zhen*; 27-28% sind auswärtige Besucher und stammen aus den Nachbargemeinden/*zhen* im Kreis; 7-9% kommen aus anderen Kreisen, aber innerhalb der Provinz; und einzelne kommen sogar auch von außerhalb der Provinz (vgl. Tab. 59).
   Tabelle 60 zeigt die Entfernungen zwischen dem Wohnsitz der Besucher und dem Marktplatz. Während auf den täglichen Märkten von Dongting und Yuquan über 80% der Besucher aus einem Umkreis von bis zu 5 li (2,5 km) kommen,

kommt der gleiche Anteil der Besucher in Jinji und Zongshizhuang aus einem Umkreis von 12 li (6,0 km) und in Pingluo und Xinzhou von 18 li (9,0 km). Je größer der Marktort, desto höher der Anteil lokaler Besucher; je traditioneller der Markt, desto größer der Einzugsbereich.

Tabelle 58: Altersstruktur der Marktbesucher nach Marktorten (in %)

Alter	Gesamt	Jinji	Zongshizuang	Dongting	Yuquan	Xiangyang	Pingluo	Xinzhou
Bis 20	8,8	13,7	16,3	11,8	6,3	20,8	5,3	3,5
21-30	37,7	35,3	39,2	35,4	42,5	42,6	32,0	38,2
31-40	25,5	22,2	24,8	18,7	23,0	16,1	33,1	31,5
41-50	17,2	14,8	15,1	18,0	14,9	11,3	18,2	18,0
51-60	7,4	7,4	4,0	9,8	8,6	6,4	7,6	7,2
ü. 60	3,4	6,6	0,6	6,3	4,6	2,8	3,8	1,6

Fallzahl: 1.347 befragte Marktbesucher.
Quelle: Eigene Befragung 1993/94.

Tabelle 59: Herkunft der Marktteilnehmer nach Verwaltungseinheiten (in %)

	1) aus demselben Marktort und in der Gemeinde/Zhen	2) aus Nachbargemeinden innerhalb der Kreis/Stadt	3) aus Nachbarkreisen, innerhalb der Provinz	4) außerhalb der Provinz
Marktbesucher	66,0	27,2	6,6	0,2
Marktbeschicker	59,5	28,1	9,5	2,9

Fallzahl: Marktbesucher 1.347; Marktbeschicker 1.290.
Quelle: Eigene Befragung 1993/94.

Tabelle 60: Herkunft der Marktbesucher nach Entfernungszonen (in %)

Zonen	Jinji	Zongshizuang	Dongting	Yuquan	Xiangyang	Pingluo	Xinzhou
(li) <=2	24,6	12,3	52,7	56,9	32,7	11,5	15,1
2-5	27,0	26,6	30,1	24,1	40,4	15,8	23,1
5-10	14,8	40,3	15,1	8,6	18,3	29,7	28,3
10-15	12,3	11,0	2,1	1,7	1,9	12,0	10,0
15-20	11,5	4,5	0	2,3	4,8	12,0	10,8
20-50	9,8	3,9	0	4,5	1,9	16,3	12,0
>50	0	1,3	0	1,7	0	2,9	0,8

Fallzahl: 1.346
li = 0,5 km
Quelle: Eigene Erhebungen 1993/94.

4) Tätigkeit und Berufsstruktur:
Ca. 58% aller befragten Händler geben an, daß sie hauptberuflich auf ländlichen Märkten tätig sind. Die anderen sind nebenberuflich Händler, von denen 93% Bauern, 5% Fabrikarbeiter und 2% lokale Kader, Manager, Lehrer und Schüler etc. sind.
Die Kunden ländlicher Märkte bestehen zu 72% aus ländlicher und zu 28% aus städtischer Bevölkerung. 55% von ihnen sind Bauern, 21% Fabrikarbeiter und 24% Kaufleute, Manager, Beamte, Lehrer, Schüler, Rentner, auf Arbeit Wartende und Sonstige.

5) Einkommen:
Mit einem durchschnittlichen Nettoeinkommen von 417 Yuan pro Monat verdienen die Händler auf ländlichen Märkten erheblich mehr als ihre Kunden (300 Yuan). Dennoch haben über zwei Drittel der Marktbeschicker bzw. Marktbesucher ein monatliches Einkommen unter dem Durchschnitt, wie Abbildung 36 zeigt.

Abb. 36:

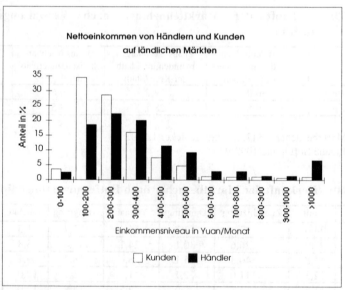

Quelle: Eigene Erhebungen 1993/94.

Wenn die oben dargestellte Berufsstruktur der Marktteilnehmer berücksichtigt wird, kann die Verteilung des Nettoeinkommens nach Abbildung 36 folgendermaßen interpretiert werden: Die Gruppe der Händler, deren Monatseinkommen unter dem Durchschnitt liegt, ist nur nebenberuflich auf ländlichen Märkten tätig - zumeist sind sie Bauern. Die hauptberuflichen Händler verdienen hingegen meist überdurchschnittlich viel. Das Einkommen der Händler ist jedoch nicht nur von den jeweiligen Märkten in den verschiedenen Regionen abhängig, die sich auf einem unterschiedlichen Entwicklungsstand befinden, sondern auch von dem Produktangebot. So ist z.b. der Handel mit Textilien im Normalfall lukrativer als der mit Gemüse; oft liegen die Viehhändler an der Spitze der Einkommensskala.

Von den Kunden verdienen über 80% weniger als 400 Yuan pro Monat. Sie sind hauptsächlich in der Landwirtschaft tätig. Ein Teil von ihnen hat ein sehr geringes oder gar kein Einkommen, dazu zählen z.b. Hausfrauen, Rentner und Schüler. Kaufleute, Beamte, Manager sowie Arbeiter etc. stellen den Kundenanteil mit einem überdurchschnittlichen Einkommen.

6) Schulausbildung:

Das Ausbildungsniveau der Mehrzahl der Marktteilnehmer liegt zwischen Grundschule und Mittelschule. Einzelne haben auch eine Berufs- und Fachschule oder eine Hochschule besucht. Der Anteil der Analphabeten beträgt 9-13%.

Die Untersuchung zeigt, daß in der Schulausbildung zwischen Händlern und Kunden bzw. der Bevölkerung insgesamt offenbar Unterschiede bestehen. In den Kategorien 3 - 6 liegt das Ausbildungsniveau von Händlern erheblich über dem der Kunden bzw. der durchschnittlichen Bevölkerung. Grund dafür ist, daß für Händler ein Grundwissen, z.B. Grundkenntnisse der Arithmetik, von höherer Bedeutung ist. Dennoch weist die Befragung darauf hin, daß viele Bauern, auch wenn sie Analphabeten sind, eine einfache Preisberechnung beherrschen.

Tabelle 61: **Schulausbildungsgrad der Marktteilnehmer auf ländlichen Märkten (in %)**

	1. Hochschule	2. Berufs- u. Fachschule	3. Obere Mittelschule	4. Untere Mittelschule	5. Grundschule	6. Beherrscht keine oder wenige Zeichen
Händler	0,1	0,2	16,7	51,7	22,8	8,5
Kunden	1,2	1,8	10,3	43,7	30,1	12,9
Bevölkerung Insgesamt*	0,6	0,8	8,0	23,3	37,2	16,1

Anmerkung: Fallzahl: 1.317 Kunden; 1.270 Händler
*Volkszählung 1990
Quelle: Eigene Erhebung 1993/94.

Stufe 1 und 2 besitzen eine andere Ausgangslage. Ländliche Marktorte sind in der Regel auch Standorte lokaler Regierungen, unterer und oberer Mittelschulen, einer Klinik, industrieller Betriebe etc. Hier konzentrieren sich Beamte, Manager, Techniker, Lehrer und Ärzte, eine Berufsgruppe mit einem höheren Ausbildungsgrad. So ist zu erklären, daß in diesen zwei Stufen die Kunden im Vergleich zu den Händlern und dem Durchschnitt der Einwohner ein höheres Bildungsniveau aufweisen.

4.3.2 Raum-zeitliches Verhalten der Marktteilnehmer

Es ist zu beobachten, daß auf ländlichen Märkten zum einen die Händler und Kunden ein unterschiedliches raum-zeitliches Verhalten zeigen und zum anderen die Marktbeteiligten verschiedener Regionen unterschiedliche raum-zeitliche Verhaltensmuster aufweisen.

Die wichtigen Merkmale dieses räumlichen und zeitlichen Verhaltens von Marktteilnehmern, das in den verschiedenen Fallstudien dargestellt wurde, werden im folgenden zusammengefaßt:

1) Distanz zwischen Wohnort und Marktplatz:
   Nach der Gesamtauswertung von Fragebögen aus verschiedenen Beispielmärkten ergibt sich, daß die durchschnittliche Distanz zwischen Wohnort und Marktplatz aller befragten Marktbesucher bei ca. 10 li (5 km) und aller befragten Marktbeschicker bei ca. 12 li (6 km) liegt. Die absolute Mehrheit wohnt innerhalb eines Radius von 10 km. Mit zunehmender Distanz zum Markt nimmt die Zahl auswärtiger Besucher stark ab (vgl. Abb. 37).

   Selbstverständlich bestehen große Unterschiede zwischen den Märkten, da die Herkunftsgebiete von Kunden und Händlern unterschiedlich sind. Der Markt von Pingluo im Kreis Qionglai/Sichuan. hat z.B ein Ergänzungsgebiet mit einem durchschnittlichen Radius von 15 li; das Ergänzungsgebiet für den Markt von Dongting im Kreis Wuxi/Jiangsu weist hingegen nur einen durchschnittlichen Radius von 3,2 li auf.

   Die Fallstudien belegen, daß in der Mehrheit der Fälle das Herkunftsgebiet der Händler weiter vom Marktort entfernt liegt als das der Kunden. Dies gilt jedoch nicht, wie im Falle der Märkte von Pingluo und von Yuquan.

2) Verkehrs- und Transportmittel:
   Tabelle 62 zeigt, daß der größte Anteil der Marktbesucher und -beschicker über eigene Fahrräder verfügt. Viele Leute kommen jedoch zu Fuß. An einigen Marktorten, wie etwa in Jinji und Dongting, ist für die Händler der Kleintraktor das wichtigste Transportmittel. Nur ein geringer Teil der Marktteilnehmer erreicht den Markt per Bus, obwohl ein öffentlicher Verkehr in den meisten der Untersuchungsorte zur Verfügung steht.

   Die Fahrt zum Markt dauert in der Mehrzahl der Fälle weniger als 40 Minuten. Nur 13% der Marktbeschicker und 6% der Marktbesucher benötigen mehr als eine Stunde. Dieses Ergebnis weist ebenfalls darauf hin, daß Händler aus weiter entfernten Regionen zum Markt kommen als ihre Kunden.

Abb. 37:

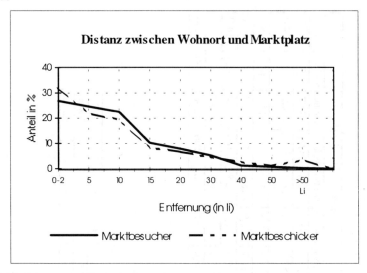

Fallzahl: Marktbesucher 1.347; Marktbeschicker 1.290
Quelle: Eigene Erhebungen 1993/94.

3) Häufigkeit eines Marktbesuches und Aufenthaltsdauer:
Über 60% der befragten Kunden und 80% der befragten Händler geben an, daß sie an fast jedem Tag, an dem die periodischen Märkte abgehalten werden, diese aufsuchen. Die Aufenthaltsdauer der Händler ist wesentlich länger als die der Kunden. Bei der Auswertung der Fragebögen fiel auf, daß sich Besucher auf periodischen Märkten länger aufhalten als auf täglichen Märkten. Dies gilt insbesondere für die südostchinesischen Morgenmärkte. Tendenziell ist festzustellen, daß sich tägliche Märkte und Morgenmärkte weiter als die periodischen Märkte spezialisiert haben. Dieses Phänomen hängt mit der Wirtschaftsentwicklung zusammen. In ländlichen Gebieten, in denen sich zahlreiche periodische Märkte befinden, ist die Wirtschaft noch relativ rückständig. „Periodische Märkte zählen zum Teil mehr als 10.000 Beschicker, die fünf, sechs und mehr Kilometer zu Fuß zurücklegen, nur um etwa ein Dutzend Eier oder einhundert Kilogramm Reis zum Verkauf anzubieten. Sie halten sich über einen halben Tag auf dem Markt auf. Dies kostet viel Zeit und Kraft. Wären andere Beschäftigungsmöglichkeiten vorhanden, würde kaum noch jemand den ganzen Tag auf dem Markt verbringen."[148]

---

[148] Fei Xiaotong, 1985.

Tabelle 62: Das Verkehrsmittel von Kunden und Händlern nach Marktorten (in %)

Märkte	Jinji		Zongshizhuang		Dongting		Yuquan		Xiangyang		Pingluo		Xinzhou	
Verkehrsmittel	Kunden	Händler	Kunden	Händler	Kunden	Händler	Kunden	Händler	Kunden	Händler	Kunden	Händler	Kunden	Händler
1) zu Fuß	18,9	10,6	10,4	3,2	31,1	21,8	63,2	22,7	25,5	12,6	37,3	37,7	53,2	31,7
2) mit Fahrrad/Motorrad	66,4	34,3	80,5	73,4	61,1	31,5	22,4	57,8	65,1	58,0	38,8	34,9	10,8	14,0
3) per Bus/Minibus	5,7	1,1	2,6	3,8	0,7	2,4	6,3	1,9	8,5	11,8	17,2	12,3	10,4	8,6
4) auf Traktor/Lastwagen	4,1	48,6	6,5	17,7	0,0	40,3	1,7	11,7	0,9	16,8	5,3	13,7	25,4	31,2
5) per Schiff	0,0	0,0	0,0	0,0	0,0	0,8	0,0	0,0	0,0	0,8	0,0	1,4	0,0	14,0
6) sonstige	4,9	5,4	0,0	1,9	7,1	3,2	6,4	5,9	0,0	0,0	1,4	0,0	0,4	0,5
Gesamt	100	100	100	100	100	100	100,0	100	100	100	100	100	100	100

Quelle: Eigene Erhebungen 1993/94.

Tabelle 63: Der Zeitaufwand zum Markt nach Fahrtdauer (in Min.)

	<=10	11-20	21-30	31-40	41-50	51-60	61-90	91-120	>120
Marktbesucher in %	34,9	23,9	18,1	6,2	3,4	7,8	1,9	1,9	1,8
Marktbeschicker in %	29,9	22,1	18,9	5,9	2,3	7,6	5,7	2,3	5,2

Fallzahl: Marktbesucher 1.342; Marktbeschicker 1.288

4) Das Pendeln der Marktbeschicker:
Die Untersuchung zeigt, daß über die Hälfte der Marktbeschicker periodischer Märkte häufig noch einen bis fünf benachbarte Märkte aufsucht. Die Zahl der Märkte, auf denen sie ihre Waren anbieten, ist einerseits von den jeweiligen Marktringen der Untersuchungsgebiete abhängig und andererseits von der Wirtschaftsintensität der Händler.

Tabelle 64: Anzahl besuchter Märkte pro Marktbeschicker (in %)

	Jinji	Zongshizhuang	Xiangyang	Pingluo	Xinzhou
1 Markt	43,8	37,9	50,4	53,1	48,0
2 Märkte	40,0	41,7	37,0	21,5	25,3
3 Märkte	13,3	13,6	9,2	20,9	16,9
4 Märkte	1,9	4,5	1,7	3,8	7,1
5 Märkte	1,0	2,3	1,7	0,6	2,2
6 Märkte	-	-	-	-	0,4
Gesamt	100,0	100,0	100,0	100,0	100,0

Fallzahl insgesamt: 1.070
Quelle   Eigene Erhebungen 1993 und 1994.

Für Marktbeschicker ist der Besuch mehrerer Märkte aus verschiedenen Gründen lukrativ:
- Die hauptberuflichen Händler können auf diese Weise aufgrund der Marktrotation benachbarte Märkte an verschiedenen Tagen aufsuchen und somit durch den Besuch täglich anderer Märkte ein um ein mehrfach größeres Einzugsgebiet und dementsprechend mehr Kunden erreichen;
- Sebstvermarktende können ihre Waren, insbesondere die verderblichen Produkte, schneller auf verschiedenen Märkten absetzen, ohne daß sie mehrere Tage auf den nächsten Markttag warten müssen;
- Waren, die auf dem lokalen Markt weniger nachgefragt werden, können auf anderen Märkten abgesetzt werden.

4.4   Funktionen und Bedeutung der ländlichen Märkte

Die Rolle der ländlichen Märkte wird offiziell als „notwendige Ergänzung" staatlicher Handelsgesellschaften bezeichnet.[149] Die Untersuchung weist jedoch darauf hin, daß diese Rolle innerhalb verschiedener Regionen Chinas unterschiedlich stark ausgeprägt ist. In hoch entwickelten Gebieten, wie z.B. in Südostchina, machen der staatliche und kollektive Handel einen im allgemeinen immer noch sehr starken Anteil aus. Der ländliche freie Markt spielt eine untergeordnete Rolle. In den unter-

---
[149] Liu Xiuming, 1990, S. 25.

entwickelten Gebieten hingegen ist der periodische ländliche Markt von großer Bedeutung. Seine Funktionen werden unter den folgenden vier Aspekten dargelegt.

4.4.1 Die Rolle als Sammel- und Absatzort lokaler Produkte

In den Fallstudien wurde deutlich, daß auf periodischen ländlichen Märkten überwiegend landwirtschaftliche Produkte angeboten werden. Das Verhältnis von landwirtschaftlichen zu industriellen Waren (LC-Index) liegt in Jinji bei 2,34, in Xinzhou bei 1,94, in Zongshizhuang bei 1,81, in Pingluo bei 1,76, in Yuquan bei 1,71 und in Xiangyang bei 1,40. Offenkundig fungieren die ländlichen periodischen Märkte vor allem als *das* wichtige Vermarktungszentrum von landwirtschaftlichen und nebengewerblichen Produkten, die hauptsächlich in zwei Kategorien zusammengefaßt werden können. Zur ersten Kategorie gehören Überschußprodukte wie Getreide und Gemüse, zur zweiten absatzorientierte Produkte, z.B. Obst, Haustiere, Bambusartikel usw.

Wenn Bauern einer Örtlichkeit fast alle das gleiche Gut produzieren, kann der lokale Markt selbstverständlich die Menge einiger lokaler Produkte nicht allein absorbieren. So werden z.B. im Kreis Zunyi/Guizhou Chili und Pfeffer im großen Umfang angebaut. Das führt dazu, daß auf dem Markt von Xinzhou offenkundig das Angebot von Chili und Pfeffer dominiert. Allerdings fungiert der Markt in Xinzhou in diesem Fall nicht einfach als Absatzmarkt, sondern hauptsächlich als Sammel- und Umschlagszentrum von Chili und Pfeffer, die in andere zentrale Märkte oder in entferntere Gebiete zum Verkauf weitergeleitet werden können.

Festzuhalten ist jedoch, daß die Funktionen der ländlichen Märkte als Sammel- und Absatzpunkte wegen des Bestehens eines staatlichen Ankaufssystems wesentlich geschwächt werden. Bislang gibt es noch immer rund 38 Sorten wichtiger Agrarprodukte, darunter vor allem Getreide, Ölpflanzen, Baumwolle, Kokons und Tabak, für die der Staat das Ankaufmonopol besitzt. Die Bauern haben also kein Entscheidungsrecht, wo ihre Produkte verkauft werden und sie evtl. einen höheren Preis erzielen könnten.

4.4.2 Die Rolle als Verteilungsort von industriellen und handwerklichen Produkten

Die sog. „industriellen und handwerklichen Produkte", die auf ländlichen freien Märkten angeboten werden, sind überwiegend Textilien, Schuhe, Haushaltsgeräte, landwirtschaftliche Geräte und andere Alltagswaren, Produkte, die also den Bedarf bäuerlicher Haushalte decken.

Die Untersuchungen in allen Beispielmärkten zeigen, daß der überwiegende Anteil industrieller und handwerklicher Produkte fremder Herkunft ist. Sie werden hauptsächlich von Händlern auf den Zentralmärkten oder in den Städten gekauft und auf periodischen Märkten auf Lokalebene weiter verkauft. Dadurch verteilen sich die industriellen Produkte in sämtliche Einzugsgebiete.

Zusätzlich zu dieser Funktion ländlicher Märkte sind zwei weitere Punkte zu nennen. Es existieren zum einen Zusammenhänge zwischen den periodischen Märkten und stationären Geschäften am selben Marktort. Wie sich in den Fallstudien immer wieder gezeigt hat, bildet der periodische Markt am Markttag mit den stationären Geschäften desselben Ortes offensichtlich einen gemeinsamen Markt, weil:

- die Kunden des periodischen Marktes gleichzeitig Kunden für die stationären Geschäfte an Markttagen sind;

- die ansässigen Händler an Marktorten zugleich auch die aktiven Teilnehmer des periodischen Marktes sind; und

- die Ladengeschäfte von periodischen Märkten abhängig sind. Wenn von der Rolle der ländlichen periodischen Märkte als Verteilungsort städtischer Konsumgüter gesprochen wird, müssen somit auch die stationären Geschäfte einbezogen werden.

Zum anderen muß auf die Auswirkung des staatlichen Handelsmonopols auf die ländlichen Märkte hingewiesen werden. Der Verkauf wichtiger landwirtschaftlicher Produktionsmittel wird immer noch lediglich von der Versorgungs- und Absatzgenossenschaft (VAG) betrieben. Die „freien" ländlichen Märkte haben bislang kein Recht, mit industriellen Produkten für die Landwirtschaft, darunter z.B. chemischen Düngemitteln und Pestiziden, handeln zu dürfen. Wird berücksichtigt, daß die Ausgaben für landwirtschaftliche Produktionsmittel knapp ein Drittel der gesamten Ausgaben eines bäuerlichen Haushaltes ausmachen, bedeutet dies, daß auf dem Land ein Drittel der Nachfrage überhaupt nicht mit ländlichen Märkten in Berührung gerät. Die Bedeutung ländlicher Märkte als Verteilungsorte industrieller Produkte könnte also viel mehr gestärkt werden, wenn das staatliche Monopol abgeschafft würde.

4.4.3 Die Rolle als Informations- und Kommunikationsforum

Neben den wirtschaftlichen Funktionen haben die periodischen Märkte wichtige soziale und kulturelle Funktionen. Yang (1944) stellte deshalb die These auf, daß die kleinste Raumeinheit der chinesischen vorindustriellen Agrargesellschaft nicht das Dorf sei, sondern das Einzugsgebiet der Standardmärkte.

In unterentwickelten Gebieten, und hier insbesondere in den Berggebieten, läßt sich beobachten, daß sich das bäuerliche Leben hauptsächlich innerhalb dieser Raumeinheit abspielt. Viele Bauern sind während ihres Lebens kaum in einer anderen Stadt gewesen. Für sie sind die Stadt und das städtische Leben zu weit entfernt oder gar nicht zu erreichen. Die Grundbedürfnisse ihres wirtschaftlichen, gesellschaftlichen sowie kulturellen Lebens werden hauptsächlich durch den Besuch der lokalen periodischen Märkte befriedigt.

In entwickelteren Gebieten ist es schwer erkennbar, ob die Grundeinheit der Agrargesellschaft nur vom Einzugsgebiet der Standardmärkte begrenzt wird. Generell hat sich der Aktionsbereich der Bauern im Laufe der Zeit angesichts besserer Verkehrserschließung und mit zunehmenden Wanderungs- und Beschäftigungsmöglichkeiten außerhalb der Stammorte im beträchtlichen Maß erweitert. Es zeigt sich hier eine Tendenz, daß sich freie Märkte funktionell von den stationären Geschäften trennen. Das Freizeitangebot für die lokale Bevölkerung wird hauptsächlich von den permanenten Geschäften gestellt.

Trotz der unterschiedlichen Entwicklungsprozesse haben alle ländlichen Märkte eines gemeinsam: Sie sind das Informations- und Kommunikationsforum der im Einzugsbereich des Marktes lebenden Bevölkerung. Diesen Charakter bestätigt unsere Untersuchung.

4.4.4 Die Rolle als Reservoir ländlicher Arbeitskräfte

China bietet seiner Bevölkerung von 1,2 Mrd. pro Kopf zu wenig Ackerland. Auf dem Land gilt mindestens ein Viertel aller Arbeitskräfte als überschüssig. In den vergangenen fünfzehn Jahren sind über 100 Mill. ländliche Arbeitskräfte in den sekundären und tertiären Sektor abgewandert. Die ländlichen Märkte haben dabei eine wichtige Rolle gespielt.

Nach Angaben des VAfIH waren in der Provinz Liaoning 1990 über 1,1 Mill. Bauern, die etwa 13% der gesamten ländlichen Arbeitskräfte ausmachten, das ganze Jahr über oder saisonal auf ländlichen Märkten tätig. Davon beschäftigten sich über 200.000 Individualwirtschaftende (IW) hauptberuflich mit dem ländlichen Markthandel. Mehr als 2.000 von ihnen waren zuvor aus Arbeitslagern und Gefängnissen entlassen worden. Für sie bedeuteten ländliche Märkte nicht nur eine Beschäftigungsmöglichkeit, sondern vor allem eine Überlebenschance.

Dennoch ergaben unsere Untersuchungen, daß die Bedeutung der ländlichen Märkte für die Beschaffung von Arbeitsplätzen extrem unterschiedlich ist. In rückständigen Gebieten, wie z.B. in Guizhou und Ningxia, ist die ländliche Industrie unterentwickelt. Die industriellen Unternehmen können die Masse der ländlichen überschüssigen Arbeitskräfte nicht absorbieren. Viele der Arbeitsuchenden finden eine Beschäftigungsmöglichkeit in Handels-, Gaststätten- und anderen Dienstleistungsbetrieben, die direkt oder indirekt von den periodischen Märkten abhängig sind. Hingegen gibt es in den entwickelten Gebieten, wie z.B. in Süd-Jiangsu, aufgrund der rapiden Entwicklung der ländlichen Industrie kaum noch überschüssige Arbeitskräfte. Auf den freien ländlichen Märkten ist die Zahl der Händler relativ gering und stabil.

4.5 Entwicklungstendenzen und Perspektiven

Matzat (1993) hat einige allgemeine Tendenzen formuliert, denen ein traditionelles System von periodischen Märkten im Zuge von Bevölkerungswachstum, Modernisierung und Industrialisierung unterworfen sein könnte (so auch Skinner 1985, 408).

1. Die Bedeutung eines Marktortes innerhalb der Hierarchie der zentralen Orte steigt in dem Maße an, wie die Anzahl der Besucher, der Stände und der Umsatz wachsen.
2. Das Marktgeschehen wird intensiviert, indem die Dauer der Verkaufsverhandlungen verlängert wird oder die Zahl der Markttage zunimmt. In letzterem Falle könnte der Trend dahin gehen, daß aus dem „periodischen" schließlich ein „täglicher" Markt wird.
3. Die wachsende Bevölkerungsdichte könnte zu einer Vermehrung der Marktorte führen.
4. Umgekehrt könnte die Modernisierung der Verkehrsinfrastruktur und der Transportmittel bewirken, daß vor allem kleinere Märkte verschwinden, indem sie in den Sog von Mittel- oder Hauptzentren geraten.[150]

- *Zur These 1: Aufstieg des Marktes innerhalb der Hierarchie der zentralen Orte*
Ein Beispiel, das diese These unterstützt ist der periodische Markt von Zongshizhuang in der Provinz Hebei. Wie in der Fallstudie dargelegt wurde, ist Zongshizhuang das größte Marktzentrum im Süden des Kreises Jinzhou. Der Markt findet jeden 2., 4., 7., und 9. Tag pro *xun* nach dem chinesischen Mondkalender statt. Dabei finden am 4. und 9. Tag große Märkte und am 2. und 7. kleine Märkte statt.

Dennoch zeigt die Geschichte von Zongshizhuang, daß der Markt während der langen Periode von 1700 bis 1949 ausschließlich am 4. und 9. Tag pro *xun* abgehalten wurde. Das Marktausmaß war zu Beginn dieser Periode vermutlich viel kleiner als heute, da in der Kreischronik von 1927 bei der Beschreibung der periodischen Märkte und Marktorte für Zongshizhuang noch keine außergewöhnliche Bedeutung vermerkt wurde. Nach dem Ausbau der Landstraßen von Zongshizhuang nach Jinzhou bzw. von Zongshizhuang nach Xinji Anfang der 50er Jahre wurden die zentralörtlichen Funktionen des Marktes stark gefördert. Der Markt in Zongshizhuang zieht nicht nur Besucher der südlichen Gebiete des Kreises Jinzhou an, sondern auch der benachbarten Kreise Zhaoxian, Ningjin und Shulu. Dadurch hat sich der Stellenwert des periodischen Marktes Zongshizhuang innerhalb des regionalen Marktsystems erhöht.

Es ist selbstverständlich, daß auf eine Zunahme der Besucherzahl bzw. des Marktumsatzes ein Aufschwung des Marktes erfolgt. Die Entwicklung eines

---

[150] W. Matzat, 1993, S. 220.

Marktes allein bedeutet jedoch nicht gleichzeitig einen Bedeutungszugewinn innerhalb der Hierarchie der zentralen Orte. Im Gegensatz zum Markt von Zongshizhuang sind viele untersuchten Märkte, z.B. Jinji, Xiangyang, Xinzhou usw., in den vergangenen Dekaden trotz der Zunahme ihrer Besucherzahl und des Marktumsatzes auf ihrer jeweiligen Stufe im zentralörtlichen Marktsystem geblieben.

Der Zuwachs von Besuchern, Ständen und Umsätzen ist deshalb nicht die Ursache der höheren Stellung eines Marktortes innerhalb der Hierarchie der zentralen Orte, sondern Resultat und Ausdrucksform der Entwicklung eines gesamten periodischen Markthandelssystems.

- *Zur These 2: Zunahme der Markttage und Umwandlung periodischer zu täglichen Märkten*

Untersuchungen in den Kreisen Jinzhou/Hebei, Qionglai/Sichuan, Wuzhou/Ningxia und Zunyi/Guizhou haben gezeigt, daß sich die Anzahl der Markttage gegenüber früher kaum geändert hat: Die heutigen Markttage der meisten Orte sind mit den überlieferten Markttagen vor Hunderten von Jahren fast identisch. In Jinzhou z.B. liegen die traditionellen Marktorte mit ganz wenigen Ausnahmen an den gleichen Tagen wie im Jahr 1700. Somit ist festzustellen, daß der traditionelle periodische Markt eine gewisse Kontinuität hat, auch wenn sich die Rahmenbedingungen einer Region allmählich verändert haben.

Die Kontinuität der periodischen Märkte kann unterbrochen werden, wenn ein unerwarteter Faktor hinzukommt. Dieser Faktor führt in so einem Fall direkt zu einer Verringerung oder Vermehrung der Markttage. Als Beispiel für solch einen Faktor kann das Verbot des Privathandels während der Kulturrevolution (1966-1976) genommen werden, der in fast allen ländlichen Gebieten zu einer Abnahme der Marktorte oder Verringerung der Markttage geführt hat. Die Wiederzulassung des Privathandels 1978 hat die ländlichen Märkte erneut zum Leben erweckt. Die rapide wirtschaftliche Entwicklung und ländliche Modernisierung seit Anfang der 80er Jahre führte in vielen ländlichen Gebieten zu einer Intensivierung des periodischen Marktgeschehens. So wandeln sich in einigen Regionen periodische Märkte allmählich zu täglichen Märkten. Dieser Wandlungsprozeß wird mit Daten der Fallstudie im Kreis Guanghan/Provinz Sichuan in Abbildung 38 dargestellt.

Während der langen Periode von 1746 bis 1911 fanden die periodischen Märkte im Kreis Guanghan ausschließlich alle drei Tage (0,33 in Abb. 38) statt. Während der Republik-Zeit (1911-1952) nahm die durchschnittliche Anzahl der Markttage (0,34-0,36) leicht zu, da die Märkte an sechs von 20 Marktorten vier- und fünfmal pro *xun* abgehalten wurden. Von 1961 bis 1966 ging die Zahl der Markttage stark zurück und erreichte während der Kulturrevolution den tiefsten Stand (0,15). Wie schon vor 1911 fanden ab 1984 die Märkte im ganzen Kreis wieder alle drei Tage statt. Seit 1993 werden sämtliche Märkte sogar jeden zweiten Tag (0,5) abgehalten.

Abb. 38

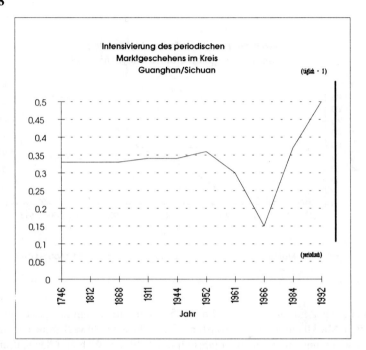

Quelle: Eigene Erhebung.

- **Zur These 3: Bevölkerungswachstum und Zunahme der Marktorte**
  Diese Behauptung trifft für die Entwicklung der periodischen Märkte in den Untersuchungsgebieten des Kreises Zunyi nicht zu. Auch wenn in der Anfangsphase (1655-1840) die Marktorte durch den Bevölkerungszuwachs stetig zunahmen, so wurde die Zunahme der Anzahl der Markttage im Kreis Zunyi hauptsächlich durch die Vermehrung der Marktorte verursacht (vgl. Abb. 39 und Tab. 65).

Tabelle 65: Jährliche Zuwachsrate der Märkte, Markttage und der Bevölkerung (%)

Zeitraum Jährliche Wachstumrate	1655-1839	1840-1951	1952-1971	1972-1987	1988-1993
1) Zahl der Märkte	1,7	0,1	-1,2	0,5	1,0
2) Zahl der Markttage	1,9	0,1	-4,6	4,8	1,3
3) Bevölkerung	1,1	1,8	1,8	1,8	0,7

Quelle: Eigene Berechnungen auf historischer Grundlage.

Abb. 39:

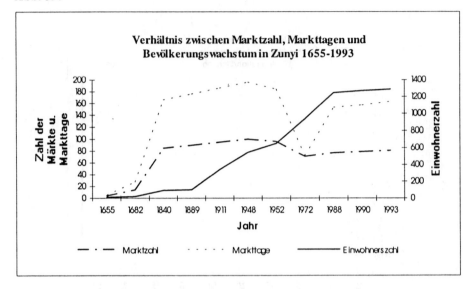

Während des Zeitraums von 1840 bis 1951 blieb die Anzahl der gesamten Marktorte und Markttage ziemlich konstant. Die jährliche Zuwachsrate betrug 0,1%. Die Bevölkerung stieg hingegen jährlich um 1,8% an. Während der Kulturrevolution ging die Zahl der Marktorte zurück, zugleich nahm die Zahl der Markttage ab, allerdings trat der Rückgang schon 1952 ein und der Tiefpunkt war 1971 erreicht. Im Gegensatz dazu stieg die Bevölkerungszahl weiter an. Nach der Wiederzulassung des Privathandels 1978 führten die meisten Marktorte erneut die traditionellen Markttage ein. Die Zahl der Markttage hat sich zwischen dem Jahr 1972 und dem Jahr 1988 verdoppelt, während die Anzahl der Marktorte in diesem Zeitraum nur leicht zunahm. Das deutet darauf hin, daß in dieser Entwicklungsphase die Wiederherstellung der traditionellen Markttage entscheidend war.

Nach 1988 sind mehrere neue Märkte in Zunyi hinzugekommen. Allerdings sind die meisten von ihnen gar nicht „neu", sondern es gab sie schon früher einmal. Sie sind wieder an alten Marktorten entstanden, an denen über lange Zeit kein Markt mehr abgehalten wurde. Die Zunahme der Marktorte ist verursacht durch die ländliche Modernisierung und Industrialisierung bzw. wirtschaftliche Entwicklung. Es gibt keinen Hinweis darauf, daß in der Zukunft die Bevölkerungsentwicklung bzw. die wachsende Bevölkerungsdichte zu einer Vermehrung der Marktorte führen wird.

Andererseits zeigt sich bei vielen Marktorten im Kreis Zunyi, daß sich die Markttage in den vergangenen zehn Jahren im Zug der landwirtschaftlichen Entwicklung verringert anstatt vermehrt haben. Dabei handelt es sich meistens um große Märkte, die regional und überregional von Bedeutung sind. Der Markt von

Nanbei z.B. ist der größte Markt im Kreis Zunyi. Trotz seines Aufstiegs im zentralörtlichen Marktsystem und der Vergrößerung seines Marktausmaßes nimmt die Zahl der Markttage ab. Traditionell fand der periodische Markt in Nanbei alle drei Tage statt. Seit 1988 wird der Markt alle sieben Tage abgehalten.

- *Zur These 4: Kleine Märkte verschwinden*
Das periodische Marktwesen in den Untersuchungsgebieten befindet sich offensichtlich in einem Reifestadium. Die grundlegende Form der gegenwärtigen periodischen Marktsysteme geht in den meisten Gebieten auf die Ming- und Qing-Dynastie zurück. In Zunyi/Guizhou z.b. befanden sich um 1840 bereits 85 traditionelle Märkte, von denen heute noch 60 existieren. Rund 25 Märkte wurden im Lauf der vergangenen 150 Jahre geschlossen, unterdessen sind aber 21 neue Märkte hinzugekommen. Die Gesamtzahl der periodischen Märkte hat sich also 1993 gegenüber 1840 kaum geändert.

Im Laufe der Zeit hat sich allerdings ein sog. hierarchischer Sortierungsprozeß (Bohle, 1986) vollzogen, der die großen Märkte wachsen und die kleinen schrumpfen ließ. Diesen Prozeß kann man besonders im Umland der Stadt Zunyi und entlang der Hauptstraße im Zeitraum 1840 bis 1993 beobachten.

Wie in Abbildung 40 zu erkennen und wie in dem vorherigen Abschnitt ausgeführt, befanden sich 1940 innerhalb von 12 km um die Stadt Zunyi insgesamt neun periodische Märkte, von denen 1993 nur noch drei Märkte existierten.

Der Sortierungsprozeß vollzog sich wie folgt:

1. Die Stadt Zunyi war 1940 noch eine Kreisstadt, in der auch periodische Märkte stattfanden. Nach der Gründung der VR China entwickelte sie sich zu der zweitgrößten Stadt der Provinz Guizhou. Ihre Stellung innerhalb des zentralörtlichen Systems hat sich wesentlich erhöht. Die zunehmende zentralörtliche Marktfunktion der Stadt Zunyi hatte großen Einfluß auf die periodischen Märkte im Umland.

2. Das Verkehrsnetz wurde erheblich ausgebaut. Als Folge davon erfuhren die unmittelbar an den Hauptstraßen liegenden Märkte einen Aufschwung. Die Märkte von Nanbei und Gaoping sowie Xinbo vergrößerten sich beträchtlich. Dadurch erreichten sie eine höhere Stufe innerhalb des hierarchischen Marktsystems. Jedoch hat nicht jeder Markt von der Verbesserung der Verkehrsinfrastruktur profitiert. Die periodischen Märkte von Longba, Yongan, Liyi und Menzijiao z.B., die jeweils zwischen einem großen Marktort und der Stadt Zunyi lagen, sind infolge des wachsenden Drucks durch die größeren Märkte trotz günstiger Verkehrsbedingungen verschwunden.

3. Ein Markt, der nicht an der Hauptstraße lag, hatte wenig Entwicklungschancen. Der traditionelle Markt von Niuti z.B. war früher lange Zeit bedeutend. Im Laufe der vergangenen Dekaden hat er an Bedeutung verloren und zählt heute zu den kleinen Märkten.

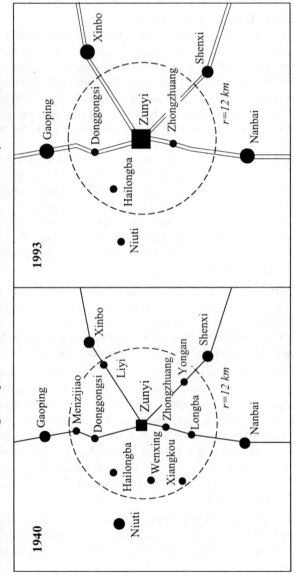

Abb. 40: Zentralisierung der periodischen Märkte um die Stadt Zunyi 1940-1993

Quelle: Entwurf nach historischen Vorlagen.

Ein ähnlicher Entwicklungsprozeß ist auch im Umland der Kreisstadt Jinzhou/Provinz Hebei zu beobachten. Hauptsache sind die zunehmenden zentralörtlichen Funktionen der Stadt bzw. Zentralmärkte und die Verbesserung der Verkehrsinfrastruktur.

Anhand dieser ausführlichen Analysen lassen sich folgende Zukunftsaussichten für die ländlichen Märkte in China prognostizieren:

1. Das heute existierende traditionelle ländliche Marktsystem wird im ländlichen Raum weitestgehend bestehen bleiben. Das bedeutet, daß die in ländlichen Gebieten weit verbreiteten periodischen Märkte weiter beibehalten werden. Gründe dafür sind zum einen die Etablierung und die Kontinuität der periodischen Märkte, auch wenn sich dort die sozioökonomischen Rahmenbedingungen in Zukunft erheblich verändern werden. Zum anderen ist bei periodischen Märkten sowohl in einer traditionellen Agrar- als auch in modernen Industriegesellschaften eine hohe Anpassungsfähigkeit an den freien Handel zu beobachten (G. Latocha 1992, W. Fischer 1992, E. Gormsen 1992).

2. Der Umfang des ländlichen Markthandels wird aufgrund der Wirtschaftsentwicklung in beträchtlichem Maß zunehmen. Das Marktgeschehen wird sich also intensivieren, etwa gemessen an der Zahl der Händler, der Besucher oder der Umsatzhöhe. Nach Ansicht des Autors bestehen dabei vier unterschiedliche Innovationsformen in regionalen Marktsystemen:

Entwicklung a: Periodische Märkte » Vermehrung der Markttage » tägliche Märkte;
Entwicklung b: Periodische Märkte » zunehmende Aktivität außerhalb der Markttage » tägliche Märkte;
Entwicklung c: Periodische Märkte » Zunahme der stationären Geschäfte » Koexistenz der periodischen Märkte und des stationären Handels;
Entwicklung d: Periodische Märkte » Spezialisierung » spezialisierte tägliche Märkte.

Bei *Entwicklung a* geht es hauptsächlich um die Entwicklung der regionalen großen Märkte. Dieser Vorgang vollzieht sich in einzelnen Gebieten, wie z.B. im Kreis Guanghan, auch bei ländlichen Märkten. Für die Mehrzahl der periodischen Märkte wird es aber in der Regel keine spontane Änderung der Markttage geben. *Entwicklung b* und *c* werden am häufigsten zu beobachten sein. *Entwicklung d* zeigt den Innovationsprozeß bei periodischen Märkten, die durch ihre Spezialisierung zu täglichen Märkten werden können. Dabei handelt es sich zumeist um diejenigen Märkte, die spezielle Absatz- und Großhandelsfunktionen besitzen.

3. In der Endphase der Entwicklung könnten angesichts der Substitutionsfunktion der stationären Handels- und Dienstleistungseinrichtungen die wesentlichen Funktionen der periodischen ländlichen Märkte und deren überragende Bedeu-

tung in ländlichen Austauschsystemen verlorengehen. Die heutigen Morgenmärkte im Kreis Wuxi der Provinz Jiangsu mögen in der Zukunft als Beispiel für die anderen ländlichen Märkte dienen. Da die laufenden Entwicklungsprozesse noch viele Jahrzehnte andauern werden, könnten die meisten ländlichen periodischen Märkte diese Stufe erst sehr spät erreichen.

Summary

This study discusses the development, functions and importance of rural markets and their spatial organization in China. Being a part of the research project on „Rural Urbanization in the P.R. China" sponsored by the German Volkswagen Foundation, this study lasted more than three years. The field survey was conducted in China for about seven months during 1993 and 1994; more than 2,500 traders and customers were interviewed. The quantitative analyses are based on the data collected in this survey.

The study concentrates on the following aspects: formation of rural markets, their development and determining factors; scale, hierarchy and distribution of rural markets; market days, market weeks and scheduling systems; spatial-temporal organization of the periodic market system; service areas and sellers' areas; spatial behavior and socio-economic characteristics of traders and buyers; function and role of rural markets in the distribution system, and the impact of the rural markets on local socio-economic and township development.

Formation and Growth of Rural Markets

Traditional markets have existed in China for more than 2,000 years, they became quite mature during the Ming and Qing Dynasties (1368-1911 A.D). Obviously, most of the existing markets in rural China are fairly old. Local gazetteers of six counties in Sichuan Province, for example, show that rural markets experienced two important periods of growth in history, namely during the Kangxi (1662-1722 A.D) and Qianlong (1736-1796 A.D) periods, because of a long time of peace and prosperity from 1683 to the early 19th century. In the 18th century the economy and population grew, trade expanded, rural markets were formed and spread across the country. Afterwards, this trend became stabilized. A historical survey of Jinzhou County in Hebei Province shows the continuity and stability of this process: There had been hardly any significant variation in the number, distribution and schedule of periodic markets since 1700. Soon after the establishment of the P.R. China, politics heavily hampered rural market development, free trade was banned during the „Cultural Revolution" (1966-1976); rural markets experienced the most serious period of decline in history. In 1978, the Chinese government started a reform program, under which rural markets and free trade were reopened. As a result, rural market trade grew very rapidly during the last decades, being one of the most prosperous periods in history.

However, the development of rural markets in China shows considerable regional variations. On a large scale the southeast coastal regions, particularly in the most developed areas of Jiangsu and Zhejiang Provinces, are dominated by permanent markets with certain commercial functions, while north, central, southwest and northwest China is characterized by periodic markets. Regarding physical conditions, rural markets are much better developed in plains than in mountainous areas in terms of number, density and size. In terms of location larger rural markets and townships are mainly located along transportation lines, cross roads and areas linking different economic regions. The study comes to the conclusion that regional natural conditions, economic development, population density and residential places, transportation, and local administration play a significant role in the formation and development of rural markets.

Market Days, Market Weeks and Scheduling System
Based on a large-scale survey of more than 1,100 counties in different provinces of China this study found out that about 68 percent of the rural markets are periodic markets. They follow certain temporal cycles, according to the traditional Chinese lunar calendar or the Gregorian calendar but generally preference is given to the former. In north China most periodic markets have 2 market days every ten days (x*un*), some large markets have 4 days per *xun*. In the upper reaches of the Yellow River and in the middle to lower reaches of the Yangtze River most markets have 3 market days per *xun;* few have market days every alternate day. In the Yunnan-Guizhou Plateau area many markets still follow the traditional 12 zodiac or duodendary cycle with 2 market days amongst every twelve days. Major forms of market days are „rat-horse", „cow-sheep", „tiger-monkey", „rabbit-cock", „dragon-dog" and „snake-pig" etc. In northeast China, where mining and industries are located, markets follow a weekly schedule, Sunday market being preferred. In Jiangsu and Zhejiang, where economy and trade are better developed, periodic markets are rare and replaced by permanent market towns. The study indicates that to a certain extent the length of market weeks reflects the level of regional development.

Spatial-Temporal Characteristics of Periodic Markets
The basic principle of the integration of periodic markets into a regional market system is to avoid competition among neighbouring markets. But the so-called „spatial-temporal synchronization" (Smith 1971), which suggests a reverse relationship of temporal and locational spacing, neglects the hierarchical difference and functional relationship of a regional market system. In this study this hypothesis cannot be verified by field survey data.

This survey shows the existence of market rings or rotations in the regional market system which are of great significance to mobile traders. Some case- studies show various patterns of market rings in different regions, and the analysis indicates that the majority of traders does not follow a complete ring. In one market week almost 80% of the traders conduct business in no more than three markets.

Structure of the Regional Market System and Extent of Market Areas
The regional market system can usually be classified into four types of central market places: central markets, intermediate markets, standard markets and minor markets. The spatial structure of the central market system in rural China was best

illustrated by Skinner, based on k-3 and k-4 models (1964/65). However, there are some shortcomings in Skinner's interpretation.

This study also shows a difference between market service areas and sellers' areas; a market service area is normally smaller than the sellers' area (Yang 1944). However, our survey in Pingluo Town of Sichuan Province and in Yuquan Town of Heilongjiang Province comes to different results.

Traders' Spatial Behavior and Socio-economic Characteristics

Statistical results from more than 2,500 valid questionnaires indicate that the average distance between the sellers' residential places and the market places is 6 km, while for buyers it is 5 km. Generally: The larger the market, the higher its level and the larger the origin area of traders from outside. However, the larger the market town, the higher the percentage of local traders.

Almost all sellers, including peddlars, return to their residential place within the business day. The main transport means for sellers is the bicycle (markets which are located in mountainous areas, for example Xinzhou Town of Guizhou Province, are an exception), others are scooters, tractors, trucks and buses. Quite a portion of sellers (about 15-20%) still walk to the markets. In underdeveloped areas, such as in the Autonomous Region of Ningxia, horse carts are still used. The average one-way trip for all sellers interviewed in the survey takes about 35 minutes. For buyers bicycling and walking are the major means of getting to the markets; their average travel time is about 30 minutes. There are almost no transportation costs for most of the traders.

About half of the interviewed sellers are professional traders, the remaining are occasional ones. The majority of the sellers are farmers, some are unemployed. Most of the sellers have a higher level education than the primary school; many of them graduated from middle school. About 8-10% are illiterate or semi-illiterate, but their ability of weighing and pricing is good enough to do business.

The sellers' average monthly income is 470 Yuan, higher than the buyers' income level of Y 300. There are large variations in income level: About two thirds of the sellers' monthly income is below the average, whereas the income of some professional traders is quite high. The difference of income level depends not only on the local economic development but also on the type of business the sellers are engaged in. For most sellers the biggest expenses, in addition to product costs, are market administration fees and taxes.

Economic and Social Functions of Rural Markets

The rural market is the supply center of commodities and the outlet of local products. To non-agricultural residents the rural market is the major place where they can get fresh food, and for farmers it is the most important market where they can sell their products and make up the deficiency of living with surplus. These functions are described in this study by three different models. In addition to its economic significance, the rural market also plays an essential role in social life. It is an important employment center for the rural labour force and a tax source, particularly in those areas with a limited capacity of employment in rural enterprises. Meanwhile, the rural market is the center of communication and social-cultural activities for rural residents.

The Role of Market Trade in the Rural Distribution System

As an important channel of commodity flow in rural areas, trade on rural markets is no longer the „necessary complementary" of the state- and collective-owned businesses. With the economic reform the Supply and Marketing Cooperative is declining and the role of the rural market is increasing. Among agricultural produce, most of the products are traded on the rural free market except for a few products such as cotton, oil vegetable, silkworm cocoon and tobacco, which are still directly controlled by the state. Most of the industrial products and daily necessities, produced by township enterprises and family workshops, also find their trading place on rural markets. In the past ten years profound changes have taken place in the structure of rural markets, along with a tremendous increase in specialized markets and wholesale markets in rural areas.

On the basis of detailed analyses on the development process of rural markets, this study provides a proof for the overall trend of the rural market development in China. Along with a further reform of the rural distribution system and economic development, the scale of rural markets will be expanded, trading activities will be intensified and markets will become more specialized. More and more business functions and services of traditional periodic markets will gradually be replaced by increasing business activities and service facilities in regular shops. On the other hand, traditional periodic markets will not simply disappear, they will survive and will be further developed.

Literaturverzeichnis

Allix, A. (1922): „The Geography of Fairs: Illustrated by old world examples". In: *Geographical Review*, Vol. 12, S. 532-69

Bahrenberg, G. & Giese, G. (1975): *Statistische Methoden und Ihre Anwendung in der Geographie*. B. G. Teubner Stuttgart

Berry, Brian J. L. (1967): *Geography of Market Centers and Retail Distribution*. Foundations of Economic Geography Series

Bohle, H. G. (1986): *Südindische Wochenmarktsysteme*. Erdkundliches Wissen, Heft 82, Stuttgart

Brandt, L. (1989): *Commercialization and Agricultural Development: Central and Eastern China, 1870-1930*. New York, Cambridge University Press

Bromley, R. J. (1971): „Markets in Developing Countries: a Review". In: *Geography*, 56, 1971, S. 142-132

Bromley, R. J. (1978): „Traditional and Modern Change in the Growth of Systems of Market Centres in Highland Ecuador". In: Smith, R. H. T. (Hrsg.), *Market-Place Trade-Periodic Markets, Hawkers and Traders in Africa, Asia and Latin America*. Vancouver

Brünger, W. (1961): *Einführung in die Siedlungsgeographie*. Heidelberg

Christaller, W. (1933): *Die Zentralen Orte in Süddeutschland*. Wissenschaftliche Buchgesellschaft, Darmstadt 1968

Dangdai zhongguo shangye fazhi (*Chinesisches Handelsgesetz in unserer Zeit*), China Handelsverlag. Beijing 1990

Du, Shouhu & Zhang, Xuejun: *Jindai sichuan changzhen jingjizhi* (*Wirtschaftliche Aufzeichnungen der periodischen Märkte in Sichuan der modernen bzw. neuen Zeit*). Chengdu 1986

Du, Yong & Ge, Jinghui: *Zhongguo jimao shichang daquan* (*Lexikon der periodischen Märkte in China*). Beijing 1993

Ebdon, D. (1977): *Statistics in Geography - A Practical Approach*. Oxford

Eberhard, W. (1987): *Lexikon chinesischer Symbole*. Diederichs Gelbe Reihe, Köln

Fan, Wenlan: *Zhongguo Tongshi* (*Allgemeine Geschichte von China*), Vol. 1, 2, 3, und 4. Beijing 1978

Fei, Xiaotong: *Xiaochengzhen siji* (*Aufzeichnungen von vier Kleinstädten*). Beijing 1985

Fei, Xiaotong (1939): *Peasant Life in China. A Field Study of Country Life in the Yangtze Valley*. New York

Fischer, W. (1984): „Periodische Märkte im Vorderen Orient dargestellt an Beispielen aus Nordostanatolien (Türkei) und Nordafghanistan". In: *Mitteilung des Deutschen Orient Instituts*, 24

Fischer, W. (1992): „Periodische Märkte im Vorderen Orient. Merkmale ihrer Verbreitung und Entwicklung". In: *Die Erde*, Heft 123, S. 85-92

Forschungsgruppe unter dem Staatsrat: *Xiaochengzhen fazhan zhengce yu shijian* (*Die Entwicklungspolitik und Praxis der Kleinstädte bzw. Landstädte*). Beijing 1994

Gamble, S. D. (1954): *Ting Hsien: A China Rural Community*. Stanford University Press

Gao, Yuling: *Qianjia shiqi Sichuan de changshi he nongcun jingji jiegou* (*Periodische Märkte und Landwirtschaftsstruktur in der Provinz Sichuan während der Qianlong- und Jiaqing-Ära*). In: *Rural Economy and Society*, Vol. 1.

Gaube, H. (1976): „Der Wochenmarkt in Hanasir/Nordsyrien". In: *Erdkunde*, Band 30, S. 27ff.

Gebhardt, H. und Schweizer, G. (1992): „Märkte in einem Entwicklungsland im Wirtschaftsräumlichen Umbruch. Das Beispiel der Republik Jemen". In: *Die Erde*, Heft 124, S. 95-112

Good, C. M. (1976): „Markets and Marketing System". In: Knight, C. G. and J. L. Newman (eds.): *Contemporary Afrika. Geography and Change*. Englewood-Cliffs, N. J.

Good, C. M. (1975): „Periodic Markets and Travelling Traders in Uganda". In: *The Geographical Review*, Vol. 65, S. 49-72

Gormsen, E. & Scholz, F. (1992): „Wochenmärkte in aller Welt: Begriffe, Entwicklungstendenzen, Fragestellung. Eine Einführung". In: *Die Erde*, Heft 2, S. 81-83

Gormsen, E. (1979): „Periodische Märkte in verschiedenen Kulturkreisen - Einführung und Schlußfolgerungen". In: *Mainzer Geographische Studien*, Heft 21, S. 7ff.

Granet, M. (1985): *Das chinesische Denken*. Suhrkamp Taschenbuch Wissenschaft Band 519, Frankfurt (Main)

Grötzbach, E. (1976): „Periodische Märkte in Afghanistan". In: *Erdkunde*, Band 30, S. 15-19

Guo, Huancheng: *Huanghuaihai pingyuan diqu xiangcun dili* (*Rural Geography in Huang-Huai-Hai Plain*), S. 185-194, Hebei 1991

Hao, Yenping (1986): *The Commercial Revolution in Nineteenth-Century China*. Berkeley & Los Angeles, University of California Press, S. 154-182

Hay, A. (1977): „Some Alternatives in the Economic Analysis of Periodic Marketing". In: *Geographical Analysis*, Vol. 4, S. 72-78

Hayashi, K. (1980): „Historical Changes of Market-Places in Traditional China: Xu and Shi in Guangdong Province during the Ming and Qing Periods". In: *Mainzer Geographische Studien*, Heft 24, S. 22-33

He, Feng (1997): „Geographische Studie der ländlichen periodischen Märkte – Beispiel Sichuan". In: *Regionale Forschung und Entwicklung* (chinesisch), Vol. 6, S. 23ff.

Heberer, T. (1989): *Die Rolle des Individualsektors für Arbeitsmarkt und Stadtwirtschaft in der Volksrepublik China*. Bremer Beiträge zur Geographie und Raumplanung, Heft 18, Bremen

Heinritz, G. (1979): *Zentralität und zentrale Orte*. Stuttgart, Teubner

Heinritz, G. (1989): „Geographische Untersuchungen zum Strukturwandel im Einzelhandel". In: *Münchener Geographische Hefte*, Nr. 63, München

Henkel, R. (1979): *Central Places in Western Kenya*. Heidelberger Geographische Arbeiten, Heft 54, Heidelberg

Henkel, R. (1982): „Analyse der raumzeitlichen Anordnung periodischer Märkte in West-Kenya mit Hilfe quantitativer Methoden". In: *Mainzer Geographische Studien*, Heft 21, Mainz, S. 27ff.

Hill, P. and Smith, R. H. T.(1972): „The spatial and temporal synchronization of periodic markets: Evidence from four Emirates in northern Nigeria". In: *Economic Geography*, Vol. 48

Hodder, B. W. (1965): „Some Comments on the Origins of Traditional Markets in Africa South of the Sahara". In: *Institute of British Geographers Transactions*, No. 36, S. 97-105

Hou, Chi-ming (1963): „Economic Dualism: The Case of China, 1840-1937". In: *Journal of Economic History*, 23.3, S. 277-297

Hsiao, Kung-chuan (1960): *Rural China - Imperial Control in the Nineteenth Century*. Seattle and London

Hu, Jilian (1992): *Nongmin de jingji xingwei (Wirtschaftsverhalten der Bauern)*. Beijing

Huang, Philip C. C. (1985): *The Peasant Economy and Social Change in North China*. Stanford, California, Stanford University Press

Huang, Philip C. C. (1990): *The Peasant Family and Rural Development in the Yangzi Delta, 1350-1988*. Stanford, California, Stanford University Press

Ishihara, H. (1980): „Markets in East-Central China during the Ming, Ch'ing and Min-kuo Periods". In: *Mainzer Geographische Studien*, Heft 24, S. 34-43

Ishihara, H. (1976): „Periodic Markets in Hopei Province, China During the Ming, Ch'ing and Min-kuo Periods". In: *Mainzer Geographische Studien*, Heft 10, S. 7-10

Jamann, W. und Menkhoff, T. (1988): „Freie Märkte in der VR China. Stätten formalisierter privater Handels- und Dienstleistungstätigkeiten?" In: *Asien*, Hamburg

Jackson, R. T. (1970): „Periodic Markets in Southern Ethiopia". In: *Institute of British Geographers Transactions*, No. 53, S. 31-41

Jiang Hongliang (1993): „Distributions of Rural Centers Near Chengdu in Southwest China – A comparison with G. W. Skinner's central place model". In: *Erdkunde*, Band 47

Jin, Qimin: *Zhongguo nongcun juluo dili (Siedlungsgeographie im ländlichen Raum Chinas)*. Jiangsu 1989

Jones, D. W. (1978): „Production, Consumption, and the Allocation of Labour by a Peasant in a Periodic Marketing System". In: *Geographical Analysis*, Vol. 5, S. 13-29

Klausing, H. (1989): *China. Ökonomische und soziale Geographie*. Gotha, VEB Hermann Haack Geographisch-Kartographische Anstalt

Lan, Yupu: *Ningxia jingji dili* (*Wirtschaftsgeographie des autonomen Gebietes von Ningxia*). Beijing 1990
Latocha, G. 1992: „Einige Überlegungen zur Theorie periodischer Märkte". In: *Die Erde*, Heft 2, S. 113-124
Li, Qingze: *Hebei jingji dili* (*Wirtschaftsgeographie der Provinz Hebei*). Beijing 1987
Li, Shuhua: *Chengdu baizhen* (*Einhundert Zhen in Chengdu*). Chengdu 1992
Liu, Fuyuan: *Nongcun gaige de xin fanglüe* (*Neue Strategien zur ländlichen Reform*). Beijing 1992
Lösch, A. (1944): *Die räumliche Ordnung der Wirtschaft*. Jena, Verlag von Gustav Fischer
Ma, Hong & Sun, Shangqing: *Zhongguo jingji xingshi yu zhanwang 1992-1993/1993-1994* (*Wirtschaftliche Situation und Perspektiven in China 1992-1993/1993-94*). Beijing 1994
Mahn, C. (1980): *Periodische Märkte und zentrale Orte - Raumstrukturen und Verflechtungsbereiche in Nord-Ghana*. Heidelberger Geographische Arbeiten, Heidelberg
Matzat, W. (1988): „Yang Ching-kuns Pilotstudie (1932/33) über das räumliche System periodischer Märkte in China. Am Beispiel des Kreises Zouping (Shandong)". In: *Erdkunde*, Band 42, S. 147-158
Matzat, W. (1993): „Das heutige System periodischer Märkte im Kreis Zouping (Shandong)". In *Erdkunde*, Band 47, S. 219-227
Milne, W. C. (1857): *Life in China*. London
Müller-Hohenstein, K. und Popp, H. (1990): *Marokko, Ein islamisches Entwicklungsland mit kolonialer Vergangenheit*. Stuttgart
Oettinger, B. (1976): „Die Wochenmärkte und ihre Rotationen im westlichen Mittelanatolien". In: *Erdkunde*, Band 30, S. 19-24
Park, S. (1981): „Rural Development in Korea: the Role of Periodic Markets". In: *Economic Geography*, No. 57, S. 113-126
Pei, Zhi: *Zhongguo jishi daguan* (*Überblick über die periodischen Märkte in China*). Hunan 1988
Pennarz, J. (1995): *Der Rindermarkt von Beihua: Soziale Netzwerke und Ökonomischer Austausch in einem peripheren Gebiet der Provinz Sichuan*. Duisburger Arbeitspapiere zur Ostasienwirtschaft, Band 15, Duisburg
Planungskommission der Provinz Guizhou: *Guizhou guotu ziyuan* (*Territoriale Ressourcen der Provinz Guizhou*). Guiyang/Guizhou 1987
Planungskommission der Provinz Guizhou: Guizhou sheng de fazhan qushi he fazhan zhengce 1996-2010 (Entwicklungstendenzen und -politik in der Provinz Guizhou für den Zeitraum 1996-2010), S. 10-12, 1991 (Manuskript)
Riddell, J. B. (1974): „Periodic Markets in Sierra Leone". In: *Annals of the Association of American Geographers*, Vol. 64, S. 541-548
Rozman, G. (1982): *Population and Marketing Settlements in Ch'ing China*. Cambridge, Cambridge University Press

San, Shuhua & Wang, Tinghuai: *Jiangsu jingji dili (Wirtschaftsgeographie der Provinz Jiangsu)*. Beijing 1986
Sit, V. S. (1987): „Urban Fairs in China". In: *Economic Geography*, Vol. 63, S. 306-311
Skinner, G. W. (1964/65): „Marketing and Social Structure in Rural China". In: *Journal of Asian Studies*, Vol. 24, S. 3-45, S. 195-399
Skinner, G. W. (1985); „Rural Marketing in China: Repression and Revival". In: *The China Quarterly*, No. 103, S. 393-413
Smith, R.H.T. (1979): „Periodic Market-Places and Periodic Marketing: Review and Prospect". In: *Progress in Human Geography*, Vol. 3, I, S. 471-505, II, S. 1-31
Spencer, J. E. (1940): „The Szechwan Village Fair". In: *Economic Geography*, Vol. 16, S. 48-58
Stadel, C. (1992): „Periodische Märkte in der Sierra von Ecuador dargestellt am Beispiel von Ambato". In: *Die Erde*, Heft 123, S. 125-136
Tan, Qixiang: *Zhongguo lishi dituji (The Historical Atlas of China, The Ming und Qing Dynasty Periods)*. Shanghai 1982, Vol. 7 & 8, Cartographic Publishing House
Tao, Zhongxin: *Heilongjiang jingji dili (Wirtschaftsgeographie der Provinz Heilongjiang)*. Beijing 1988
Taubmann, W. & Widmer, U. (1987): „Supply and Marketing in Chinese Cities: Reforms in the Urban Commercial System". In: Cai, J. C. H. and Leung, C. K. (Hrsg.): *China's Economic Reforms*. Hong Kong, S. 331-363
Taubmann, W. (1987): „The Role of Small Cities and Towns in the Process of Modernization of the People's Republic of China". In: *Applied Geography and Development*, Vol. 29, S. 73-91
Taubmann, W. (1989a): „Wirtschaftsgeographische Gliederung, natürliche Ressourcen, Raum- und Stadtplanung". In: E. Louven (Hrsg.): *Chinas Wirtschaft zu Beginn der 90er Jahre. Struktur und Reformen. Ein Handbuch*. Hamburg, S. 3-28
Thünen, J. H. (1842): *Der isolierte Staat, in Beziehung auf Landwirtschaft und Nationalökonomie*. Stuttgart, Gustav Fischer Verlag. Fischer 1966 (Nachdruck)
Unwin, D. (1981): *Introductory Spatial Analysis*. London and New York
Wang Xiaoye (1993): „Das chinesische Preissystem im Verlauf der Wirtschaftsreform". In: *Asien*, Band 49, S. 7-21
Wang, Xiangqin: *Zhongguo jimao zhuanye shichang (Spezialmärkte in China)*, Verlag der Volkszeitung. Beijing 1994
Wanmali, S. (1981): *Periodic Markets and Rural Development*. Delhi, B. R. Publishing Corporation
Wiebe, D. (1976): „Formen des ambulanten Gewerbes in Südafghanistan". In: *Erdkunde*, Band 30, S. 31-44
Wirth, E. (1976): „Zur Theorie periodischer Märkte aus der Sicht von Wirtschaftswissenschaften und Geographie". In: *Erdkunde*, Band 30, S. 10-15
Xie, Zhaozhe: *Wuzazu*, 1575
Xu, Shen: *Shuowen Jiezi* (Wörterstudien) (100 n.u.Z.)

Yang, Ching-kun (1944): *A North China Market Economy. A Summary of a Study of Periodic Markets in Chowping Hsien, Shantung.* New York

Yang, Maocun: *Jindai Zhongguo nongcun shehui zhi yanbian* (Wandlung der ländlichen Gesellschaft im China der modernen Zeit). Taibei/Taiwan 1980

You, Shimin: *Sichuan jindai maoyi shiliao* (Historische Materialien über den Handel im Sichuan der modernen Zeit). Sichuan 1990

Yu, Pingbo: *Tang Song Ci Xuanshi* (Zur Erklärung der Gedichte in der Tang- und Song-Dynastie). Beijing 1979

Yuan, Jingshen: *Dangdai Zhongguo de xiangcun jianshe* (Ländlicher Aufbau in China der neuen Zeit). Beijing 1987

Zheng, Changgan: *Ming Qing nongcun shangpin jingji* (Warenwirtschaft im ländlichen Raum während der Ming- und Qing-Periode). Beijing 1989

Zhou, Dexian & Li, Yuekun: *Ningxia guotu ziyuan* (Territoriale Ressourcen im Autonomen Gebiet Ningxia). Ningchuan 1987

Zhou, Lisan: *Sichuan sheng jingji dituji* (Wirtschaftsatlas der Provinz Sichuan). 1946

Zhu, Xinyi: *Zhejiang sichou shi* (Geschichte der Seide in Zhejiang). Zhejiang 1984, S. 124-125

Zhongguo shangye baike quanshu (Handelsenzyklopädie von China), Verlag der Chinesischen Enzyklopädien. Beijing & Shanghai 1993

Songhuiyaojigao: „Lebensmittel und Waren". Beijing 1936
Alechuka xiangtu zhi, 1960
Acheng xian zhi, 1988
Dingzhou zhi, Daoguang-Ära 1821-1850
Guanghan xian zhilüe, 1921
Guanghan xian zhi, 1992
Guizhou tongzhi, Qianlong-Ära 1741
Hanzhou zhi, Qianlong-Ära
Hanzhou zhi, Jiaqing-Ära 1796-1820
Hanzhou zhi, Qianlong-Ära 1736-1795
Hanzhou zhi, Tongzhi-Ära 1862-1874
Hejian xian zhi, Qianlong-Ära 1760
Huzhou fu zhi, Qianlong-Ära 1758
Jinzhou zhi, Kangxi-Ära 1700
Jinxian zhi, Republik-Zeit 1927
Jinxian xiangtu zhi, Republik-Zeit 1925
Jinxian zhiliao, Pepublik-Zeit 1935
Qing shilu jingji ziliao jiyao, Tongzhi-Ära 1874
Qiongzhou zhilizhou zhi, Jiaqing-Ära 1818
Qionglai xian zhi, Republik-Zeit 1922
Qionglai xian zhi, 1993
Shuofang xin zhi, Wanli-Ära 1573-1619

Shuofang dao zhi, Republik-Zeit 1927
Wuxing ji, Guangxu-Ära 1891
Xu Zunyi fu zhi, Republik-Zeit 1936
Yuquan Zhenzhi, 1982
Zouping xian zhi, Shunzhi-Ära 1660
Zouping xian zhi, Kangxi-Ära 1695
Zouping xian zhi, Jiaqing-Ära 1695
Zouping xian zhi, Daoguang-Ära 1803
Zouping xian zhi, Republik-Zeit 1914
Zunyi junmin fu zhi, 1368-1644
Zunyi junmin fu zhi, Kangxi-Ära 1682
Zunyi fu zhi, Daoguang-Ära 1841
Zunyi xin zhi, Republik-Zeit 1948
Zunyi xian zhi, 1992

Kartenanhang

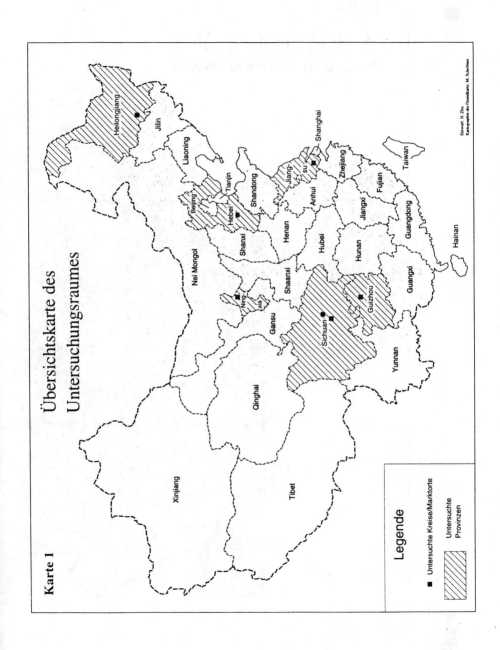

Karte 1: Übersichtskarte des Untersuchungsraumes

Karte 2

贵州省集市分布图
Periodische Märkte in Guizhou

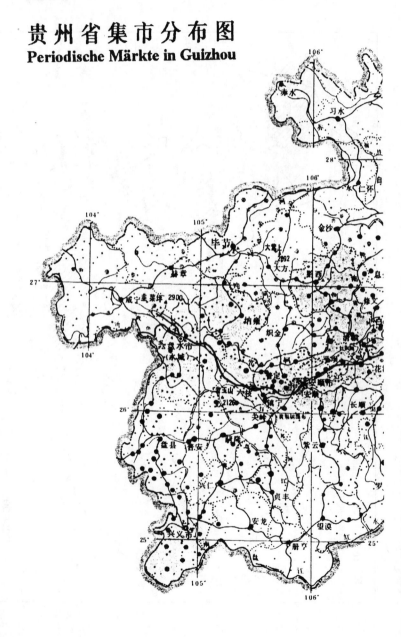

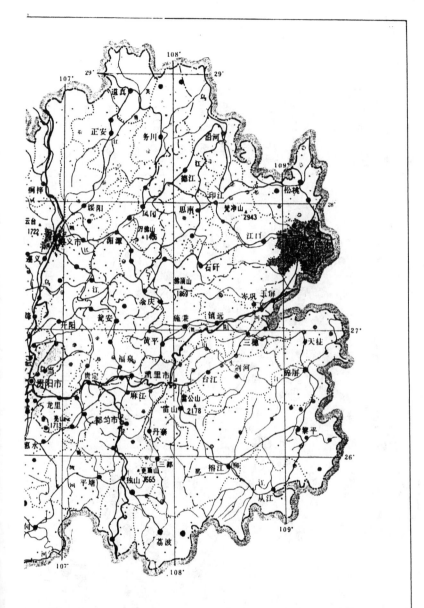

Tagesumsatz und Besucherzahl			Markttypen		Marktdichte (km²)	
>10.000	<10.000	Umsatz in 1000 Yuan	○	A-Markt		<10
●	·	<30	▲	S-Markt		10--50
●	·	30-50	⊙	LG-Markt		50-100
●	·	>50	⊙	IG-Markt		100-200
						>200

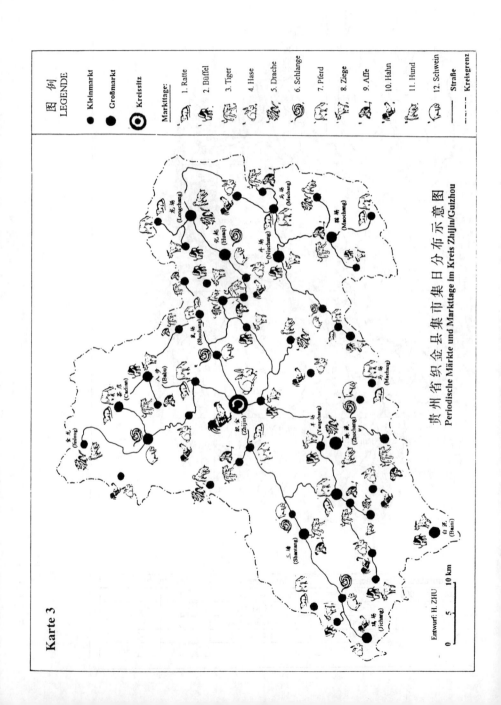

Karte 3

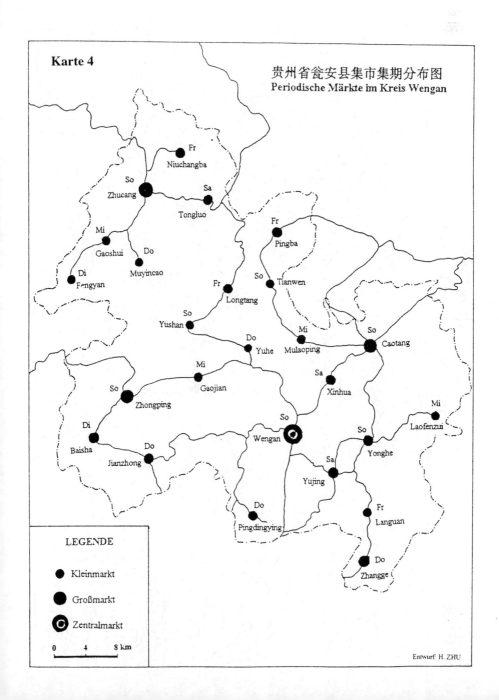

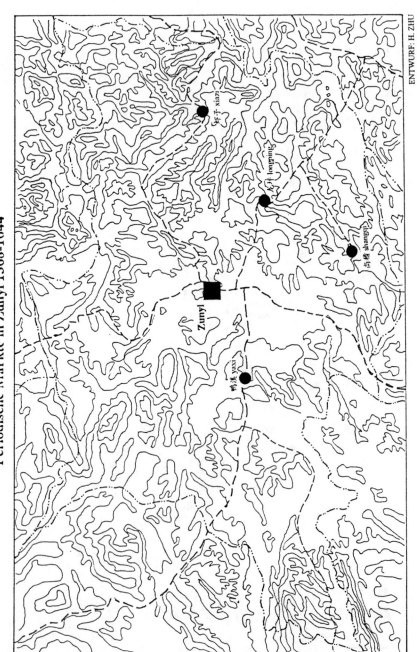

Karte 5
明朝遵義地區集市分佈略圖
Periodische Märkte in Zunyi 1368-1644

Karte 6

前清時期遵義縣集市分布圖
Periodische Märkte in Zunyi 1662-1722

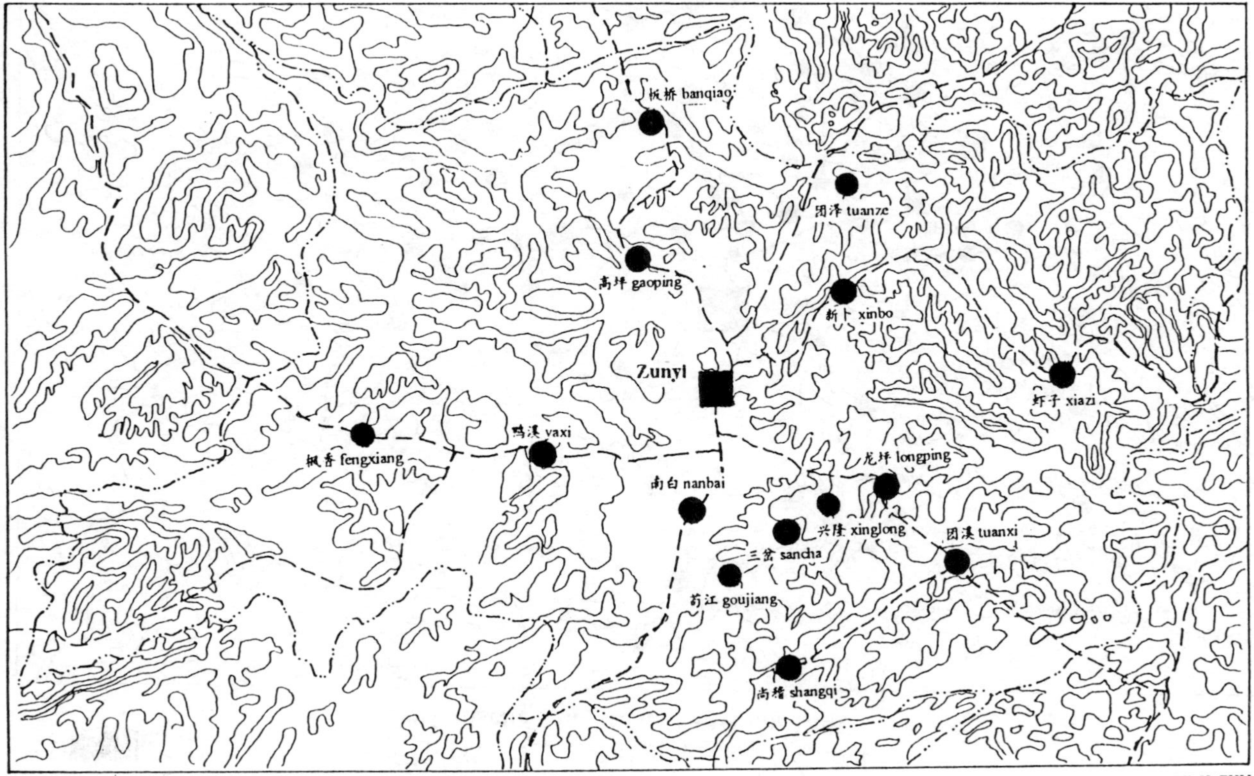

ENTWURF: H. ZHU

Karte 7

后清時期遵義縣集市分布圖
Periodische Märkte in Zunyi um 1841

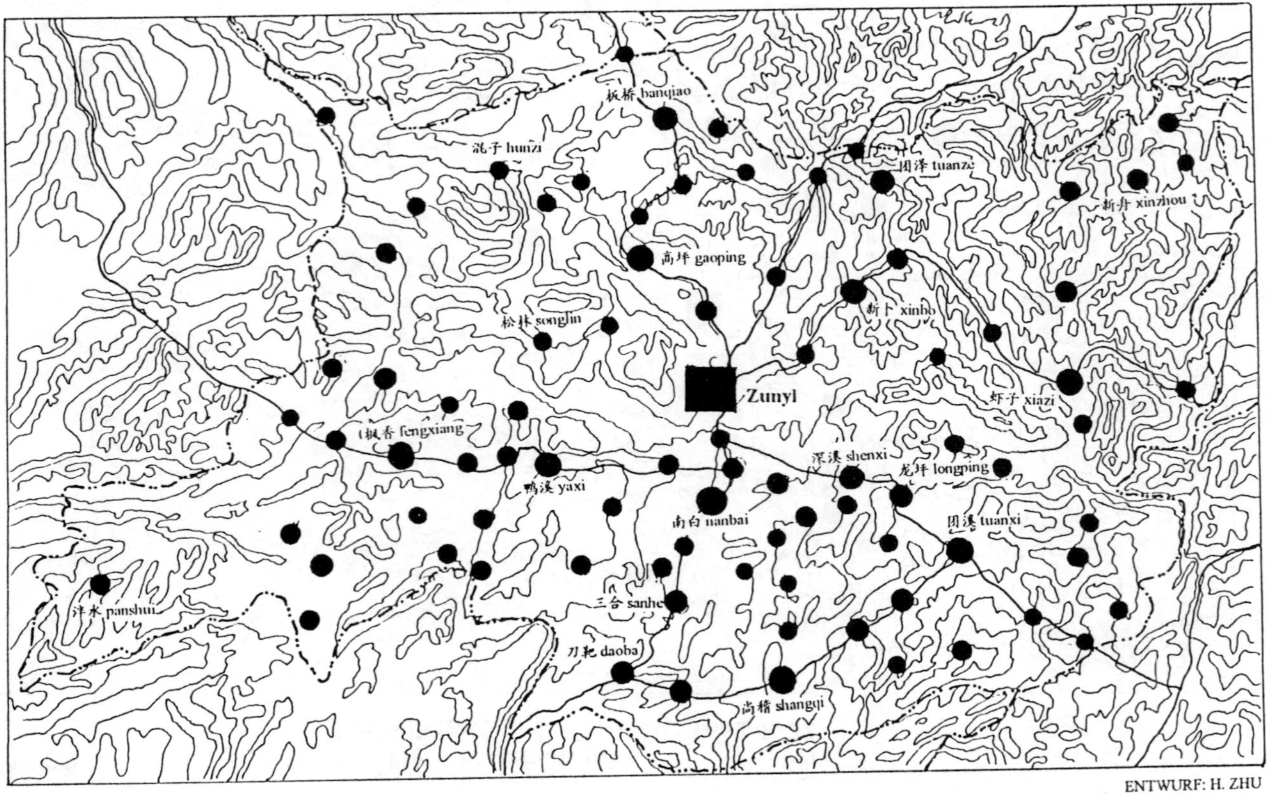

ENTWURF: H. ZHU

Karte 8

民國末期遵義縣集市分布圖
Periodische Märkte in Zunyi um 1948

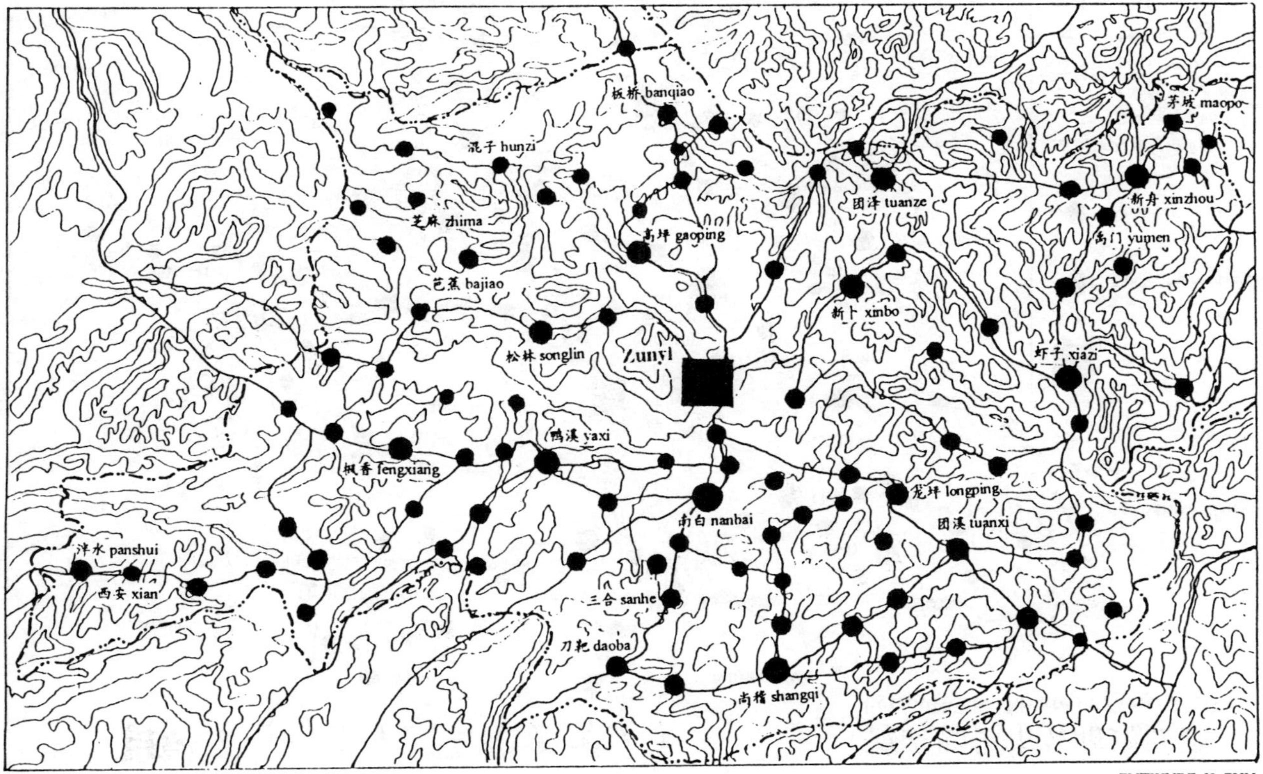

ENTWURF: H. ZHU

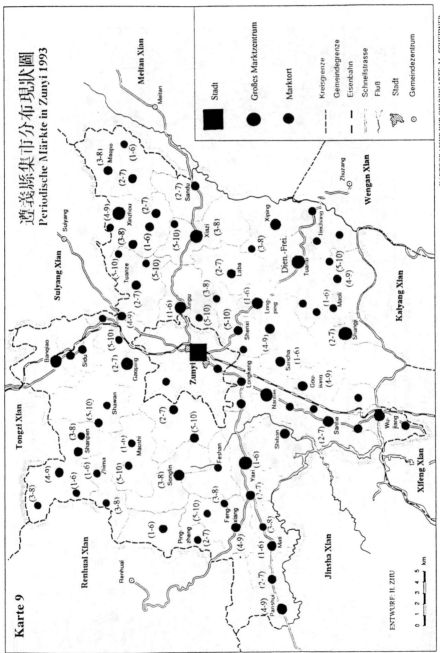

Karte 14

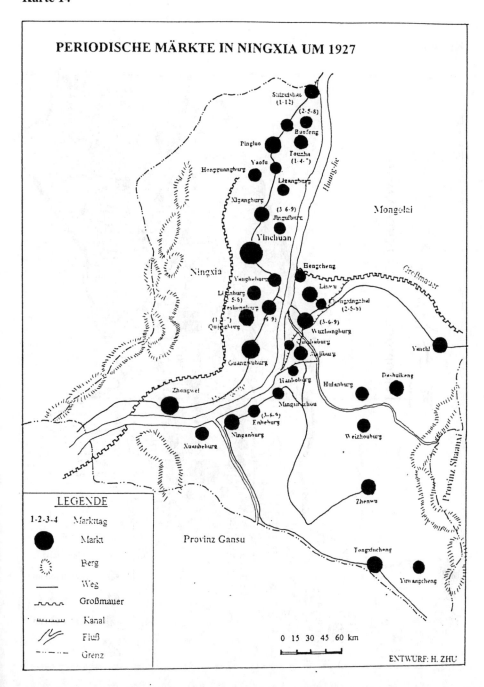

Karte 15

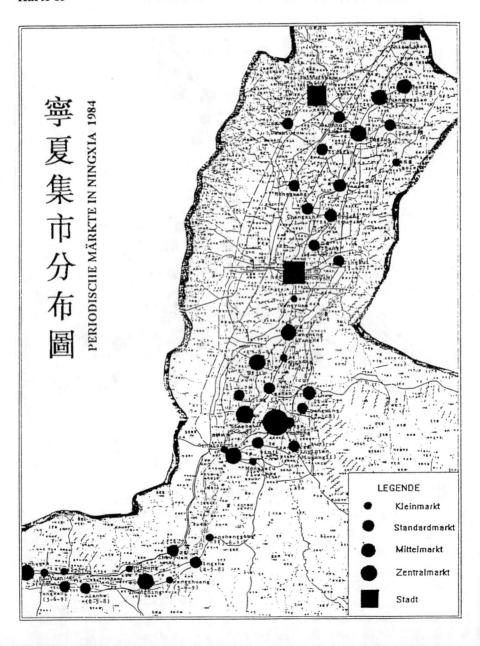

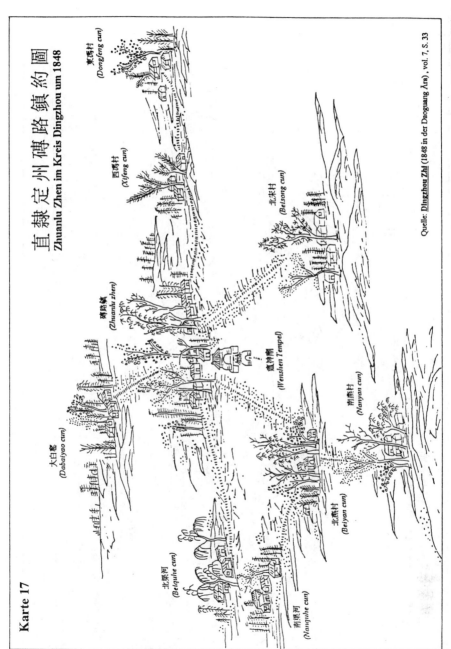

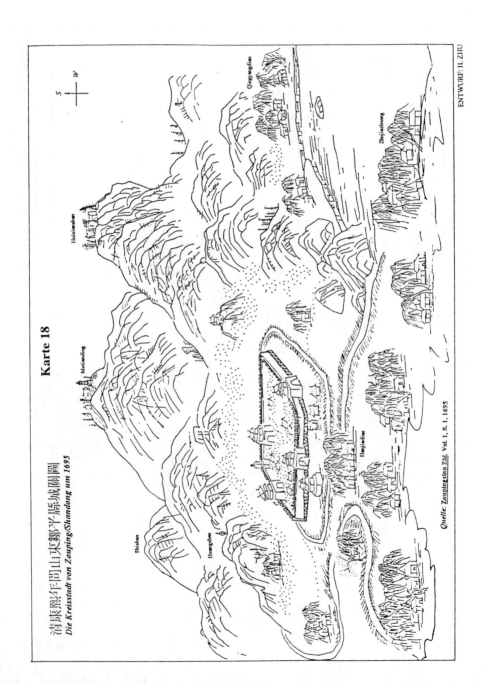

Karte 19

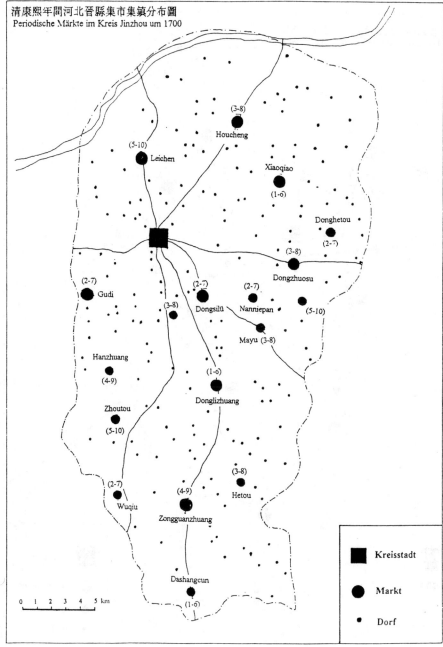

Karte 20

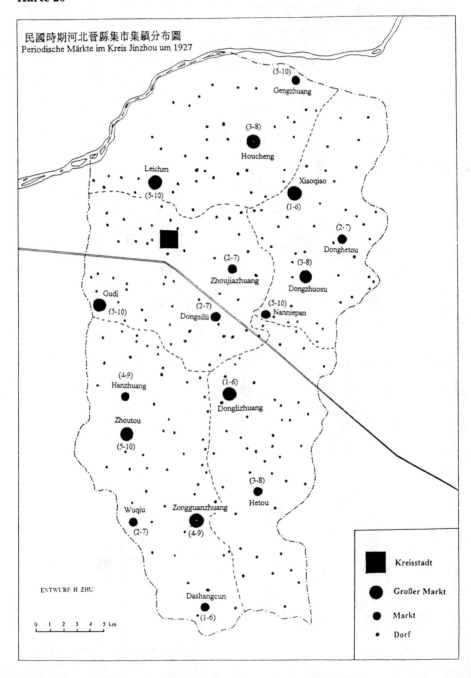

Karte 21

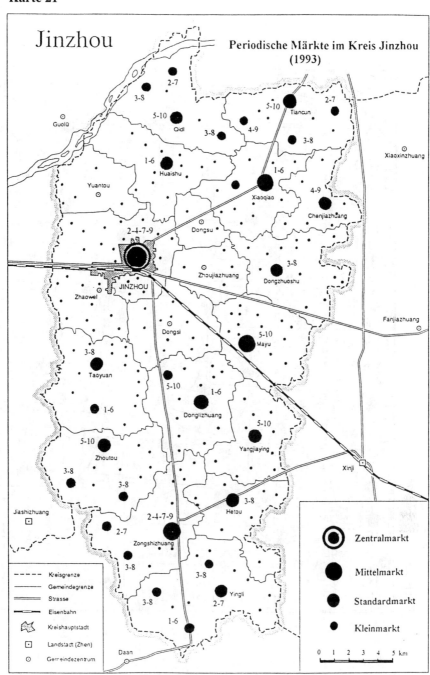

268

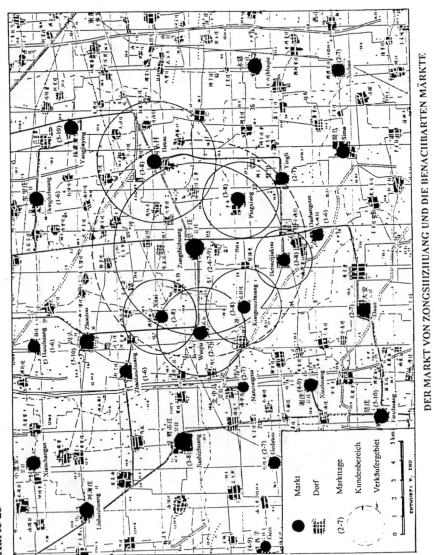

Karte 23 DER MARKT VON ZONGSHIZHUANG UND DIE BENACHBARTEN MÄRKTE

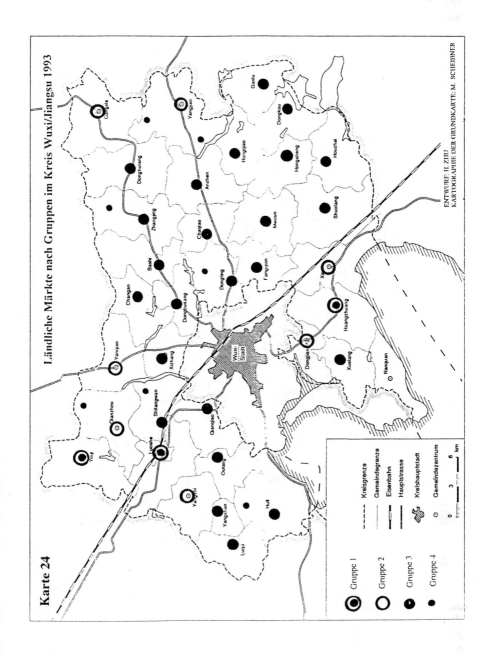

Karte 25

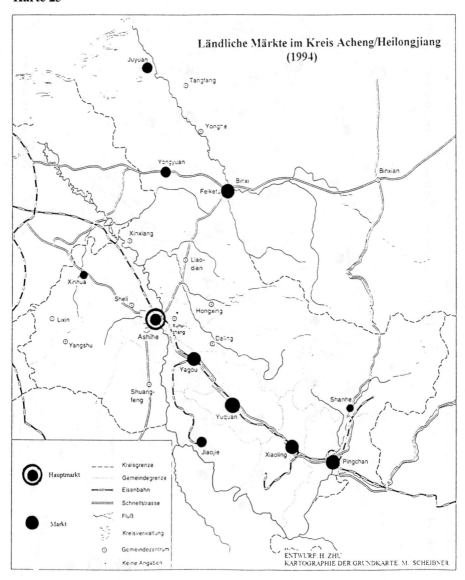

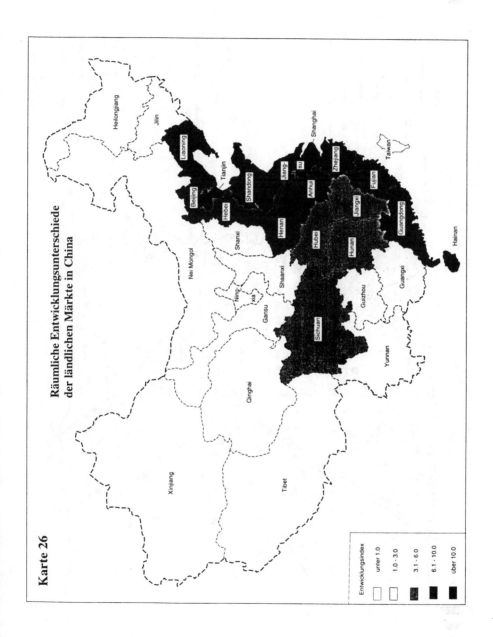

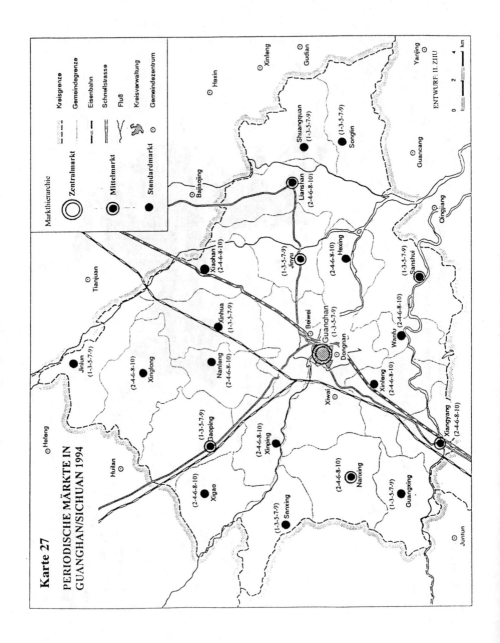

Karte 27
PERIODISCHE MÄRKTE IN
GUANGHAN/SICHUAN 1994

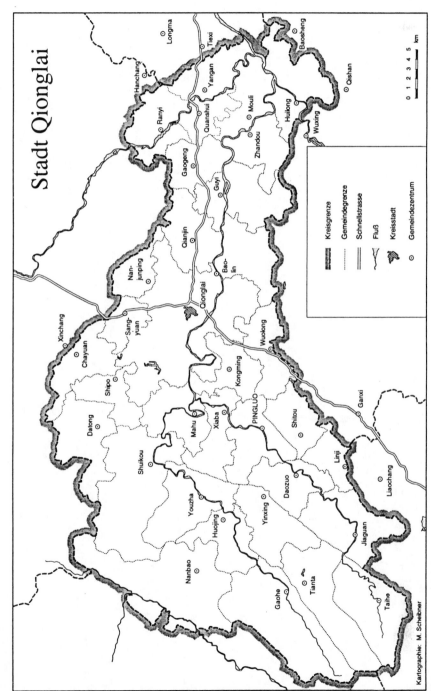

Karte 28

China aktuell
Monatszeitschrift

Institut für Asienkunde Hamburg

VR China
SVR Hongkong
Macau
Taiwan

Sie erhalten 12mal jährlich eine umfassende Darstellung der Entwicklung in

- Außenpolitik
- Innenpolitik
- Bildung und Wissenschaft
- Wirtschaft
- Außenwirtschaft

der beobachteten Länder im eben abgelaufenen Monat. Authentische Information ohne ideologisches Beiwerk, dargeboten in Form von

- Berichten
- Analysen
- Dokumenten
- aufbereiteten Daten

sowie einen Jahresindex.

*Studentenabonnement DM 60.- plus Porto
Bei Vorlage der Immatrikulationsbescheinigung*

Jahresabonnement (zuzügl. Porto): DM 126.--
Einzelheft (zuzügl. Porto): DM 12.--
Bitte fordern Sie ein Probeheft an.
Zu bestellen beim Herausgeber:

Institut für Asienkunde

Rothenbaumchaussee 32 - D-20148 Hamburg
Telefon (040) 44 30 01-03 - Fax (040) 410 79 45
E-Mail: ifahh@uni-hamburg.de
Homepage: www.rrz.uni-hamburg.de/ifa
(einschl. Publikationsverzeichnis und Bestellmöglichkeit)

Jutta Hebel und Günter Schucher (Hrsg.)

Der chinesische Arbeitsmarkt

Strukturen * Probleme * Perspektiven

Mitteilungen des Instituts für Asienkunde Hamburg Nr. 306
Hamburg 1999 · ISBN 3-88910-217-4 · 293 S. · DM 44.00

Beschäftigungsprobleme treten in der VR China immer stärker in den Vordergrund. Ob das Ansteigen der Arbeitslosigkeit, wachsende Einkommensunterschiede oder Probleme der Arbeitssicherheit in Joint Ventures, der bereits entstandene soziale Konfliktstoff kann nicht mehr so einfach politisch überdeckt werden.

Im deutschsprachigen Raum liegt bisher keine umfassende Arbeit zu Beschäftigungs- und Arbeitsmarktproblemen in China vor. Der schwierige Übergang vom planbestimmten Arbeitssystem zu einem nationalen Arbeitsmarkt wird kaum systematisch verfolgt. Mit dieser Aufsatzsammlung hoffen die Herausgeber, eine wichtige Informationslücke zu füllen und zum besseren Verständnis des Transformationsprozesses in der VR China beizutragen.

Die Beiträge dieses Bandes vermitteln das Bild einer äußerst widersprüchlichen Situation im gegenwärtigen China. Die Probleme sind ohne Zweifel gigantisch und die Folgen einer politisch-sozialen Destabilisierung des Landes nicht nur für China unkalkulierbar. Trotz unterschiedlicher Perspektiven zeichnen sich aber in den verschiedenen Beiträgen auch gemeinsame Einsichten ab: Die Umgestaltung der Beschäftigungsverhältnisse in China schafft den abhängigen Arbeitnehmer im modernen Sinne und löst eine Notwendigkeit zum institutionellen Umbau des Beschäftigungssystems aus, zur Neugestaltung der Arbeitsmarktparteien und zur Schaffung neuer Arbeitsmarktinstitutionen.

Zu beziehen durch:

Institut für Asienkunde
Rothenbaumchaussee 32 · D-20148 Hamburg
Telefon: (040) 44 30 01 · Telefax: (040) 410 79 45
E-Mail: ifahh@uni-hamburg.de
Homepage: http://www.rrz.uni-hamburg.de/ifa
(mit Publikationsverzeichnis und Bestellmöglichkeit)